权威·前沿·原创

皮书系列为
"十二五""十三五"国家重点图书出版规划项目

BLUE BOOK

智库成果出版与传播平台

汽车工业蓝皮书

BLUE BOOK OF
AUTOMOTIVE INDUSTRY

中国汽车零部件产业发展报告
（2019~2020）

ANNUAL REPORT ON THE DEVELOPMENT OF CHINESE
AUTOMOBILE PARTS INDUSTRY (2019-2020)

中国汽车工业协会
中国汽车工程研究院股份有限公司／主　编
湖北三环锻造有限公司

社会科学文献出版社
SOCIAL SCIENCES ACADEMIC PRESS (CHINA)

图书在版编目(CIP)数据

中国汽车零部件产业发展报告. 2019-2020 / 中国汽车工业协会，中国汽车工程研究院股份有限公司，湖北三环锻造有限公司主编. --北京：社会科学文献出版社，2020.10
（汽车工业蓝皮书）
ISBN 978-7-5201-7157-1

Ⅰ.①中… Ⅱ.①中… ②中… ③湖… Ⅲ.①零部件－汽车工业－产业发展－研究报告－中国－2019-2020 Ⅳ.①F426.471

中国版本图书馆CIP数据核字（2020）第159887号

汽车工业蓝皮书
中国汽车零部件产业发展报告（2019~2020）

主　　编　/　中国汽车工业协会
　　　　　　　中国汽车工程研究院股份有限公司
　　　　　　　湖北三环锻造有限公司

出 版 人　/　谢寿光
责任编辑　/　宋　静
文稿编辑　/　吴云苓

出　　版　/　社会科学文献出版社·皮书出版分社（010）59367127
　　　　　　　地址：北京市北三环中路甲29号院华龙大厦　邮编：100029
　　　　　　　网址：www.ssap.com.cn
发　　行　/　市场营销中心（010）59367081　59367083
印　　装　/　三河市东方印刷有限公司

规　　格　/　开　本：787mm×1092mm　1/16
　　　　　　　印　张：18　字　数：274千字
版　　次　/　2020年10月第1版　2020年10月第1次印刷
书　　号　/　ISBN 978-7-5201-7157-1
定　　价　/　158.00元

本书如有印装质量问题，请与读者服务中心（010-59367028）联系

▲ 版权所有　翻印必究

《中国汽车零部件产业发展报告（2019~2020）》编委会

编委会主任 付炳锋

编委会副主任 李开国　罗军民

主　　　编 罗军民

副 主 编 周　舟　李桂新

编　　委 杜道锋　夏国强　张运军

主要执笔人 薛　凯　邓小芝　侯天义　于海生　王　科
　　　　　　　史卫华　刘小红　邵光保

参与编写人员（按照姓氏笔画排序）

王东升　左　培　朱云尧　孙　悦　杨　敏
李　虹　李　刚　李佳妮　李朋林　沈　斌
张　静　张礼军　陈　希　陈　涛　孟庆江
夏　芹　崔　岩　韩战稳　焦　毅　雷　沿
樊　琛

参 编 单 位 中国汽车工业协会
　　　　　　　中国汽车工程研究院股份有限公司

丰田纺织（中国）有限公司
科力远混合动力技术有限公司
重庆大学
上海保隆汽车科技股份有限公司
安波福（中国）投资有限公司
湖北三环锻造有限公司

序

  自2019年以来，全球经济整体上呈疲弱态势。美欧日等主要发达经济体经济增长进一步放缓，多数新兴经济体经济增长也出现放慢迹象。世界汽车工业下行压力加大，全球汽车零部件产业也受到严重的影响。在全球经济增长放缓、贸易保护主义升温的背景下，我国经济也面临着复杂严峻的内外部形势，我国加强宏观逆周期调节政策，通过减税降费、稳健的货币政策等方式，使国家经济运行总体平稳，我国汽车零部件产业也保持平稳增长。然而，在全球汽车产业向着电动化、智能化、网联化、共享化的方向迈进的同时，对新产品需求的增加将迫使全球汽车零部件产业面临巨大变革。在此变革下，我国汽车零部件产业也迎来了转型升级的机遇。从技术改进到技术革新，从产品创新到企业转型，我国汽车零部件企业抓紧当前契机，正努力发展成为未来新兴领域全球化的汽车零部件企业。

  2019年我国汽车产销量分别完成2572.1万辆和2576.9万辆，产销量同比分别下降7.5%和8.2%，产销量降幅比上年分别扩大3.3个和5.4个百分点。在汽车行业发展如此低迷的情况下，2019年，汽车零部件制造业仍呈现稳定增长趋势。根据对13750家规模以上汽车零部件企业统计，全年累计主营业务收入3.6万亿元，同比增长0.35%。当前，我国汽车产业进一步对外放开、中美贸易摩擦、蓝天保卫战等计划的推行、国六排放标准实施、新能源汽车补贴退坡、双积分政策实施等因素在影响整车企业的同时，也给零部件企业带来了前所未有的挑战与考验。尤其是进入2020年后受新冠肺炎疫情的影响，全球零部件企业都经历了停产待工时期，产销量严重下滑，部分企业甚至面临破产风险。在如此严峻的市场环境下，我国汽车零部件企业需要更加重视产业机遇和创新发展，在变革中求生存，在变革中谋发展，推出满足未来汽车需求的零部件产品，增强企业竞争力，从而更好地应对当前环境的考验。

本书以"汽车零部件产业的机遇和创新发展"为主线，对我国汽车零部件产业所面临的产业变革、产业投资、产业机遇、产业技术创新等内容进行了深入研究，为我国汽车零部件产业应对当前行业转型升级献策，并提出了切实可行的建议。报告选取了车身附件（座椅）、混合动力系统、环境感知传感器、胎压监测系统等领域进行了重点研究，内容涵盖行业发展综述、市场发展现状、产品技术现状以及国内外技术差异，并总结出了各子行业发展面临的问题以及相关建议。书中包含的重要数据及素材，能够为关注汽车零部件产业发展的社会各界人士提供丰富、有效的信息参考，同时为相关政府部门制定政策、企业管理部门制定决策提供参考依据。

在本书编撰过程中，中国汽车工业协会、中国汽车工程研究院股份有限公司、相关整车企业和零部件企业、各有关单位和机构的管理者、专家和相关学者给予了很大的支持和帮助，付出了辛勤努力；社会科学文献出版社为本书出版做了大量工作，在此一并表示感谢。希望这一汇聚业内外人士心血和智慧的成果能够对推动我国汽车零部件产业发展起到积极作用。

摘　要

《中国汽车零部件产业发展报告（2019~2020）》是关于中国汽车零部件产业发展的年度研究报告，2016年首次出版，本书为第五册。由中国汽车工业协会和中国汽车工程研究院股份有限公司组织编撰，集合了整车企业、零部件企业、中国汽车工业协会各零部件分支机构、大专院校和有关政府部门众多行业管理者、专家和学者的智慧，是一部较为全面地论述中国汽车零部件产业发展的权威著作。

受全球汽车市场需求减弱、世界经济整体下滑、中美贸易摩擦等多方面因素的影响，2019年全球汽车销售出现自金融危机以来的最大降幅，全球汽车零部件产业配套受到严重的影响。随着新一代信息通信、新能源、新材料等技术与汽车产业快速融合，产业生态发生深刻变革，全球汽车零部件产业链将迎来重构机遇，众多零部件企业积极寻找新的发展路径。受国际和国内的整车产业影响，我国汽车零部件产业也遭受严峻的考验。随着国家在新能源汽车、智能网联汽车等领域的大力推动，国内相关企业加快在相关领域的研发投入和市场布局，在规模化、模块化、集中化的趋势下，通过投资并购提高企业综合市场竞争力。在此背景下，我国汽车零部件产业如何寻找发展机遇、坚持创新发展将是未来行业重点关注的话题。

本年度报告以"汽车零部件产业的机遇和创新发展"为主线，对产业投资、细分行业和质量管理等方面进行相应阐述，本报告共分为总报告、产业篇、子行业篇、企业篇、专题篇五个篇章及附录。

总报告宏观描述了全球汽车零部件产业市场现状、企业经营情况、技术研发、投资活动以及在华布局战略等方面的发展动态，宏观分析了我国汽车零部件产业的政策体系、企业营收和进出口现状、战略布局及再制造市场等方面的发展情况。

产业篇对我国汽车零部件产业的投资趋势进行了深入的研究，分析了产业投资环境、产业规模、企业经营状况、研发投入、企业在华投资布局等方面的内容，并对未来我国汽车零部件企业的投资趋势和投资机会进行了预测和分析。

子行业篇深入剖析了车身附件（座椅）、混合动力系统、汽车环境感知传感器、胎压监测系统四大子行业领域的发展现状及趋势，对产品技术及市场规模进行了深入研究，并针对各子行业的发展问题提出了相应建议。

企业篇分别选取了跨国零部件企业安波福和国内零部件企业湖北三环锻造为例，对其企业情况、业务布局、企业发展战略、产品布局、创新发展经验及典型转型升级事件等内容进行了详细阐述和分析。

专题篇对汽车零部件产品的全过程质量管理进行了深入研究。以2019年行业热点问题和召回事件为切入点，研究了汽车零部件全过程质量管理的概念、现状及存在的问题，有针对性地提出相应的管理措施，并对未来全过程质量管理的发展趋势进行了分析和预判。

综观全书，在丰富的素材支撑下，针对汽车零部件产业进行了具有一定广度和深度的研究，有助于广大读者全方位了解中国汽车零部件产业发展态势，对汽车产业管理部门、行业机构、地方政府、企业决策及战略研究具有重要的参考价值和借鉴意义。

关键词： 汽车零部件　车身附件　混合动力系统　传感器　质量管理

目 录

Ⅰ 总报告

B.1 2019年全球汽车零部件产业发展分析 …………………… 001
    一 全球市场下行压力加大，产业链重构加速 …………………… 002
    二 企业营收整体下降，创新提升品牌价值 ……………………… 003
    三 核心技术持续发展，推动"新四化"产业转型 ……………… 007
    四 加快投资并购进程，高值并购活动频繁 ……………………… 010
    五 加大新兴产业投入，重视在华市场布局 ……………………… 012

B.2 2019年中国汽车零部件产业发展分析 …………………… 017
    一 产业政策持续完善，零部件行业发展加速 …………………… 017
    二 营业收入略有增长，进出口额均呈现下滑 …………………… 020
    三 新兴领域投资加速，扩大核心技术战略布局 ………………… 022
    四 聚焦"新四化"产品研发，多方机构合作成为趋势 ………… 025
    五 激发再制造市场活力，新蓝海产业或将形成 ………………… 028

Ⅱ 产业篇

B.3 中国汽车零部件产业投资趋势研究 ………………………… 034

Ⅲ 子行业篇

- B.4 汽车车身附件（座椅）子行业发展分析 …………………… 059
- B.5 汽车混合动力系统子行业发展分析 …………………………… 085
- B.6 汽车环境感知传感器子行业发展分析 ………………………… 113
- B.7 汽车胎压监测系统子行业发展分析 …………………………… 160

Ⅳ 企业篇

- B.8 典型跨国零部件公司发展案例
  ——安波福的创新与发展 ……………………………………… 189
- B.9 国内典型零部件企业转型升级案例
  ——三环锻造的转型与升级 …………………………………… 204

Ⅴ 专题篇

- B.10 汽车零部件产品的全过程质量管理 …………………………… 216

Ⅵ 附录

- B.11 附录一 汽车零部件产业相关统计数据 ……………………… 241
- B.12 附录二 2019年度汽车零部件产业政策法规 ………………… 248
- B.13 附录三 2019年中国汽车零部件行业大事记 ………………… 254

Abstract …………………………………………………………………… 264
Contents …………………………………………………………………… 267

总报告

General Reports

B.1
2019年全球汽车零部件产业发展分析

摘　要： 受世界经济整体下滑及中美贸易摩擦等多方面因素的影响，2019年全球汽车销售出现自金融危机以来的最大降幅，总计销售9030万辆，同比下降4.34%，汽车零部件产业也受到相应的影响。与此同时，2020年初暴发的新冠肺炎疫情使全球汽车供应链受到更严重的影响，全球汽车产业将进入市场调整阶段，汽车产业链重构进程加速。本文从配套营收、企业品牌、技术研发、并购重组、在华市场布局等方面详细阐述了2019年全球汽车零部件产业的情况，通过对全球产业现状的研究，分析全球零部件市场的发展机遇。

关键词： 汽车零部件　产业重构　产业转型

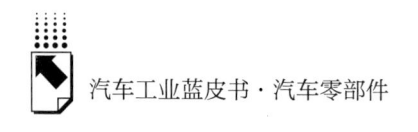

一　全球市场下行压力加大，产业链重构加速

受世界经济整体下滑、中美贸易摩擦等多方面因素的影响，2019年全球汽车销售出现自金融危机以来的最大降幅，总计销售9030万辆，同比下降4.34%，而进入2020年以来，受新冠肺炎疫情的影响，本就疲软的全球汽车产业遭遇更大的挑战。

作为全球最大市场之一的中国市场，2019年的汽车销量比2018年减少了230万辆，主要原因在于中国经济增长趋缓以及居民负债率增加致使汽车消费需求下降，此外新能源汽车在补贴退坡的影响下，在售价上与传统燃油车相比没有竞争力，导致销量也有所下降。同时，印度在2019年由于经济疲软和地方信贷紧缩，销量同样有所放缓，这也是全球车市下滑的重要因素之一。此外，欧洲市场也因为柴油门事件、英国脱欧等因素的影响出现了不同程度的销量下滑现象。作为汽车工业的重要组成部分，在2019年全球车市整体下滑的大环境以及中美贸易摩擦等诸多因素的影响下，汽车零部件产业配套也受到严重的影响，产业面临重构。

近四五十年来，世界各国汽车零部件企业积极进行产业全球化，并从中获得巨大的回报，也因此使每个国家的汽车产业链无法完全独立，已经与全球的产业链融为一体。另外，由于汽车产业链涉及广泛，任何一个环节的缺失，都会影响最终产品的生产和产量。目前，在汽车零部件产业国际化布局中，欧美国家重点在技术平台、芯片、精密加工部件等领域凸显优势，日韩在集成电路、光学仪器等领域具有较强的实力，中国多在电池、电机、电气设备、车身内外饰件、冲压零部件等领域具有竞争力。随着"电动化、智能化、网联化、共享化"的发展，汽车零部件产业面临重构。

2020年初突如其来的新冠肺炎疫情加快了全球汽车产业链重构进程。德国汽车产业链作为欧洲产业链中枢，主要依赖欧洲本土供应链，其零部件的主要供给国为捷克、西班牙、法国、波兰以及意大利。疫情在全球蔓延期间，捷克、意大利和西班牙均采取"封国"防控措施，菲亚特克莱斯勒、雷诺、标致雪铁龙等欧洲车企也宣布暂时关闭大部分欧洲工厂。在北美地区，作为全球最大的汽车产业贸易国的美国，其相关零部件供给国和产成品输出国主要集中在墨西哥及加拿大，同时日本零部件的供应比重占美国总体进口的17%，日本疫情的变化对其汽车工业影响巨大。中国汽车相关零部件的进口集中在德国、日本和美国，疫情在欧洲和北美的扩散，将使中国汽车产业链受到全球供应链中断的影响。

因此，无论是产业经济的压力还是新冠肺炎疫情的催化，全球各国开始通过本国工业产业的发展来提升本国的经济实力、就业率和抗风险能力，发达国家部分政客甚至希望不惜一切代价把产业链搬回本国，全球产业链重构将是一个大趋势。同时，随着经济全球化的发展、科技与产业的变革、人工智能技术创新等，全球经济、产业划分、资源配置、转型创新将不断深化发展，汽车产业链重构将会加速推进。

二 企业营收整体下降，创新提升品牌价值

受全球车市持续下行以及中美贸易摩擦的影响，2019年大多数国际主流零部件企业业绩受到冲击，持续了40天的通用汽车罢工事件更是使汽车产业上游供应链雪上加霜。对部分零部件企业财报进行分析发现，不少国际主流零部件企业营业收入出现下滑现象（见图1）。

从图1所示的23家企业2019年营业收入情况可以看出，有16家企业2019年营业收入下降，[①] 仅7家企业的营业收入实现了增长。其中科思创的降幅最大，其营业收入同比下滑15.1%，但得益于科思创家具、建筑以及电子电气与家电行业的需求增长，抵消了部分汽车行业营业收入下降对企业的总体影响。此外作为传统零部件巨头的博世、麦格纳和李尔等公司也出现了不同程度的业绩下滑，营业收入分别下降1%、3.4%和6.3%。而7家

---

① 图1中朗盛2019年营业收入为68.02亿欧元，2018年营业收入为68.24亿欧元，2019年营业收入略有下降，正文中将朗盛按营业收入下降计数，图1显示增长率为0。

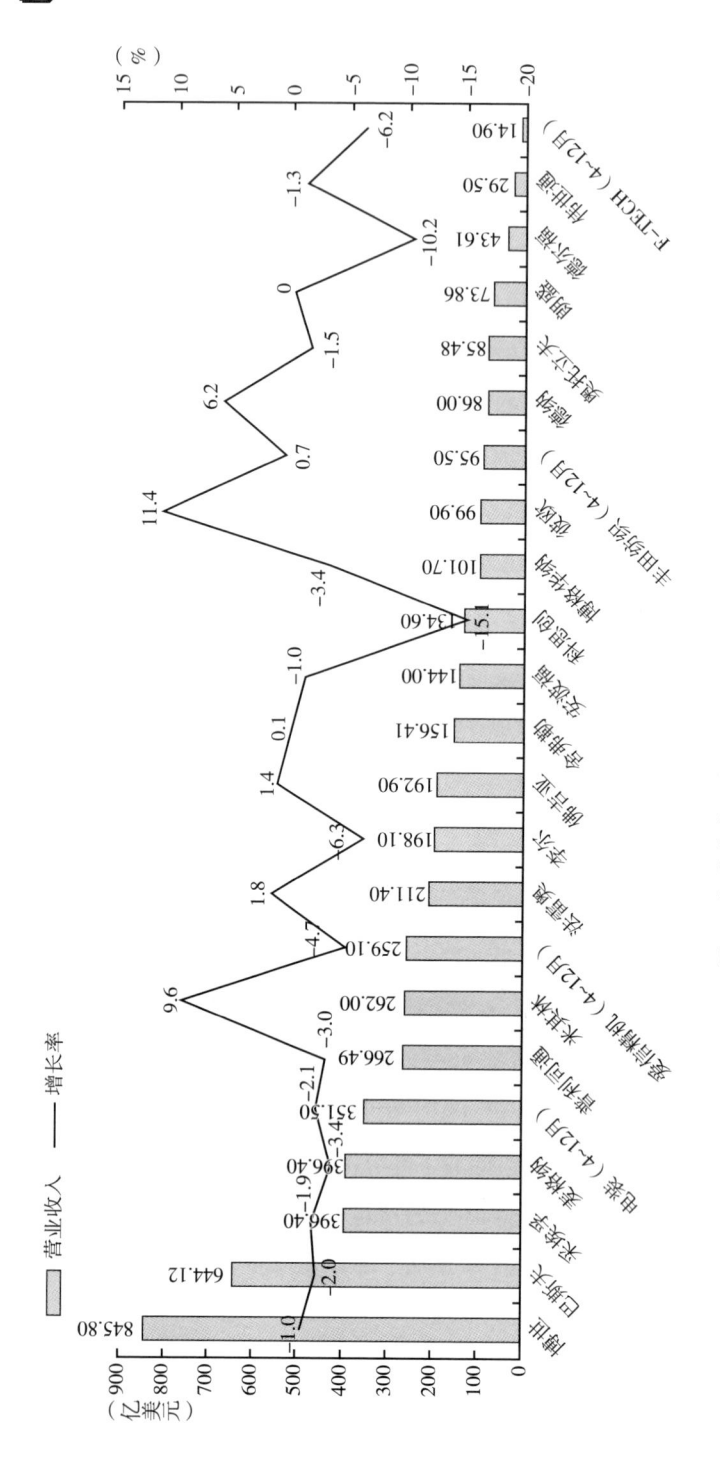

图 1 部分汽车零部件企业 2019 年营收情况

资料来源：中国汽研整理。

销售额增长的企业中,仅彼欧、米其林和德纳的销售业绩有较大幅度增长,达到11.4%、9.6%和6.2%,其余如法雷奥和舍弗勒等企业增长幅度均在0~2%,低于其2019年预期销售值。

在零部件企业营收整体下滑的背景下,通过创新提升品牌价值成为各大零部件企业积极推行的发展战略。从英国品牌评估机构"品牌金融"(Brand Finance)发布的"2020年全球最有价值的20大汽车零部件品牌"排行榜来看(见表1),在全球汽车电动化、智能化发展趋势的影响下,具有汽车自动驾驶、车联网、新能源技术等相关汽车零部件业务的企业前景向好,品牌影响力逐年上升,这些企业形成的技术力量成为汽车零部件行业发展的重要推动力。

表1 2020年全球最有价值的20大汽车零部件品牌

2020年排名	2019年排名	企业	国家
1	1	电装(Denso)	日本
2	2	现代摩比斯(HYUNDAI MOBIS)	韩国
3	3	麦格纳(Magna)	加拿大
4	—	丰田纺织(Toyota Industries)	日本
5	4	法雷奥(Valeo)	法国
6	6	佛吉亚(Faurecia)	法国
7	5	舍弗勒(Schaeffler)	德国
8	7	安波福(APTIV)	爱尔兰
9	—	马瑞利(Marelli)	意大利
10	10	均胜电子(Joyson Electronic)	中国
11	8	NAPA	美国
12	12	海斯坦普(Gestamp)	西班牙
13	—	奥托立夫(AUTOLIV INC)	瑞典
14	9	海拉(Hella)	德国
15	—	翰昂系统(Hanon Systems)	韩国
16	16	Motion Industries	美国
17	13	美国车桥(American Axle & Mfg)	美国
18	—	Alliance Automotive Group	美国
19	17	艾里逊变速箱(Allison Transmission)	美国
20	14	耐世特汽车系统(Nexteer Automotive)	美国

资料来源:Brand Finance。

2019～2020年，电装一直位于"最有价值的汽车零部件品牌榜"首位。电装目前与爱信集团在电动、混合动力和插电式混合动力汽车上进行共同研发，并与丰田联合开发自动驾驶技术。自2018年以来，电装还专注于"可持续管理"战略，用以平衡利润和实现更广泛的社会功能，并大力投资研发，以满足行业新的发展趋势。因此，电装在除欧洲以外的所有关键市场的收入都在增长。由此可以看出，随着创新技术的发展，传统零部件企业的商业模式正在发生改变，创新发展是各大零部件企业应对新环境、提升品牌价值的重要举措。

从图2所示的品牌价值地区分布可以看到，榜单中的企业分布在美国、日本、韩国、法国、德国、加拿大、中国等11个国家，其中美国零部件企业进入该榜单的数量最多，高达6家。中国仅均胜电子1家企业成功入围，反映出中国汽车零部件企业实力在全球范围内相对较弱。

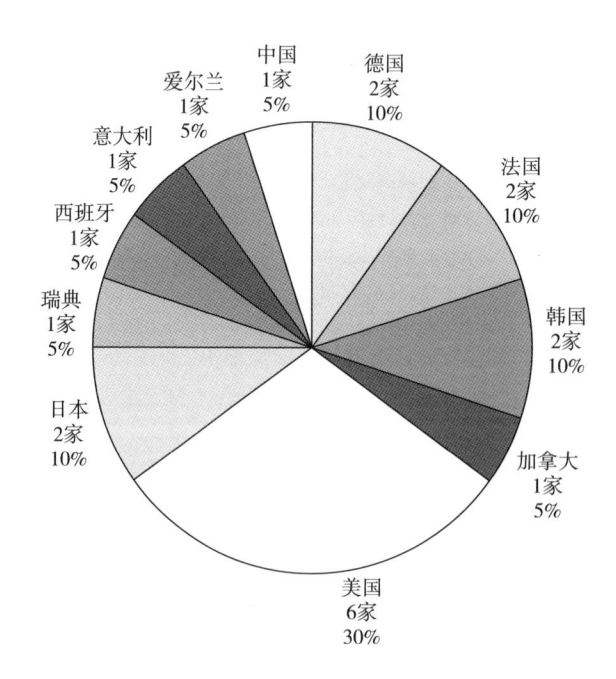

图2 品牌价值地区分布

资料来源：Brand Finance。

均胜电子在汽车安全系统、人机交互系统、新能源汽车动力管理系统、车联网核心技术和高端功能件等领域拥有较深的技术积淀，旗下子品牌均胜安全系统是全球第二大汽车安全系统供应商；子品牌普瑞公司在汽车人机交互、新能源汽车动力管理等领域处于全球领先水平；子品牌均胜车联持续参与行业标准和应用场景的制定或定义，处于行业细分领域的头部地位；子品牌均胜群英汽车系统是全球主流车企的高端功能件总成的核心供应商。

三 核心技术持续发展，推动"新四化"产业转型

2019年，全球汽车零部件企业积极推动核心技术的研发和产业化，加速了汽车行业核心零部件的技术突破。传统零部件领域，重点以节能环保、耐久性能提升、创新设计为主要研究方向；新能源汽车领域，在动力电池管理系统、动力电池和燃料电池核心部件等方面进行大力研发和投入，致力于提升电池的能量密度、安全性、可靠性及经济性；智能网联领域，重点推动环境感知技术、专用通信和网联技术、安全技术的发展。

在传统零部件领域的节能环保方面，德尔福研发了500+bar GDi（缸内直喷）燃油喷射系统，该系统与目前领先的350 bar系统相比，可以减少高达50%的汽油微粒排放，同时成本低廉，无须更改发动机设计；在提升耐久性方面，舍弗勒研发的新型角接触滚子轴承（ARU）具有较高的承载能力和较长的使用寿命；在创新设计方面，Protean设计出了360°转向车轮系统，该系统可实现高度调整和全方位转向。

在新能源汽车领域的电池管理系统方面，博格华纳推出高压液体加热器，这一创新技术将电池的工作温度控制在最佳温度范围内，并为电池组及其内部电池提供均匀的温度环境，从而提高电池性能；在动力电池核心零部件方面，远景AESC研发了新一代AIoT动力电池，该动力电池具有高安全性、高能量密度、高耐久性和高性价比等特性；在燃料电池核心零部件方面，巴拉德研究出的高性能燃料电池模块FCmove-HD具有结构紧凑、坚固耐用并可降低35%的生命周期成本等特性，戈尔研究出了全新质子交换膜，

该质子交换膜超薄并具有很好的机械耐久性，同时降低了燃料电池系统成本。

在智能网联汽车领域的环境感知技术方面，保隆科技研发的主要应用在汽车动态视觉与雷达上的新型传感器像素可高达100万，反馈速度极快，并且可以有效过滤背景、提高信息提取有效性，较好地解决了后端信号处理复杂的问题；在专用通信和网联技术方面，恩智浦研制的新型车载网络处理芯片组，可用于高性能服务导向型网关，以便车企解锁车联网数据的价值并提供新服务。除零部件企业外，互联网企业、IT企业也在探索研究智能网联汽车的发展，如苹果公司研发了获得新专利的"驱动型悬挂系统"，该系统可通过触觉感应装置将信息反馈给驾驶员，从而提升驾驶员的环境感知能力，并且该系统还可以增强车辆的制动能力；在安全技术方面，马勒研究的智能轴承可以帮助用户监控发动机运行状态，对可能出现的情况进行提前预警，并且该轴承可以延长发动机使用寿命（见表2）。

表2　2019年部分汽车零部件企业核心技术突破案例

企业	技术突破	技术竞争力
博格华纳	推出高压液体加热器	将电池的工作温度控制在最佳温度范围内，并为电池组及其内部电池提供均匀的温度环境，从而提高电池性能
堪萨斯大学	研发锂氧电池	提供更持久耐用的电池
德国弗劳恩霍夫环境安全和能源技术研究所	研发出了新款"双极板"（bipolar plate）	该设备可用于双极结构电池，新研发的双极板可节省80%的材料用量
LeddarTech	3D Flash激光雷达	适用于为确保乘客和弱势道路使用者（VRU）的安全而研发的感知平台
保隆科技	新型传感器	像素可高达100万，反馈速度极快，并且可以有效过滤背景，提高信息提取有效性
恩智浦	车载网络处理芯片组	用于高性能服务导向型网关，以便车企解锁车联网数据的价值并提供新服务
飞步科技	Phoenix-100感知芯片的设计度量	可执行实时、高精度的环境感知，旨在支持安全而精准的智能驾驶技术
加特兰	Alps系列毫米波雷达系统单芯片	集成了高速ADC、完整的雷达信号处理baseband以及高性能的CPU

续表

企业	技术突破	技术竞争力
舍弗勒	创新轴承解决方案	让设计不同但外形尺寸相同的轴承能在同一或相同轴承位置上使用,以适用不同的齿轮箱配置
远景 AESC	新一代 AIoT 动力电池	高安全性、高能量密度、高耐久性和高性价比
东芝	半导体和光电子技术 MOSFET 技术 DTMOS VI	聚焦于基于导通电阻和栅极电荷[QGD * R(on)]的关键性能指标(FoM),从而减少静电和开关损耗
摩比斯	新型空气悬架技术	可自动调整车辆高度,吸收路面震动
NI	推出 mmWave 测试解决方案	解决 5G 毫米波 RFIC 收发仪和功率放大器带来的测试挑战
德尔福	500 + bar GDi(缸内直喷)燃油喷射系统	与目前领先的 350 bar 系统相比,新系统可以减少高达 50% 的汽油微粒排放,同时成本低廉,无须更改发动机设计
苹果	驱动型悬挂系统	通过触觉感应装置将信息反馈给驾驶员,从而提升驾驶员的环境感知能力,并且该系统还可以增强车辆的制动能力
巴拉德	高性能燃料电池模块 FCmove – HD	结构紧凑,坚固耐用,并可降低 35% 的生命周期成本
采埃孚	新一代 8 挡混动自动变速器	电机的最大功率为 160kW,其持续输出功率为 80kW。在不启动内燃机的情况下,最大扭矩达 450 N·m,即使在纯电模式下也可实现高速行驶
海拉	轻混 48V 车辆研发电池模组方案	新款双电压电池管理系统和 PowerPack 48V 产品有助于降低车辆的碳排放,车辆每行驶 1 公里,二氧化碳排放量可减少 5~6g
马勒	智能轴承	对可能出现的情况进行提前预警,并且该轴承可以延长发动机使用寿命
Protean	360°转向车轮系统	可实现高度调整和全方位转向
戈尔	全新质子交换膜	超薄质子交换膜可提高机械耐久性,降低燃料电池系统成本
舍弗勒	金属双极板	通过薄层金属板的精确成型及涂覆而成,可由其堆叠而成燃料电池系统的核心电堆
舍弗勒	角接触滚子轴承(ARU)	具有较高的承载能力和较长的使用寿命
韩泰轮胎	虚拟配方设计(VCD)系统	利用人工智能系统分析,预测轮胎配方特性,得到最佳材料组合方案

资料来源:公开信息,中国汽研整理。

四 加快投资并购进程，高值并购活动频繁

全球汽车产业正在经历历史性变革，随着全球各国对可再生能源的重视程度加深，新材料、新信息技术的不断突破，汽车产品的研发向新能源、轻量化和智能网联的方向发展，整车企业、汽车零部件企业都希望通过收购并购的方式来提升企业竞争力、增强企业产品技术实力、扩大业务和市场范围。尤其是新能源领域和智能网联等新型领域，更是各大企业关注的重点，各大企业希望通过投资并购为未来汽车产业发展提前布局。

据不完全统计，2019年全球汽车零部件行业发生的并购案例共有22宗，涉及传统汽车零部件、新能源汽车核心零部件、智能网联汽车零部件以及其他四个方面（见图3）。

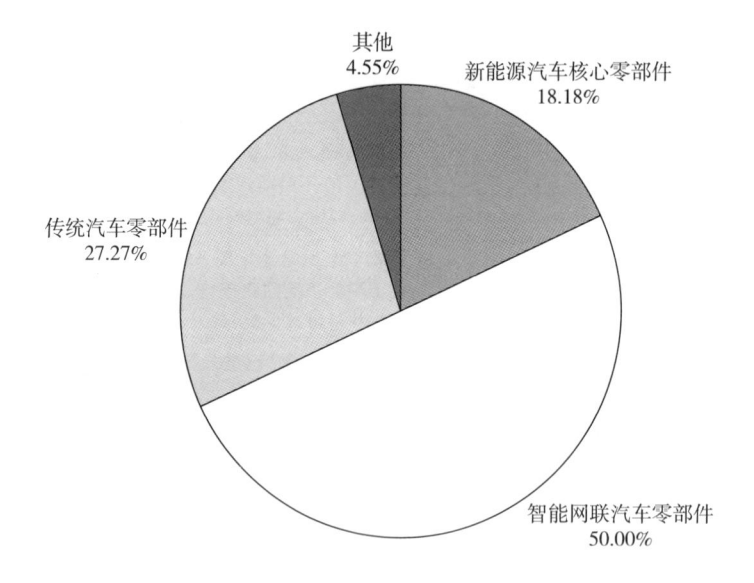

图3 2019年汽车零部件细分领域并购案例数量占比

资料来源：中国汽研统计。

其中，传统汽车零部件并购案例有6宗，主要涉及天线技术、座椅、天窗、金属零部件等方面；新能源汽车核心零部件并购案例有4宗，主要包含

电机、控制系统、新能源驱动系统等方面；智能网联汽车零部件并购案例有11宗，占总数的一半，涉及车联网设备、传感设备、激光雷达、电子软件、半导体、处理器等多个方面。可以看出，全球汽车零部件行业内企业目前更多地关注智能网联汽车相关零部件的产品发展和未来趋势，因此重点在该领域通过并购方式，实现企业对未来技术、市场等方向的战略布局。

在已统计的2019年22宗案例中（见表3），金额超过1亿美元的高值并购案例达到11宗（超大并购交易），高达半数之多。自2015年以来，已经连续5年超大并购交易案例达到10宗以上，汽车零部件行业已经迈入前所未有的高价值并购活动时代。

表3 2019年汽车零部件行业并购案例

时间	案例	收购资金	相关产业
1月	Molex收购了莱尔德的车联网方案事业部	未公布	车载天线系统、智能设备整合及车联网设备
	博世收购戴姆勒持有的电机公司EM-Motive GmbH的股份	未公布	电机
	TomTom将其远程信息处理车队管理业务出售给轮胎制造商普利司通	10亿美元	远程信息处理管理
2月	高通将其电动汽车无线充电部门Halo出售给了风投公司支持的初创公司WiTricity	4000万美元	无线充电技术
	采埃孚宣布收购威伯科	70亿美元	控制系统
	FLIR将收购Endeavor Robotics公司	3.85亿美元	传感设备
3月	德赛西威汽车电子股份有限公司已完成对德国先进天线技术公司ATBB公司的收购交割	未公布	天线技术
4月	李尔公司计划以3.2亿美元的价格收购汽车软件公司Xevo	3.2亿美元	云技术
	博格华纳收购莱茵哈特驱动系统公司和AM Racing公司	未公布	新能源驱动系统
	继峰股份收购格拉默公司	39.56亿元	座椅
	伟巴斯特集团成功收购其跟韩国合资企业——伟巴斯特东熙株式会社的股份	未公布	全景天窗

续表

时间	案例	收购资金	相关产业
5月	自动驾驶初创公司 Aurora 收购激光雷达公司 Blackmore	未公布	激光雷达
	舍弗勒收购软件和电子解决方案公司 XTRONIC	未公布	电子软件
6月	英飞凌将以每股23.85美元的现金收购赛普拉斯半导体	101亿美元	半导体
7月	金属及零部件供应商塔奥国际及私募股权所有公司(AGG)共同宣布,塔奥同意以9亿美元的价格出售给AGG	9亿美元	金属零部件
	日本帝人株式会社已同意从 Jet Investment 公司手中,全资收购捷克汽车复合材料和零部件供应商(Benet)	未公布	复合材料
8月	巴斯夫与精细化学产品公司 DIC 就收购巴斯夫全球颜料业务达成协议	11.5亿欧元	颜料
10月	佛吉亚从大陆集团手中收购合资公司剩余股份,将提升驾驶舱研发实力	2.25亿欧元	驾驶舱
11月	欧司朗宣布与传感器解决方案制造商艾迈斯进行整合。艾迈斯将收购欧司朗55%以上的股权	46亿欧元	光电半导体
12月	埃森哲宣布已完成收购中国汽车数字化和移动出行服务提供商飞驰镁物	未公布	移动出行服务
	英特尔宣布收购了以色列初创公司 Habana Labs。后者是人工智能处理器开发商	20亿美元	人工智能处理器
	电装宣布,已完成对德国公司 PiNTeam Holding GmbH 的股份收购	未公布	电控单元

资料来源:公开信息,中国汽研整理。

五 加大新兴产业投入,重视在华市场布局

伴随着全球经济一体化的发展,全球各大整车企业、零部件企业、科技型企业、互联网企业都加大了对中国市场的重视,尤其是在新能源汽车和智

能网联汽车领域,通过投资生产基地,与中国企业展开技术合作、合资建厂、设立在华研发中心等方式完成其在华的业务布局。

在传统零部件方面,主要对轮胎、工艺材料、底盘、传动系统等细分领域的企业进行投资或合作实现在华的战略布局。马牌轮胎、巴斯夫、采埃孚、BMTS等企业通过在华投资建设生产基地,扩大其产品本土化的生产供应量,抢占市场份额;采埃孚与中国汽车技术研究中心合作,在汽车行业标准与技术法规研究、C-NCAP安全标准评估、产品检测试验与认证、管理培训、信息服务、科研项目等领域进行战略合作。此外,还有日本电机专家电产株式会社、格拉默等国际知名零部件企业与中国企业合资(见表4),在华成立新的合资公司,发挥双方优势,共同拓展在华业务布局。

表4 2019年外资企业在华传统零部件业务动态

企业	动态
马牌轮胎	2019年1月,马牌轮胎在合肥市的轮胎生产基地新产品线项目开工奠基
埃贝赫	2019年1月,埃贝赫在上海开设亚洲试验中心
巴斯夫	2019年3月,巴斯夫投资3400万欧元在上海创新园新建其亚太研发中心,包括亚太区汽车应用和工艺催化两大研发中心
	2019年8月,巴斯夫和重庆延锋安道拓达成合作协议,巴斯夫提供技术专利,重庆延锋安道拓负责生产运营
	2019年11月,巴斯夫在广东湛江启动建设其新型一体化基地
	2019年12月,巴斯夫于广东江门新建一套汽车修补漆生产设施
采埃孚	2019年3月,采埃孚与中国汽车技术研究中心有限公司签署战略合作协议,在汽车行业标准与技术法规研究、C-NCAP安全标准评估、产品检测试验与认证、管理培训、信息服务、科研项目等领域进行战略合作
	2019年5月,采埃孚在张家港经济开发区新建一家底盘零部件工厂
艾仕得	2019年5月,艾仕得独立运营在中国的粉末涂料业务
巨浪集团	2019年5月,巨浪集团太仓"未来"工厂正式开业
德赛西威	2019年7月,德赛西威与一汽集团进行战略合作,加强在中国市场上有关汽车照明方面的合作
奥托立夫	2019年9月,奥托立夫公司与长城汽车签订合作研究声明,共同对北美道路安全评价进行研究
BMTS	2019年9月,BMTS在山东省济南市高新区临空经济区举行了济南工厂的投产典礼,该工厂将主要用于高转速、超高温精密零件——涡轮轴总成的生产

续表

企业	动态
格拉默	2019年11月,格拉默与长春一汽富晟签署协议,成立汽车内饰零部件合资公司,双方各持50%的股份
加特可	2019年11月,加特可在张家港工厂顺利举行加特可(苏州)自动变速箱有限公司的开业典礼,这是其在中国独资设立的第二家生产基地
电产株式会社	2019年8月,日本电机专家电产株式会社与广汽(GAC)成立名为广州电产汽车传动系统公司的一家牵引电机合资公司,将总部设于广州

资料来源:公开信息,中国汽研整理。

中国作为全球最大的新能源汽车市场,也成为各大零部件企业市场竞争的重点。2019年外资零部件企业在华新能源汽车零部件业务布局上,主要集中在动力电池、电机、充电桩等方面。其中LG化学、远景AESC、SK创新等公司在中国投资建设电池及电极材料生产线,扩大动力电池的产能;麦格纳、采埃孚与中国企业合资成立公司,推动电机等核心零部件的发展;ABB收购上海联桩的股份,拓展电动汽车充电市场,该项收购将促使ABB在中国构建的电动交通生态系统发挥更大的作用,并进一步推动与上汽及其他国内汽车厂商的合作。此外,氢燃料电池汽车正逐渐进入小规模商用阶段,未来具有广阔的发展空间,博世在无锡奠基氢燃料电池研发中心用以加强其氢燃料电池的布局(见表5)。

表5 2019年外资企业在华新能源业务动态

企业	动态
LG化学	2019年1月,LG化学计划投入1.2万亿韩元扩建在南京的电池生产线,增加圆柱形电池全球供应量
博格华纳	2019年1月,博格华纳为两大中国原始设备制造商(OEM)的混动车型大批量供应先进的同轴式P2驱动模块和电液压控制装置
麦格纳	2019年1月,麦格纳与北汽新能源成立的合资公司——麦格纳卫蓝新能源汽车技术(镇江)有限公司正式揭牌;同时,麦格纳卫蓝新能源汽车试验中心也启动建设
	2019年10月,华域麦格纳电驱动系统有限公司首台电驱动系统在中国投产
远景AESC	2019年2月,远景AESC动力高储能、高安全、软包装智能电池项目在江阴举行开工仪式,拟将年产20GWh三元动力电池和电极材料

续表

企业	动态
SK创新	2019年12月,SK创新计划投资10.5亿美元(约合73.82亿元)在中国江苏省盐城市建一家电动汽车电池制造厂
电装	2019年5月,电装与广州南沙经济技术开发区管理委员会正式签订协议。项目将于6月28日动工,预计2021年开始投产,2022年实现量产
伟巴斯特	2019年10月,伟巴斯特电池系统的试验中心和制造厂于其新的嘉兴基地落地,这一基地将于2020年初正式开业
博世	2019年11月,博世氢燃料电池研发中心在无锡奠基
ABB	2019年10月,ABB收购上海联桩67%股份,拓展其电动汽车充电市场
采埃孚	2019年11月,采埃孚和卧龙电气签署相关协议,成立合资公司,主要生产汽车专用电机及其部件
采埃孚	2019年11月,采埃孚与广州市花都区政府签署协议,将在花都区建立采埃孚中国的第三家研发中心,预计投资额约人民币7亿元,将于2023年投入运营

资料来源:公开信息,中国汽研整理。

近几年,智能网联汽车越来越受汽车行业的重视,尤其是中国新兴汽车企业的汽车产品都以智能化、自动驾驶为特点进行开发。2019年外资零部件企业在华智能网联业务布局上,涉及辅助自动驾驶系统、自动驾驶地图、网络安全等方面。博世、现代摩比斯、恩智浦通过投资中国相关的智能网联初创科技企业,实现了核心技术的拓展和布局;博世、是德科技、德赛西威、Ibeo等企业分别与蜂巢互联、大唐高鸿、四维图新、亮道智能等中国企业合作,提升智能化、自动化技术水平,合作领域主要涉及数字化解决方案、C-V2X技术、智能汽车网络信息安全、激光雷达+自动驾驶地图等多个方面(见表6)。

表6 2019年外资企业在华智能网联业务动态

企业	动态
博世	2019年1月,博世集团旗下的博世创业投资公司参与了中国四维智联公司的A轮融资
博世	2019年3月,博世在南京成立亚太地区首个博世智能助力器(iBooster)生产基地
博世	2019年5月,博世与深圳蜂巢互联签署了关于"联合创新提供数字化解决方案服务于中国制造企业转型升级"的合作备忘录

续表

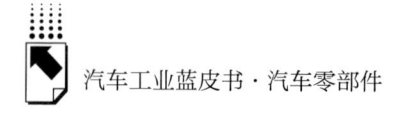

企业	动态
现代摩比斯	2019年3月,韩国现代摩比斯公司向中国初创公司格灵深瞳投资了500万美元,该家中国公司致力于人工智能研发计算机视觉技术的使用
瑞萨电子	2019年3月,日本汽车芯片制造商瑞萨电子计划2019年使日本6家工厂停产两个月左右,以应对中国市场需求的进一步放缓
是德科技	2019年5月,是德科技宣布与大唐高鸿数据网络技术股份有限公司扩大合作,加速C-V2X(蜂窝车联)技术在互联汽车领域的应用
英飞凌	2019年5月,英飞凌与大众汽车集团达成战略合作,英飞凌将为大众汽车集团未来汽车提供支持
德赛西威	2019年6月,德赛西威与四维图新签署战略合作框架协议,双方将在自动驾驶地图、智能网联等领域展开合作
德赛西威	2019年6月,德赛西威与多家知名企业达成战略联盟,共同攻克未来智能领域的多项难题
lbeo	2019年6月,Ibeo与四维图新、亮道智能三方签署战略合作协议,将围绕"激光雷达+自动驾驶地图"研发及相关应用领域建立合作伙伴关系
舍弗勒	2019年9月,舍弗勒与湖南湘江新区签署合作协议。舍弗勒在湘江新区成立独资公司,并引入旗下应用于智能驾驶领域的线控技术
舍弗勒	2019年4月,舍弗勒与上海国际汽车城达成合作,在上海安亭创新港内成立舍弗勒大中华区域总部,并扩建研发中心
大陆集团	2019年10月,大陆集团正式运营其长春净月工厂扩建项目
法雷奥	2019年10月,法雷奥武汉技术中心二期扩建工程揭幕
Mobileye	2019年11月,蔚来正式与Mobileye自动驾驶技术公司达成战略合作
佛吉亚	2019年11月,佛吉亚中国与全志科技签署战略合作协议。双方将深化在汽车智能座舱领域的合作
佛吉亚	2019年4月,佛吉亚与Plug and Play公司签署战略合作协议。该协议致力于加速佛吉亚在中国搜寻、投资初创公司的进程
Here	2019年2月,Here公司与四维图新建立合作,在中国市场提供定位服务
安波福	2019年4月,安波福正式宣布在中国建立自动驾驶技术中心
安霸半导体	2019年4月,美国安霸半导体公司和中国Momenta公司将合作研发自动驾驶汽车高精地图协作平台
伟世通	2019年4月,伟世通与商汤科技、宽凳科技和同济大学分别签署了战略合作协议,共同推进汽车行业智能化发展
恩智浦	2019年4月,荷兰芯片制造商恩智浦半导体宣布,对南京隼眼电子科技有限公司进行了投资,旨在扩大其在中国汽车雷达市场的影响力

资料来源:公开信息,中国汽研整理。

B.2
2019年中国汽车零部件产业发展分析

摘　要： 截至2019年底，我国汽车产销量分别完成2572.1万辆和2576.9万辆，产销量同比分别下降7.5%和8.2%，产销量降幅比上年分别扩大3.3个和5.4个百分点。受到整车产业的影响，我国汽车零部件产业市场也经受着严峻考验，我国汽车零部件行业加快推动汽车产业高质量发展。本文通过对我国政策体系、市场规模、投资并购及核心技术研发等方面的研究，分析国家在新能源汽车、智能网联汽车、汽车零部件再制造等领域的发展现状及趋势。

关键词： 汽车零部件　产业政策　战略布局　产品研发

一　产业政策持续完善，零部件行业发展加速

2019年国家陆续出台了一系列与汽车零部件领域相关的政策法规，其中重点在汽车零部件关税、新能源汽车及智能网联汽车关键零部件、汽车零部件再制造等方面推出相应政策指导，推动汽车零部件行业的积极发展。

在汽车零部件关税方面，对税率进行优化。为扩大先进技术、设备和零部件进口，支持高新技术产业发展，新增或降低半导体检测分选编带机、高压涡轮间隙控制阀门、自动变速箱用液力变矩器和铝阀芯、铌铁、多元件集成电路存储器等商品进口，自2020年1月1日起，相关商品实施进口暂定

税率。同时，自2017年8月14日美国总统特朗普授权贸易代表对中国开展301调查以来，中美贸易开始发生摩擦，并持续了整个2018年，在此背景下，我国国务院为营造双方经贸磋商良好氛围，于2019年3月发布了《国务院关税税则委员会关于对原产于美国的汽车及零部件继续暂停加征关税的公告》，公告内容要求"从2019年4月1日起，对《国务院关税税则委员会关于对原产于美国的汽车及零部件暂停加征关税的公告》附件1所列28个税目商品，继续暂停征收加征的关税"。

在新能源汽车及智能网联汽车关键零部件方面，重点在提升核心零部件技术、鼓励外商投资等方面加强了政策指导，在《关于进一步完善新能源汽车推广应用财政补贴政策的通知》中，对续航里程和电池能量密度门槛要求进一步提升，并且废止了《汽车动力蓄电池行业规范条件》，意味着国内动力电池行业将进入"自由竞争"的时代。《新能源汽车产业发展规划（2021~2035年）（征求意见稿）》提出以动力电池与管理系统、驱动电机与电力电子、网联化与智能化技术为"三横"，构建关键零部件技术供给体系。大力开展先进模块化动力电池与燃料电池系统技术攻关，探索新一代车用电机驱动系统解决方案，加强智能网联汽车关键零部件及系统开发，突破计算和控制基础平台等技术瓶颈，提升基础关键技术、先进基础工艺、基础核心零部件和关键基础材料等产业基础能力。在鼓励外商投资上，公布了《鼓励外商投资产业目录（2019年版）》，重点鼓励在发动机、动力电池、燃料电池、智能汽车关键零部件等方面的产业投入。

在汽车零部件再制造方面，鼓励机动车整车生产企业通过售后服务体系回收旧机动车零部件用于再制造，但是要求再制造企业生产及制造质量要符合规范，相关产品符合国家标准，同时在《进一步优化供给推动消费平稳增长，促进形成强大国内市场的实施方案》和《报废机动车回收管理办法（修订草案）》中放开了报废汽车"五大总成"再制造、再利用的要求（见表1）。

表1 2019年汽车零部件相关政策

政策法规名称	颁布或实施时间	颁布单位
《锂离子电池行业规范条件（2018年本）》和《锂离子电池行业规范公告管理暂行办法（2018年本）》	2019年1月16日	工信部
《废铅蓄电池污染防治行动方案》	2019年1月22日	国家发展改革委、生态环境部、公安部、工信部、司法部、交通运输部、财政部、国家市场监督管理总局、国家税务总局
《进一步优化供给推动消费平稳增长 促进形成强大国内市场的实施方案（2019）》	2019年1月29日	国家发展改革委、交通运输部、工信部、农业农村部、商务部、住房和城乡建设部、国家卫生健康委、财政部、国家市场监督管理总局、民政部
《报废机动车回收管理办法（修订草案）》	2019年1月30日	国务院
《鼓励外商投资产业目录（征求意见稿）》	2019年2月2日	国家发展改革委
《绿色产业指导目录（2019年版）》	2019年3月6日	国家发展改革委、工信部、自然资源部、生态环境部、住房和城乡建设部、中国人民银行、国家能源局
《关于进一步加强新能源汽车产品召回管理的通知》	2019年3月18日	国家市场监督管理总局
《关于进一步完善新能源汽车推广应用财政补贴政策的通知》	2019年3月26日	财政部、工信部、科技部、国家发展改革委
《国务院关税税则委员会关于对原产于美国的汽车及零部件继续暂停加征关税的公告》	2019年3月31日	财政部
《关于加快推进工业节能与绿色发展的通知》	2019年3月31日	工业和信息化部办公厅和国家开发银行办公厅
《推动重点消费品更新升级 畅通资源循环利用实施方案（2019－2020年）》	2019年6月3日	国家发展改革委、生态环境部、商务部
废止《汽车动力蓄电池行业规范条件》	2019年6月21日	工信部
《鼓励外商投资产业目录（2019年版）》	2019年6月30日	国家发展改革委、商务部
《关于征求〈机动车环境保护召回管理规定（征求意见稿）〉意见的函》	2019年7月16日	国家市场监督管理总局办公厅、生态环境部办公厅

续表

政策法规名称	颁布或实施时间	颁布单位
《铅蓄电池回收利用管理暂行办法(征求意见稿)》	2019年8月14日	国家发展改革委
《关于对十三届全国人大二次会议第2667号建议》	2019年8月28日	工信部
《关于对十三届全国人大二次会议第3239号建议》	2019年8月28日	工信部
《新能源汽车动力蓄电池回收服务网点建设和运营指南》	2019年9月10日	工信部
《产业结构调整指导目录(2019年本)》	2019年10月30日	国家发展改革委
《机动车零部件再制造管理暂行办法(征求意见稿)》	2019年12月2日	国家发展改革委
《新能源汽车产业发展规划(2021~2035年)》(征求意见稿)	2019年12月3日	工信部
《关于2020年进口暂定税率等调整方案的通知》	2019年12月23日	国务院关税税则委员会

资料来源：中国汽研整理。

二 营业收入略有增长，进出口额均呈现下滑

2019年，在汽车整体市场滑坡、新能源汽车补贴下降、排放标准逐渐升高等因素影响下，零部件企业面临着前所未有的压力。但我国汽车零部件制造业仍呈现稳定增长趋势。根据中国汽车工业协会对13750家规模以上汽车零部件企业统计，全年累计主营业务收入3.6万亿元，同比增长0.35%。不过与国际零部件企业相比，我国汽车零部件企业业务单一、规模有限，自主研发能力薄弱，质量管控水平不足，且我国零部件企业多是以生产技术含量较低的标准件为主营业务的企业，而涉及汽车电子、自动变速器技术含量较高的汽车核心零部件企业较少，产品竞争力不强，我国汽车零部件行业整体依然存在"低、散、弱"的问题。

从图1可以看出，我国汽车零部件的进口总额呈现下降态势。2019年，汽车零部件进口总额353.10亿美元，同比下降12.81%（见图1）。四大类汽车零部件主要品种与上年同期相比，进口总额均有所下降，其中发动机共进口89.23万台，同比增长1.51%，但进口额23.31亿美元，下降了6.68%；汽车零部件、附件及车身进口额287.48亿美元，同比下降14.25%；汽车、摩托车轮胎进口额6.47亿美元，同比下降0.97%；其他汽车相关产品进口额35.84亿美元，同比下降6.11%。可以看出，2019年我国汽车零部件进口额中，只有汽车、摩托车轮胎的进口额降幅没超过1%。

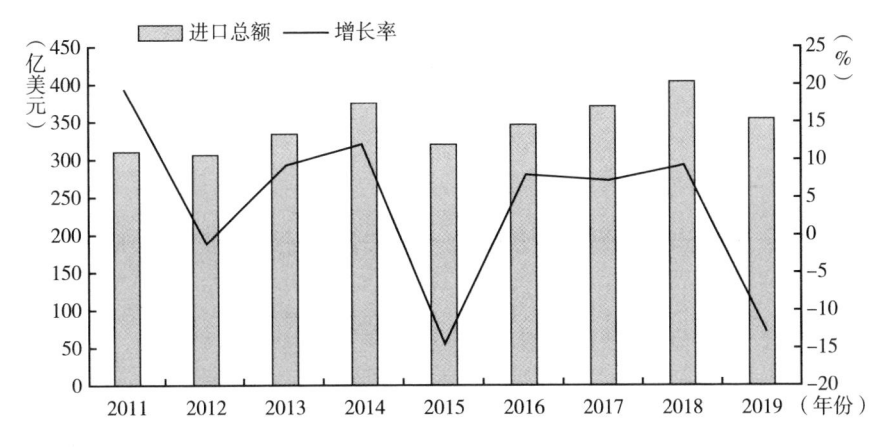

图1　2011～2019年汽车零部件进口总额和增长率情况

资料来源：中国汽车工业协会。

我国汽车零部件的出口总额也呈现负增长态势。2019年，汽车零部件出口总额665.59亿美元，同比下降4.43%（见图2）。四大类汽车零部件主要品种与上年同期相比，出口总额均有所下降，其中发动机共出口344.35万台，同比下降14.71%，出口额21.28亿美元，同比下降14.55%；汽车零部件、附件及车身出口额411.18亿美元，同比下降3.92%；汽车、摩托车轮胎出口额134.67亿美元，同比下降2.11%；其他汽车相关产品出口额98.46亿美元，同比下降7.15%。从数据上看出，2019年我国汽车零部件出口额中，降幅最小的为汽车、摩托车轮胎，降幅最大的为发动机。

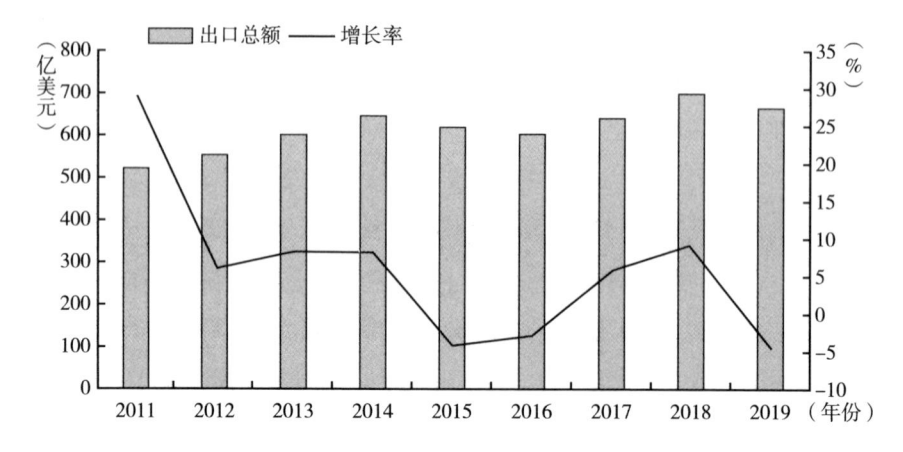

图 2　2011～2019 年汽车零部件出口总额和增长率情况

资料来源：中国汽车工业协会。

三　新兴领域投资加速，扩大核心技术战略布局

国内汽车零部件企业通过投资并购加快在国内外的战略布局，尤其是在新能源汽车和智能网联汽车领域。据不完全统计，2019 年我国汽车零部件企业完成了 21 宗投资并购类的案例，其中传统汽车相关产品的投资并购案例有 7 宗，新能源汽车及智能网联汽车零部件产品投资并购案例有 14 起。在投资并购中，除德赛西威对 ATBB 公司的收购、潍柴动力对德国 ARADEX 股份有限公司（以下简称"德国 ARADEX"）的战略收购等国际投资外，国内企业间的投资并购也开始逐渐增多。可以看出，我国零部件企业在全力提升国际化水平的同时，开始注重国内核心技术的投资与整合，重点投资并购方向为电动化、智能化等。

从传统汽车零部件领域的投资并购案例来看，主要涉及核心零部件系统相关产品、轮胎、车身附件等方面。如蜂巢动力在江苏扬中汽车零部件产业园投资建设年产 40 万台发动机项目，以扩大企业发动机产能，增加企业供货能力；威弳创集团战略投资 BMTS Technology 涡轮增压器产品，实现对该领域核心技术的战略布局。海倍德橡胶有限公司出资 2.54 亿元，收购永泰集团，布局轮胎领域，实现了企业一体化战略布局。在天线技术方面，德赛西威完成对德国先进天线技术公司 ATBB 公司的收购，拓展了公司产品范围，提升了盈利能力（见表2）。

表2 2019 年传统汽车相关产品的投资并购案例

时间	企业	收购资金	相关产业
2月	威轼创集团战略投资 BMTS Technology	—	涡轮增压器
3月	3月13日，德赛西威宣布，完成对德国 ATBB 公司的收购交割	—	天线技术
4月	继峰股份公司发布重组草案，调整已披露的拟购买宁波继烨公司 100% 股权的意向性预案	39.56 亿元	座椅
8月	山东海倍德橡胶有限公司出资 2.54 亿元，最终收购永泰集团	2.54 亿元	轮胎
9月	赛轮轮胎发布公告称，中国一汽拟以 4.6 亿元现金，对其子公司赛亚检测进行增资。据悉，赛轮轮胎也将以 1.46 亿元现金，对赛亚检测进行增资	4.6 亿元	轮胎
12月	潍柴动力正式对外宣布已完成对德国 ARADEX 的战略收购	—	电机、电控
	长城汽车 100% 控股的蜂巢动力将在江苏扬中汽车零部件产业园建设年产 40 万台发动机项目，该项目预计在 2020 年 6 月建设完成	16.12 亿元	发动机

资料来源：公开信息，中国汽研整理。

从新能源及智能网联汽车零部件领域投资并购来看，主要涉及动力电池、无人驾驶、智能平台等方面。其中动力电池相关核心技术投资并购案例多达6宗，有涉及电池材料的，如宁德时代与其控股子公司邦普循环科技共同出资设立宁波邦普时代新能源有限公司，该公司主要投资和经营正极材料及相关资源，该投资属于宁德时代的纵向一体化布局，投资上游产业，增强上游产品供货能力；有涉及电池本身产品投资的，如宁德时代位于德国图林根州的电池工厂正式奠基开工，该投资帮助企业扩大了海外投资业务，也增加了海外的产品供货能力。在无人驾驶方面，投资并购重点在无人驾驶技术、感知技术、辅助驾驶技术等方面,以初创公司融资形式为主,例如,自动驾驶公司 AutoX 宣布完成了数千万美元的 A3 轮融资;安智汽车完成 A+轮融资。在智能平台方面有博世创业投资公司(RBVC)投资了四维智联(AutoAI)公司的 A 轮融资;半导体巨头 SK 中国、SK Hynix 以及数家中国一线汽车集团(与旗下基金)联合领投了地平线公司的 B 轮融资(见表3)。

表3 2019 年新能源及智能网联汽车零部件产品投资并购案例

时间	企业	收购资金	相关产业
1月	博世集团(Bosch Group)旗下博世创业投资公司(RBVC)参与了中国四维智联(AutoAI)公司的 A 轮融资	1.04 亿美元	智能云平台
	科力远拟买吉利集团、华普汽车合计持有的 CHS 公司 36.97% 的股权	8.21 亿元	电池、混动技术
2月	无人驾驶初创公司图森未来宣布成功完成 D 轮融资,由新浪资本领投	9500 万美元	无人驾驶
	地平线官宣,由半导体巨头 SK 中国、SK Hynix 以及数家中国一线汽车集团(与旗下基金)联合领投的 B 轮融资	6 亿美元	人工智能处理器
4月	MINIEYE 宣布完成 B 轮融资,同时获得数亿元授信额度	1.5 亿元	感知系统
	自动驾驶公司 AutoX 宣布已在几个月前完成了数千万美元的 A3 轮融资,由东风汽车领投	—	自动驾驶
	安智汽车完成 A+轮融资	—	驾驶辅助系统
	纽劢科技正式完成 Pre-A 轮融资	—	自动驾驶
5月	国内领先的动力锂电池厂商星恒电源启动 Pre-IPO 融资,获得了盈科资本、国家电投产业基金、海通新能源、海通创新证券、博信基金及其管理的多只基金共计 9.22 亿元的战略投资,投前估值 40.5 亿元	9.22 亿元	锂电池
6月	宁德时代、哈啰出行和蚂蚁金服,宣布共同出资 10 亿元作为首期投资款成立合资公司,主营两轮电动车基础能源网络换电业务	10 亿元	换电业务

续表

时间	企业	收购资金	相关产业
9月	宁德时代发布公告称,公司拟与控股子公司广东邦普循环科技有限公司共同出资设立宁波邦普时代新能源有限公司,从事正极材料及相关资源的投资和经营	36亿元	正极材料
10月	宁德时代位于德国图林根州埃尔福特的电池工厂奠基开工,总投资18亿欧元	18亿欧元	电池
11月	上汽旗下华域汽车技术研发中心建筑工程项目宣布正式开工。华域汽车技术研发中心建成后,将承担起华域汽车智能网联汽车、新能源汽车关键零部件及智能制造应用技术研发和试验的重任	10.19亿元	新能源零部件
12月	北汽蓝谷发布公告称,该公司审议通过《关于子公司投资北汽麦格纳制造合资公司项目暨关联交易的议案》(简称《议案》),即旗下子公司卫蓝投资将出资3.12亿元获得镇江汽车公司共51%股权,与麦格纳组成高端制造合资公司	3.12亿元	纯电动技术

资料来源:公开信息,中国汽研整理。

四 聚焦"新四化"产品研发,多方机构合作成为趋势

汽车行业"新四化",即电动化、智能化、网联化、共享化逐渐成为汽车零部件行业的发展趋势和战略方向。"新四化"的发展趋势使汽车市场面临着巨大的转变,加快了汽车产业链及其生态系统的重构,其中以"电动化"为代表的新能源汽车和以"智能化+网联化"为代表的智能网联汽车,成为汽车产业"新四化"发展的重要载体。在"新四化"的推动下,汽车零部件企业加强与整车企业、零部件企业、互联网企业合作,促进企业产品技术向电动化和智能化发展,来实现企业产品的转型升级。

新能源汽车技术在2019年取得了良好的发展,包括Cell To Pack电池包技术、高比能快充锂离子电池技术、固态锂电池技术、高比功率车用燃料电

池电堆技术、电动汽车无线充电技术、分布式电驱动系统技术、高功率密度碳化硅车用电机驱动控制器技术、三维编织碳纤维复合材料汽车轻量化技术等。当前，锂离子电池的电池包的比能量达到200瓦时/公斤，比亚迪刀片电池包的比能量达到0.3千瓦时/升；乘用车燃料电池质量密度达到450W/kg，商用车达到300 W/kg；在电池自加热技术方面，电池加热速率达到2℃/min，加热时间减少了60%，可零下30℃使用；在安全方面开始更多地考虑设计预警来替换之前的报警系统。

智能网联技术在2019年也取得了积极进展，部分L2级车型实现了量产，L4级车型及配套零部件正在研发测试阶段，并有望在2020年前后进入市场。在V2X方面，我国核心芯片和产品研发基本成熟，大唐、华为、高通、移远、芯讯通等厂商已经推出各自的LTE-V2X商用通信芯片或模组，为产业链上下游提供解决方案，并且在延崇高速、无锡示范区等进行试验；在高精地图方面，地图的精度、鲜度、信息丰度不断提升，深圳华大北斗技术有限公司推出了双天线、多频、支持多种全球导航卫星系统（GNSS）的惯性导航系统（INS），可以在各种苛刻条件下为各种自动驾驶汽车提供准确可靠的定位、速度和方向信息；在雷达技术方面，我国24GHz和77GHz毫米波雷达集成电路关键技术已取得突破，24GHz毫米波雷达实现量产。

然而，我国汽车零部件行业发展依然存在技术瓶颈，尤其是在智能网联汽车零部件、新能源汽车零部件和节能汽车核心零部件技术方面。在智能网联汽车零部件方面，主要存在环境感知技术到达瓶颈、决策规划控制算法有待升级和高算力平台（核心芯片及操作系统）受制于国外等问题；在新能源汽车零部件方面，主要存在动力总成集成化程度低、锂离子动力电池能量密度及安全性有待提升和燃料电池产业核心部件在性能、质量和可靠性上有待提高等问题；在节能汽车零部件方面，主要存在商用车柴油发动机电控系统及集成式后处理系统技术水平有待提升、乘用车汽油发动机相关部件及技术有待突破，多挡化自动变速箱及高效混合动力变速器技术存在瓶颈等问题。

为了解决技术瓶颈，零部件企业在加强自身产品研发投入的同时，也在积极寻求与相关单位的合作。如表4所示,有的整车企业与零部件企业合作研发汽车零部件,如上汽大众和日本瑞萨共同成立汽车电子联合实验室,该实验室主要研发电子设备和控制系统,应用于新一代汽车驾驶舱中;有的整车企业与IT企业合作开发汽车零部件,如江淮汽车与华为合作开展智能汽车解决方案、企业信息化、智慧园区、智能工厂等领域的研究;有的零部件企业与IT企业合作,如伟世通与腾讯合作开发自动驾驶技术以及数字化AI座舱解决方案;同时研究机构也积极参与合作,共同研究推动我国汽车零部件产业发展,如百度地图联合多家科研院所和高校共同成立了智能交通实验室。可以看出,未来"多方合作,共同研发"模式将成为推动我国汽车零部件产业发展的重要趋势。

表4 2019年多方合作推动我国汽车零部件产业研发

时间	合作企业	相关产业
1月9日	腾讯、伟世通	将合作开发自动驾驶技术以及数字化AI座舱解决方案
3月28日	飞驰镁物、微软	双方将围绕汽车数字化与出行服务,在技术、产品设计、市场、营销及服务5个层面展开深入合作
4月11日	吉利汽车与里卡多	专门针对增程式插电混动汽车研发高级变速箱
4月16日	商汤科技、伟世通	双方将联手推动智能车舱产业的创新与发展
4月17日	蜂巢能源、森萨塔科技	双方将在电池领域扩大战略合作,推动蜂巢能源电池产品升级
4月17日	宁德时代、华为	双方合作推进汽车行业向电动化与智能化转型升级
4月22日	天际汽车、德赛西威	为天际ME7及后续产品合作开发自动驾驶和智能驾驶舱提供解决方案
5月30日	蜂巢互联、博世	双方希望就此达成合作并开启联合创新之旅,为中国工业4.0市场提供培训以及数字产品和服务
6月13日	上汽大众、日本瑞萨	成立汽车电子联合实验室,双方将合作开发新一代汽车驾驶舱搭载的电子设备和控制系统
6月21日	延锋、京东方	扩大在光学贴合、TFT–LCD模组及曲面屏等产品上的应用合作
6月24日	万向、Ionic Materials	共同开发了一种创新性方法来制造全固态电池

续表

时间	合作企业	相关产业
7月17日	延锋、歌尔	共同打造行业领先的汽车智能座舱声学系统、智能交互及智能传感器产品
8月22日	中国恒瑞、福伊特	双方将在高压氢燃料储罐系统的材料、成型技术以及市场开拓等多方面展开深入合作
8月23日	星云互联、海拉	打造先进的车联网解决方案
9月17日	海克斯康、四维图新	双方将在高精度定位服务与应用等全方面展开合作
10月26日	中智行、威力登	联合研发下一代高性能量产化雷达
11月5日	格拉默、一汽富晟	成立长春富晟格拉默车辆部件有限公司,研发和生产各类汽车内饰零部件
11月19日	卧龙电气、采埃孚	成立一家专门从事汽车专用电机及其部件生产的合资公司,生产电机和部件
11月22日	湖南雅城、泰丰先行	主要围绕磷酸铁、四氧化三钴以及新产品开发进行合作
11月24日	均胜电子、德国普瑞车联	整合均胜车联事业部,重点研发和生产车联网技术相关产品
12月9日	江淮汽车、华为	在智能汽车解决方案、企业信息化、智慧园区、智能工厂等领域展开研发合作
12月10日	百度地图	联合九大科研院所和高校成立智能交通联合实验室,构建新一代AI地图生态全景
12月13日	北汽新能源、上海拿森	研究中国自主线控底盘

资料来源:公开信息,中国汽研整理。

五 激发再制造市场活力,新蓝海产业或将形成

汽车零部件再制造主要是对报废汽车或淘汰零部件进行再制造的过程,该产业的发展符合国家可持续发展战略的需要,同时也是我国汽车产业可持续发展的必要条件。由于该过程首先是对报废汽车或淘汰的零部件进行回收,再经过工业二次生产,使回收的零部件可以二次流入市场,因而形成了

良好的循环经济模式，缩短了零部件产品的生产过程，可以达到资源充分利用的目的，具有非常高的经济价值、环境价值和社会价值。通过再制造生产的发动机相比全新发动机，可以节约大约60%的能源及70%的原材料，生产成本降低50%以上。

世界上的汽车大国都很重视零部件再制造，并且已经形成成熟产业链，市场规模庞大。在美国，专业再制造公司年销售额达730亿美元，其中汽车零部件再制造业是占比最高的产业，年销售总额高达565亿美元。在德国，至少90%的汽车废旧零部件可以得到再利用。从市场占比来看，欧美两大汽车市场的零部件再制造占到汽车后市场50%的份额，而我国再制造份额只占2%~3%，仅为欧美汽车市场的1/10。同时与欧美等发达国家9~12年的平均车龄相比，中国的平均车龄仅为4.5年，因而，我国零部件再制造发展潜力巨大。

目前，我国机动车保有量超过3亿辆，其中汽车保有量高达2.46亿辆，随着汽车保有量的不断增加，报废回收的汽车数量也在逐年增加。据商务部统计，2019年我国机动车回收数量为229.5万辆，同比增长15.3%，其中汽车195.1万辆，同比增长16.8%。随着机动车回收量的增加，未来我国汽车零部件再制造将是新的蓝海领域，预计零部件再制造产业规模将达到1000亿元以上。

为激发汽车报废市场的活力，实现节能减排，促进我国零部件行业可以更好地循环发展，2019年4月国务院颁布的《报废机动车回收管理办法》规定，拆解的报废机动车发动机、方向机、变速器、前后桥和车架等"五大总成"具备再制造条件的，可按国家规定出售给有再制造能力的企业。该政策消除了以往汽车零部件再制造的法律障碍，为汽车零部件再制造提供了良好的政策环境（见表5）。

国家非常重视汽车再制造产业的发展。在政府的支持下，企业及科研机构开始积极研究再制造产品技术和应用，使我国再制造技术取得巨大的进步。但与发达国家相比，我国整体的汽车零部件再制造产业基础薄弱，标准

表5 我国关于汽车零部件再制造业的部分相关政策法规

发布单位	要点	政策法规名称	发布时间
国务院	规定拆解的报废机动车发动机、方向机、变速器、前后桥和车架等"五大总成"具备再制造条件的,可按国家规定出售给有再制造能力的企业,这一修订消除了以往汽车零部件再制造的法律障碍,对推动汽车零部件再制造业、激发汽车报废市场活力有着极大促进作用	《报废机动车回收管理办法》	2019年4月
国家发展改革委	为积极推进我国汽车零部件再制造产业发展提供实践机会,截至2017年底已完成了两批再制造试点的验收,其中第一批验收通过了8家企业,第二批通过19家企业(不含转地方跟踪实施的1家)	《国家发展改革委办公厅关于确定第二批再制造试点的通知》	2013年2月
		《国家发展改革委办公厅关于开展第二批再制造试点验收工作的通知》	2016年5月
工业和信息化部	以此推进机电产品再制造产业规模化、规范化、专业化发展,充分发挥试点示范引领作用,截至2019年3月,已公布了通过验收的第一批机电产品再制造试点单位(20家企业),确定了第二批试点单位(53家企业和3个产业集聚区)	《工业和信息化部办公厅关于进一步做好机电产品再制造试点示范工作的通知》	2014年12月
		《工业和信息化部关于印发〈机电产品再制造试点单位名单(第二批)〉的通知》	2016年2月
	加快发展高端智能再制造产业,进一步提升机电产品再制造技术管理水平和产业发展质量	《工业和信息化部关于印发〈高端智能再制造行动计划(2018~2020年)〉的通知》	2017年10月
	推动内燃机再制造产业规模化、规范化发展,促进内燃机工业形成循环型生产方式和消费模式	《工业和信息化部关于印发〈内燃机再制造推进计划〉的通知》	2013年10月

资料来源:公开信息,项目组整理。

体系不完善,技术和管理水平还比较低,发展速度也较缓慢。目前,我国汽车零部件再制造企业主要生产的产品集中在玻璃等工艺简单的零部件产品。而大型的汽车零部件产品,其再制造工艺复杂,且在规模、经费、管控等方面需要成熟的企业做支撑,配套市场又集中在整车企业手中,一般的中小型企业在生产汽车零部件再制造产品及销售的过程中没有竞争优势,因此,对于规模小、资金较少、技术实力相对薄弱的再制造生产企业来说，通过OEM模式，与整车企业形成稳定的合作伙伴关系，更有利于企业及整个行业的快速发展。

随着新能源汽车的快速发展，作为新能源汽车的核心零部件，动力电池回收也成为行业健康发展迫切需要解决的问题。按照动力电池5~7年的平均使用寿命来算，到2020年底国内累计退役的动力电池规模将达到20万吨以上（见图3），其回收经济规模超过100亿元。同时动力电池若不能有效回收利用，还会造成资源浪费、环境二次污染，因而其回收管理、再利用也受到行业的高度重视。国家仅2018~2019年就出台了多项动力电池回收相关文件。其中，2019年工信部出台了《新能源汽车动力蓄电池回收服务网点建设和运营指南》，要求新能源汽车生产及梯次利用等企业应依托回收服务网点加强对本地区废旧动力蓄电池的跟踪。回收服务网点负责收集、分类、贮存及包装废旧动力蓄电池，不得擅自对收集的废旧动力蓄电池进行安全检查外的拆解处理。废旧动力蓄电池应规范移交至综合利用企业进行梯次利用或再生利用（见表6）。

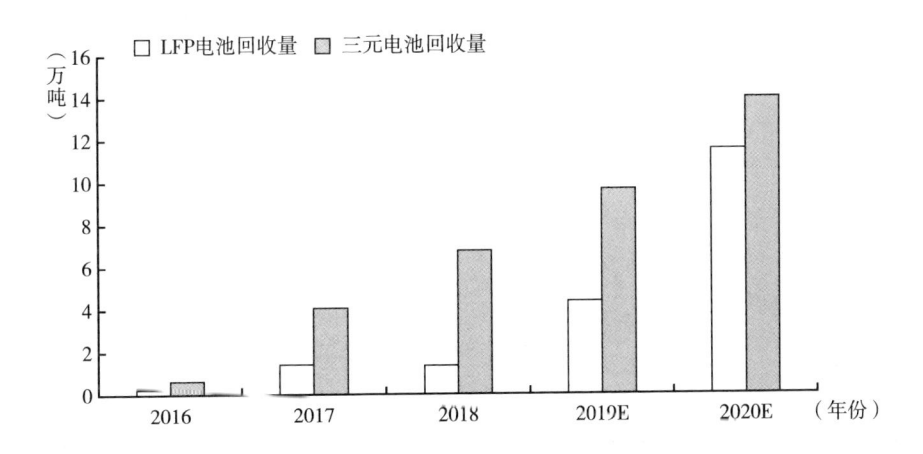

图3 2016~2020年动力电池回收趋势及预测

注：E代表该年为预测值。
资料来源：项目组整理。

表6　2018～2019年动力电池回收利用相关政策

政策法规	发布时间	要点	发布单位
《新能源汽车动力蓄电池回收利用管理暂行办法》	2018年2月	汽车生产企业应建立动力蓄电池回收渠道,电池生产企业应与汽车生产企业协同,按照国家标准要求对所生产动力蓄电池进行编码,汽车生产企业应记录新能源汽车及其动力蓄电池编码对应信息	工业和信息化部、商务部、国家质检总局、科技部、环境保护部、交通运输部、能源局
《新能源汽车动力蓄电池回收利用溯源管理暂行规定》	2018年7月	鼓励汽车生产企业、电池生产企业、报废汽车回收拆解企业与综合利用企业等通过多种形式,合作共建、共用废旧动力蓄电池回收渠道。鼓励社会资本发起设立产业基金,研究探索动力蓄电池残值交易等市场化模式	工信部
《关于做好新能源汽车动力蓄电池回收利用试点工作的通知》	2018年7月	确定京津冀地区、山西省、上海市、江苏省、浙江省、安徽省、江西省、河南省、湖北省、湖南省、广东省、广西壮族自治区、四川省、甘肃省、青海省、宁波市、厦门市及中国铁塔股份有限公司为试点地区和企业	工业和信息化部、科技部、环境保护部、交通运输部、商务部、国家质检总局、能源局
符合《新能源汽车废旧动力蓄电池综合利用行业规范条件》企业名单（第一批）	2018年9月	衢州华友、赣州豪鹏、荆门格林美、湖南邦普循环和广东光华科技5家公司入选	工信部
《新能源汽车动力蓄电池回收服务网点建设和运营指南》	2019年9月	回收服务网点负责收集、分类、贮存及包装废旧动力蓄电池,不得擅自对收集的废旧动力蓄电池进行安全检查外的拆解处理。废旧动力蓄电池应规范移交至综合利用企业进行梯次利用或再生利用	工信部

资料来源：公开信息，中国汽研整理。

目前，我国正规电池回收的渠道已经初步建立，但还没有形成全国统一的回收网络体系，各企业均处于探索阶段，社会上存在多种商业模式，并且回收机制还不健全，市场规模没有达到规模效应而难以实现盈利成为行业目前面临的难题。一方面，虽然锂离子电池回收梯次利用的循环体系已经形成，但梯次利用的应用问题由于技术和商业化两方面因素尚未解决。另一方面，运营模式不规范的问题在小企业上暴露明显。由于小企业分布分散，政府完全监管存在困难，很多小企业在技术与环保不达标的问题上凸显，对行业集约化发展造成阻碍。此外动力电池回收仍存在较高的成本问题，由于技术发展尚未成熟，规模化回收利用尚未形成，以及电池运输（危废运输）成本高等，动力电池回收综合成本居高不下。企业回报率不高，进一步增加了企业运营负担。

产业篇
Industry Report

B.3 中国汽车零部件产业投资趋势研究

摘 要： 受整体经济环境的影响，2019年我国汽车零部件产业遭遇了不小的冲击，经营业绩增长率呈现下滑。本文从我国汽车零部件产业的投资环境、重点零部件企业经营状况、零部件企业在华投资、研发投入以及产业投资趋势等方面进行分析和研究，重点思考未来汽车零部件在新能源汽车、智能网联汽车等领域的投资趋势和投资机会。

关键词： 汽车零部件　研发投入　投资趋势　投资机会

一 投资环境持续改善，大力推动产业发展

（一）政策环境

零部件产业的发展是汽车行业发展的基石，我国政府一直高度重视汽车

零部件产业的发展，出台政策支持，在提高汽车零部件产业生产力、培育汽车产业链集群、鼓励产业内企业竞争等多方面创造了很好的发展环境。由于汽车零部件涉及范围广，涵盖很多行业和领域，目前，汽车零部件领域缺乏独立的政策法规，关于汽车零部件制造业相关的政策也涵盖在汽车产业相关的国家政策中。

1. 行业主管部门及监管体制

汽车零部件制造业的行业主管部门为国家发展和改革委员会、工业和信息化部。国家发展和改革委员会、工业和信息化部主要负责制定产业政策、发展规划，指导行业结构调整以及审批和管理投资项目。目前，汽车生产企业在我国投资项目有两种制度，分别是备案制和核准制，其中，汽车生产零部件项目的投资实行备案制，由省级投资管理部门负责备案。

中国汽车工业协会是汽车零部件制造业的自律管理部门，主要负责产业及市场研究、产品质量监督、提供信息和咨询服务、协助相关部门制定或修订行业标准等。

2. 行业主要法律法规和政策

目前，国家和地方出台了一系列支持汽车零部件做大做强的政策。通过宏观、财税、研发支持、关键技术引导等多层次支持零部件企业发展及转型升级。从近几年的政策分布看，国家对汽车零部件领域的产业发展引导方向主要有如下几类：鼓励新能源汽车关键部件的技术研发；鼓励绿色制造、清洁技术在零部件制造领域的应用；重推汽车安全技术、自动驾驶汽车零部件、智能网联技术的发展；加强零部件再制造管理，推动再制造产业规范化、规模化发展；调整进口关税刺激市场，提高企业核心竞争力、技术创新升级能力（见表1）。

总体来看，汽车行业进入深度调整期，相关政策的陆续出台推动着行业向规范化、体系化发展，汽车产业生产商、服务企业及汽车后市场经营行业亟须加快转型升级。

表1　2015～2019年中国汽车零部件产业投资类相关政策

政策法规名称	颁布时间	颁布单位
《中国制造2025》(国发〔2015〕28号)	2015年5月	国务院
《中华人民共和国国民经济和社会发展第十三个五年规划纲要》	2016年3月	国务院
《产业结构调整指导目录(2011年本)》(发改委2011年第9号令、发改委2013年第21号令、发改委2016年第36号令)	2016年修订	国家发改委
《"十三五"汽车工业发展规划意见》	2016年3月	中国汽车工业协会
《汽车产业中长期发展规划》	2017年4月	工信部、国家发改委和科技部
《外商投资产业指导目录》(2017年修订)	2017年6月	国家发改委、商务部
《汽车产业投资管理规定》	2018年12月	国家发改委
《绿色产业指导目录》(2019年版)	2019年3月	国家发改委、工信部、自然资源部、生态环境部、住建部、中国人民银行、国家能源局
《鼓励外商投资产业目录》(2019年版)	2019年6月	国家发改委、商务部

资料来源：中国汽研整理。

3. 行业认证体系

汽车零部件行业实行严格的质量认证体系，业内主要采用的是ISO/TS16949国际汽车行业质量管理体系，国际汽车工作组（ITAF）于2016年10月正式发布了汽车行业新版质量管理标准IATF 16949：2016取代了ISO/TS16949标准。IATF 16949：2016不再是一个可独立实施的质量管理体系标准，它依据并参考了ISO 9001：2015，将作为对ISO 9001：2015的补充与其一起共同实施。目前，国内外各大整车厂商均要求零部件供应商在原材料管理、生产能力、技术水平、质量管理控制等方面达到较高的水平。同时，在新标准发布之后，现持有ISO/TS16949：2009证书的客户在2018年9月14日之前必须转换至新版本，该日期之后原证书不再有效。

（二）经济环境

自2018年中国经济呈现下滑的态势，一直到2019年下滑趋势依然没有改变，经济增长率逐季下滑，行业压力加大。近几年国家大力推行去产能政策后，我国的PPI指数在2019年下半年再度转负，反映出目前国家经济总体趋冷，市场参与主体对市场现状缺乏信心。从长期来看，中国与主要发达国家在消费结构方面存在较大的差异，仍存在巨大的需求潜能，未来市场依然值得期待。

在汽车市场领域中，我国汽车销量增速也是持续下降，2019年1～12月，汽车销售总量同比增速已经连续12个月为负，上半年降幅更为明显（见图1）。受到汽车销量下滑影响，2019年我国汽车零部件市场规模增长率出现下滑。但从国家政策导向来看，汽车已经成为推动我国新一轮经济增长的重点领域。

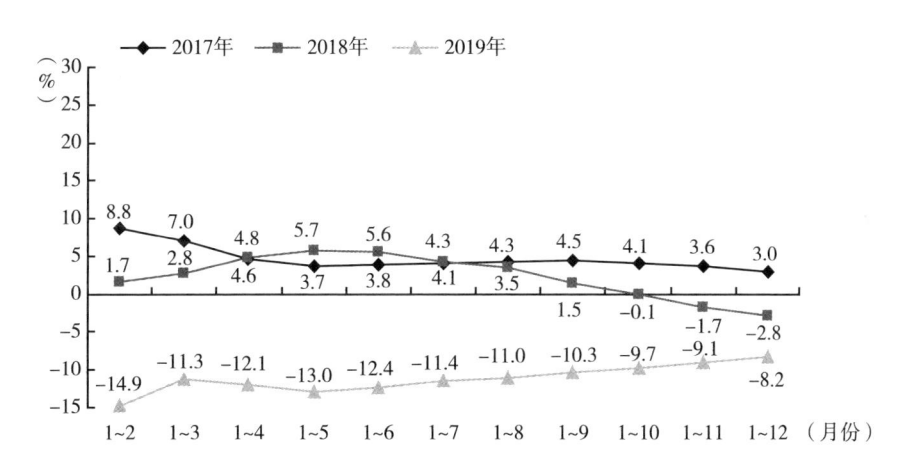

图1 2017～2019年汽车销量增长率

资料来源：中国汽车工业协会。

与此同时，在经济全球化的趋势下，市场竞争日益激烈，世界各整车企业和零部件企业在大力发展自身核心业务的同时，为了更好地节约资源、降低成本，开始在全球范围内采购具有竞争力的零部件产品，降低零部件产品的自制率，提高生产效率，汽车零部件产品全球化采购已经成为潮流，推动汽车产业链的全球化发展和重塑。另外伴随着电动化、智能化等新技术的发展，整零关系也将面临深度调整。

此外，随着我国汽车零部件产品制造工艺水平的提升和科技水平的快速提升，加之我国在劳动力、工资水平等生产要素方面与美日欧相比有着显著的优势，在经济全球化的浪潮下，我国汽车零部件产品的出口量将逐渐增加，市场战略有逐步由国内转向海外扩张的趋势。

（三）社会环境

改革开放以来，我国经济高速增长，国民收入水平显著提高，人们的消费需求也随着社会发展、消费观念等社会因素的影响逐渐改变。与此同时，伴随着社会保障体系的日益完善，民众对未来预期收入的信心提高，消费者整体的消费观念从最初的储蓄型消费转向了适度消费，目前更是开始向提前消费转变。在汽车领域，我国乘用车产品向着轻型化、经济化的趋势发展，随着规模效应的凸显，家用汽车的价格正在逐步下降。因此，在汽车产品日益大众化的趋势下，汽车消费需求在未来较长的时间内会有持续性提升。汽车零部件产业作为汽车制造业的上游产业，其发展也因此将赢得更大的空间和机遇。

此外，在全球环境日益恶化和不可再生能源日渐减少的大环境下，全球各国都更加注重环境保护和能源节约，随着人工智能、大数据、5G通信等新兴信息技术产业的发展，传统汽车产业也进入融合创新阶段，"新四化"已成为汽车产业发展的必然趋势。当前汽车产业向着新能源汽车、智能网联汽车的方向迈进，这为中国走向汽车强国提供了重大机遇，也是建设智能经济、智能社会、智能国家的重要途径。因此，"新四化"的建设发展思路也将成为我国汽车零部件产业发展的必然趋势。

（四）技术环境

近年来，在国家政策的大力推动下，我国在各领域的研发投入不断增加，各产业的科研实力和技术水平有了明显的提升。其中，汽车零部件产业更是如此，汽车零部件制造从代工加工逐步向技术创新方向发展。但从我国零部件行业整体情况来看，我国汽车零部件产业仍然缺少专业性的研究机构，汽车零部件产品的自主研发力量依旧不足，大多高精尖产品技术的研发主要依赖于与国际领先企业和机构合作。

与此同时，我国大多数汽车零部件企业重视短期利益，往往忽略了长期的发展，从而产业发展还停留在传统制造业的思维之中，没有重视科技研发资金和人员投入，很难缩短与美日等国之间的技术差距。最近几年，一些规模较大的汽车零部件企业开始重视自主研发，加大了产品研发和技术支撑方面的投入，然而从《中国汽车工业年鉴》可看出，自2012年以来我国汽车零部件行业内整体研发经费投入始终不足3%，远低于美日等汽车强国6.5%的研发经费投入。

随着人们节能环保理念的深入和智能网联的发展，我国也大力推动节能汽车、新能源汽车和智能网联汽车的技术发展，但目前仍存在很多问题。在新能源汽车领域，与国外先进技术相比，我国新能源汽车动力总成存在体积大、重量大、最高转速低、集成化程度低的问题，不利于车辆布置、整车NVH调校等。锂离子动力电池能量密度及安全性有待提升，在维持电池能量密度的前提下，开发高安全电池一直是学界与工业界要解决的难点。燃料电池在性能、质量和可靠性上与国外也有一定的差距，70MPa氢瓶、氢气液化及储运设备、车载供氢系统等核心部件成本较高，且主要依赖进口，存在国际垄断现象。

在智能网联汽车领域，环境感知技术存在对微小物体识别能力不强、环境适应性差、成本高等问题。所有决策控制算法是基于规则决策，但智能网联高级别自动驾驶汽车所应对的场景具有高度不确定性、复杂性和随机性，需要用更高级的决策控制算法去应对，现有算法受局限。高算力核心芯片及操作系统均受国外限制，国内尚没有自主高算力平台搭载的量产车型。执行系统在智能网联高级别自动驾驶汽车中至关重要，需要执行器具备冗余特性，目前，采埃孚、博世、大陆等占据了系统的主要市场。操作系统严重依赖国外产品,自主产品性能及兼容性较差。应用层软件和硬件相关性强,开发移植难度大,软硬件未实现解耦,软件集成能力较差。

在节能汽车领域,商用车柴油发动机电控系统及集成式后处理系统严重依赖国外供应商的技术和产品支持,国六自主控制技术缺失,无法同国际公司如博世等竞争。汽油机超高压喷射技术、汽油机新的燃烧概念开发及优化均需应用超高压喷射,目前未有国内公司研发,存在技术瓶颈。绝热燃烧技术、预燃室技术、稀燃发动机后处理技术、超稀薄燃烧点火技术等方面存在短板,导致自主发动机在热效率方面有待加强。多挡化自动变速箱核心零部件,如液力变矩器、电控单元、高精度电磁阀、电液控制模块、TCU、传动钢带、高精度齿轮等仍受制于国外技术,存在"卡脖子"问题。

二 产业规模稳步提升,企业经营面临转型

(一)我国汽车零部件产业规模

汽车零部件产业是汽车工业的重要组成部分,是汽车工业发展最为重要的基础。自改革开放以来,我国汽车工业飞速发展,汽车销量自2013年以来维持在2000万辆以上。在汽车市场高速增长的带动下,我国汽车零部件制造在产业规模、技术水平和产业链协同等方面都取得了显著的成绩。2010~2018年,我国汽车零部件产业规模快速增长,汽车零部件销售收入从2010年的1.5万亿元增长到2018年超过4万亿元,年均增长率超过20%,复合增长率达到11.88%。在细分领域中,车身系统及组件的销售收入和占比最高,2018年达到1.29万亿元,占总规模的31.39%,其次是传动系统及组件销售收入达到0.78万亿元,占总规模的18.93%。

随着我国汽车零部件行业规模的扩大,增速呈现逐渐放缓的趋势。图2显示,2011年我国汽车零部件行业整体规模增长率达到32%,到2018年增长率为6.19%,增长率下降了近26个百分点。根据欧美等成熟汽车市场经验,汽车行业整车与零部件规模比例约为1∶1.7。目前我国汽车行业整车与

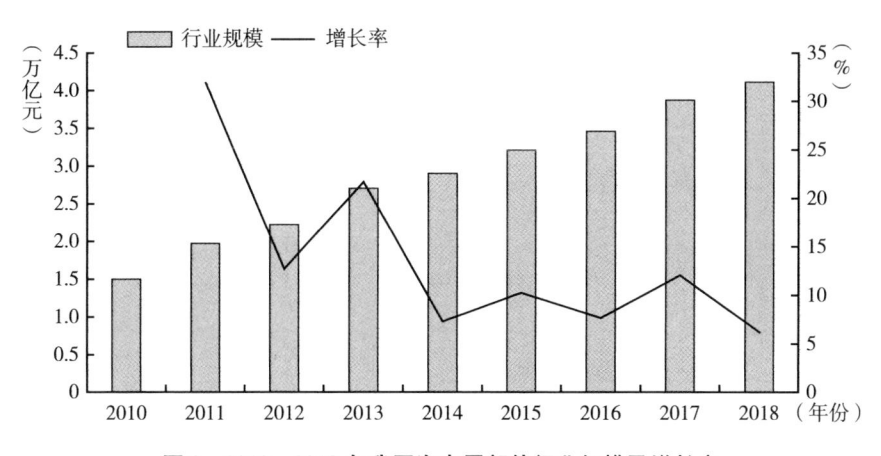

图2 2010~2018年我国汽车零部件行业规模及增长率

注：本图数据包含国家统计局数据，同时汇总规模以下企业数据得出。
资料来源：《中国汽车工业年鉴》数据。

零部件规模比例与成熟汽车市场有一定的差距，我国汽车零部件行业仍有较大的潜在市场空间。

汽车零部件制造企业一般是围绕整车厂商建立，因此能形成大规模的产业基地。目前，我国已经逐步形成了六大产业集群——长三角产业集群、西南产业集群、珠三角产业集群、东北产业集群、中部产业集群、环渤海产业集群等（见表2），对于我国汽车产业链体系化建设有着积极的作用和深远的意义。

表2 我国六大汽车产业集群和配套产业园

产业集群	代表性整车厂商	配套产业园
长三角产业集群	上海通用、上汽集团、上汽大众、南汽集团、吉利汽车等	上海国际汽车城、上海嘉定汽车产业园集群、杭州汽车（零部件）产业园区等
西南产业集群	长安福特、长安汽车、上汽通用五菱、北京现代、力帆汽车、东风小康、一汽大众、一汽丰田、吉利汽车、沃尔沃、东风神龙等	重庆两江新区、重庆长安汽车工业园、重庆力帆汽车生产基地等
珠三角产业集群	广州本田、广汽集团、广州丰田、骏威客车等	广州东部汽车产业集群、广州北部汽车产业集群、广州南部汽车产业集群、南海汽车产业园、中山火炬汽配工业园等

续表

产业集群	代表性整车厂商	配套产业园
东北产业集群	一汽集团、一汽大众、哈飞集团、华晨宝马、华晨汽车等	沈阳沈北新区汽车生产基地、黑龙江省哈尔滨平房汽车零部件产业园区、长春汽车产业集群等
中部产业集群	东风神龙、上海通用、东风本田等	武汉经济技术开发区、襄阳经济技术开发区、湖南汽车产业走廊、湖北沿江汽车工业走廊等
环渤海产业集群	北京汽车集团、北京现代、北京吉普、北京奔驰、天津一汽夏利、天津一汽丰田等	北京汽车零部件产业基地、河北省保定市长安汽车工业园、北京怀柔汽车产业园、天津滨海汽车零部件产业园、天津环渤海汽车生产基地等

资料来源：项目组整理。

（二）汽车零部件企业经营状况

自2017年以来，汽车电动化、智能化、网联化和共享化的"新四化"发展趋势越来越显著。跨国汽车公司正在凭借其强大的技术、资本和品牌实力，积极布局"新四化"。国内自主汽车企业也在对汽车产品进行升级，国内出现了荣威互联网汽车、比亚迪电动汽车、吉利集团"互联网＋新能源"出行服务平台曹操专车等。汽车产品升级和价格下降导致市场竞争越来越激烈，与此同时，受我国汽车行业整体销量下滑、市场疲软的影响，国际零部件在华企业和我国国内零部件企业经营压力加大。

与国际零部件企业相比，国内自主汽车零部件企业关键技术实力不足，企业开发、测试、制造、在线检测等基础装备存在巨大差距，大多数自主零部件企业产品附加值偏低，处在低端市场。在国内汽车行业一级配套市场上，庞大的国内自主零部件企业群体仅占20%的市场份额，外商独资企业占50%的市场份额，中外合资企业占30%的市场份额。近年来，国内也涌现了一批优秀的自主零部件企业，主要通过企业战略转型和产品创新升级来为企业寻找新的业务突破点，保持企业竞争力。

在企业战略转型升级方面，德赛西威从加工型企业转型为目前国内汽车电子龙头企业,实现从单一的车载音响导航到智能汽车多品类布局。2010年,德赛集团正式对外宣布成功收购西门子威迪欧汽电子的全部股份,成立一个兼具德赛集团及西门子威迪欧技术特色的德赛集团全资控股公司——德赛西威,并随后面向汽车后装市场推出全新的产品品牌SVAUTO。新品牌专注于汽车电子领域,设计并制造具有领先科技的专车专用、车规级汽车电子产品。

2011年德赛西威开始针对不同客户和不同业务组建事业部,推行事业部制度,事业部自负盈亏。此次改革激活了企业员工活力,推动了企业业绩高速增长。为迎接工业4.0和中国制造2025的创新升级浪潮,德赛西威2015年启动了工业4.0战略规划,当年7月启动了MES(制造执行管理系统)项目,计划在2025年达到工业4.0的要求。2016年2月,德赛西威开始建立智能仓储系统,逐步提高生产过程中各环节的自动化水平;2016年3月推行PLM(产品生命周期管理)项目,全方位打造数字化智能工厂,向全面实现智能制造与信息化管理不断迈进。借助工业4.0体系,德赛西威完成敏捷设计、精益供应链和卓越经营三大战略目标,实现了生产效率提升、产品上市时间缩短、灵活性提高及产品质量提升。年营业收入也随着德赛西威的工业4.0战略在2017年突破60亿元(见图3)。

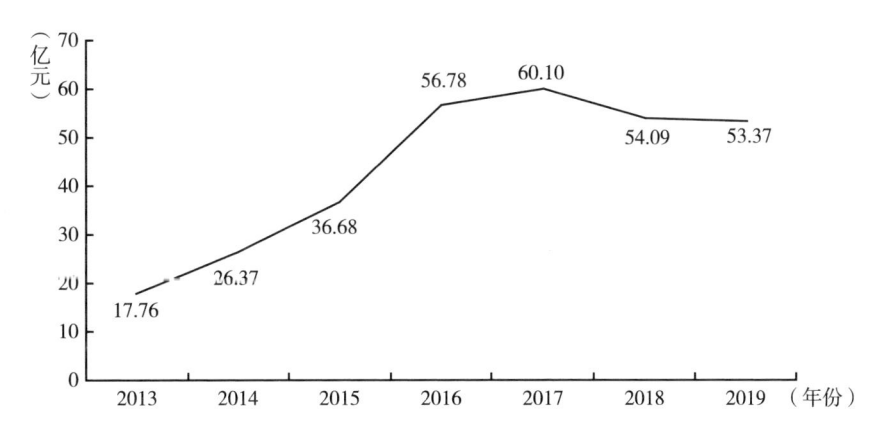

图3 2013~2019年德赛西威营业收入

资料来源:德赛西威企业年报。

在产品创新升级方面,宁德时代从2011年成立至今,仅9年时间的发展,已经成长为全球装机量排名第一的动力电池巨头。除了借助新能源汽车高速增长期的红利外,宁德时代不断进行产品创新,是其产品性能优异且能迅速抢占市场的主要原因。营业收入连年呈现高增长趋势,在新能源汽车2019年销量出现下降趋势的情况下,宁德时代营收收入逆势上涨,达到457.88亿元,增长率高达54.63%(见图4)。

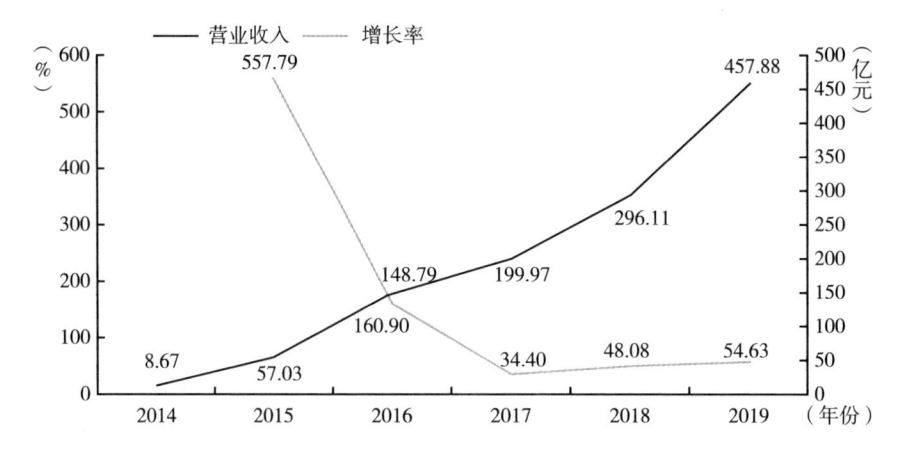

图4 2014~2019宁德时代年宁德时代营业收入

资料来源:宁德时代企业年报。

在研发上,宁德时代大力开展技术研发,尤其是在能量密度、功率密度、安全性和可靠性等方面。企业以技术领先为目标,不断深化产品性能。通过逐步完善电池安全管控系统,宁德时代持续从多方面提高动力电池安全性能;不断完善从材料到电芯到系统的基础性研究体系,提高创新性研究的针对性和高效性。公司高度重视研发能力的建设,研发投入逐年增高,且每年的研发投入占其当年的总营业收入的比重均高于6%,到2019年研发投入高达29.92亿元。研发人员也从2016年的2348人增长到2019年的5364人(见图5)。

宁德时代的产品创新路线从材料研发到电池包研发,从基础性研究到电池管理系统设计再到循环梯次利用,具备动力锂电池全产业链条的研发能

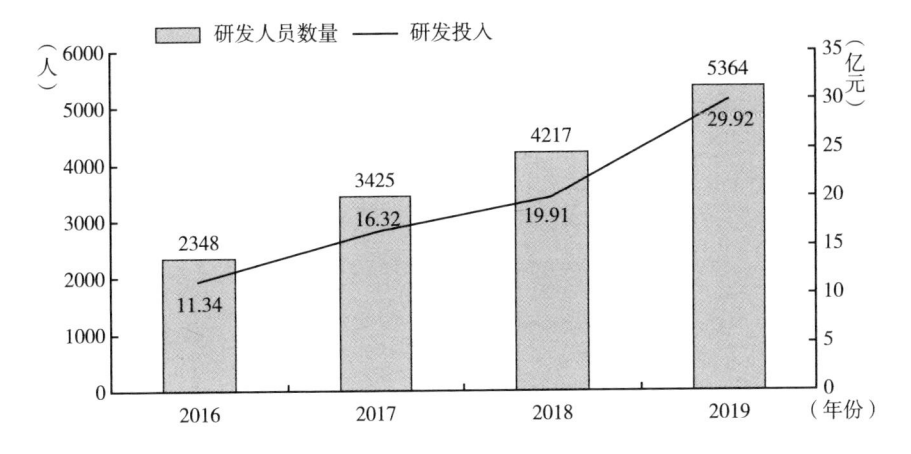

图 5　2016～2019 年宁德时代研发投入

资料来源：宁德时代企业年报。

力。宁德时代掌握了包括纳米级别材料研发、工艺、电芯、模组、电池管理系统（BMS）、电池包开发等核心技术。宁德时代率先在方形电池中实现"NCM811 正极＋石墨负极"，电池的量产能力、电芯能量密度大幅提高。该 NCM811 电池单体能量密度可达 245Wh/kg，大幅领先国内产品，技术指标达到全球领先水平。2019 年 9 月，宁德时代首次披露了 CTP 技术，该技术使体积成组效率提升 15%～20%，零部件数量减少 40%，生产效率提升 50%，Pack 能量密度由传统电池包的 160Wh/kg 提升至 200Wh/kg 以上，CTP 电池包的量产将进一步巩固宁德时代的产业技术领跑者地位。

三　研发投入逐年增长，在华投资受到重视

（一）零部件企业研发投入

近年来，随着新能源汽车及智能网联汽车的高速发展，零部件行业中各企业也加大了相关领域的研发投入，根据《中国汽车工业年鉴》中统计的汽车零部件各细分领域的研发投入占比，新能源汽车专用部件的研发投入连

续两年比例最高，2017年占比高达11.57%，2018年占比虽然有所下降，也达到5.7%；其次是汽车电子电器及组件的研发投入，2017年、2018年占比分别为4.95%、5.07%（见图6）。

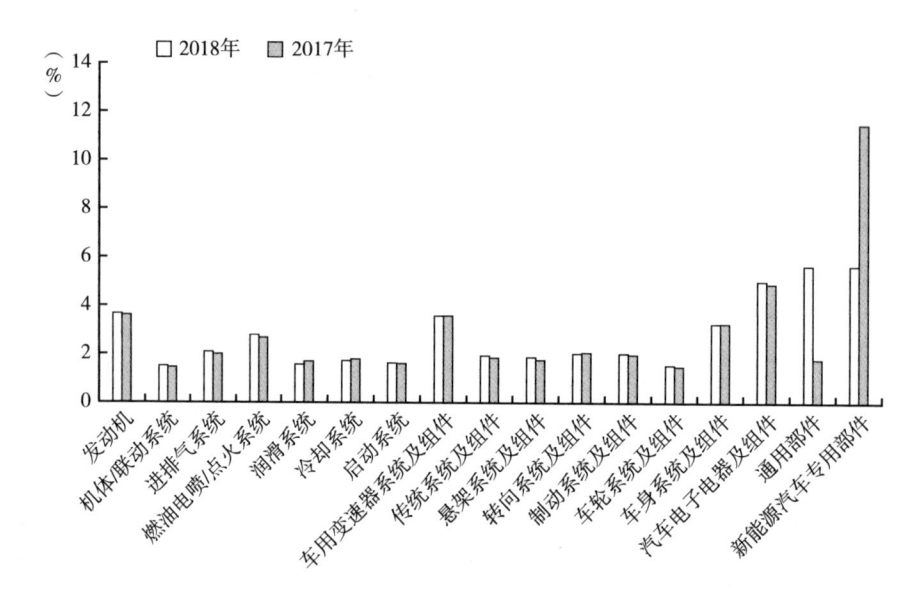

图6 2017~2018年汽车零部件各领域研发投入比例

资料来源：《中国汽车工业年鉴》。

随着下游需求和产能规模的不断扩大，上游汽车零部件产业链发展日渐成熟，从最早"来图加工"的代工模式，逐渐进化到具备与主机厂进行"同步开发"的能力，研发费用也是逐步增加。

2009~2018年，汽车零部件板块上市公司合计研发费用从28.0亿元增长至2018年的127亿元，9年复合增长率为18.3%；2009年板块上市公司研发费用中位数为0.17亿元，2018年为0.66亿元。板块研发费用的增长和中位数水平的提高，体现出国内汽车零部件企业的研发能力正在不断提升（见图7）。

在统计的119家公司中，2018年研发费用在10亿元以上的公司有3家，5亿~10亿元的有5家，1亿~5亿元的有40家，0.5亿~1亿元的有25

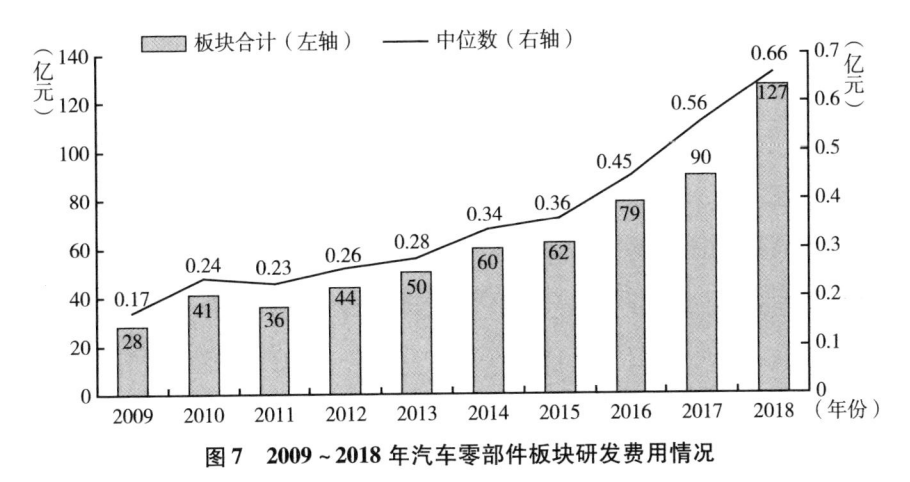

图7　2009~2018年汽车零部件板块研发费用情况

资料来源：中信证券公布数据。

家，0.5亿元以下的有46家（见图8）。其中，华域汽车是研发费用最高的公司，高达51.33亿元，也是研发费用最高的国企；最高的民企为均胜电子，研发费用为38.99亿元。

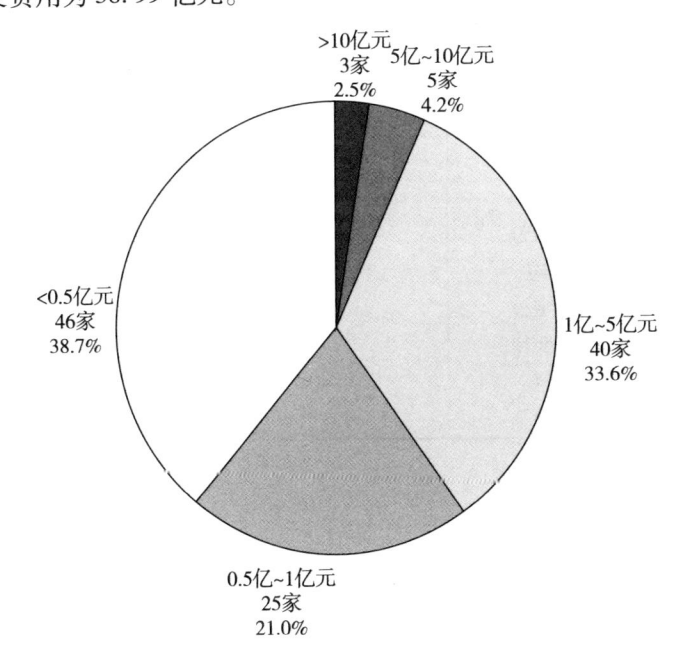

图8　2018年汽车零部件板块企业研发费用分布情况

资料来源：中信证券公布数据。

从研发费用率看,4.0%以上的公司共有40家,占总数的33.6%。其中,研发费用率最高的国企为德赛西威(8.0%),最高的民企为新坐标(7.4%)。电动化、智能化相关企业研发投入力度显著较大,板块累计研发费用率排名靠前,2018年研发费用超过1亿元的公司有10家(剔除ST公司后),分别为德赛西威、宁德时代、保隆科技、均胜电子、飞龙股份、科博达、松芝股份、拓普集团、万里扬和天润曲轴(见表3)。排名前十公司中,汽车电子和新能源汽车产业链公司占据多数。德赛西威、保隆科技、均胜电子和科博达均为汽车电子公司,产品涉及ADAS、传感器、智能车联系统和汽车控制器等;宁德时代、拓普集团为新能源汽车产业链公司,产品涉及电芯、轻量化底盘等。随着汽车电动化、智能化技术升级,产业链上持续研发投入的公司有望持续受益行业趋势,保持快速增长。

表3 汽车零部件公司累计研发费用率前十企业

单位:%,亿元

序号	公司名称	累计研发费用率	2018年研发费用
1	德赛西威	8.0	5.43
2	宁德时代	7.1	19.91
3	保隆科技	6.4	1.58
4	均胜电子	6.4	38.99
5	飞龙股份	5.8	1.86
6	科博达	5.5	1.70
7	松芝股份	4.8	2.37
8	拓普集团	4.5	2.88
9	万里扬	4.4	3.18
10	天润曲轴	4.3	1.40

资料来源:中信证券公布数据。

(二)零部件企业在华投资

1. 国际主流零部件企业重视在华投资

据中国汽研不完全统计,2017~2019年国际主流零部件企业在华投资数量累计50宗，在华投资金额超过1000亿元。2019年，受外部大环境的影响，中国车市发展形势严峻，市场大幅下滑，投资数量相比2018年略有下降，但依然有18宗（见图9），尤其是采埃孚、博世、大陆这几家行业领先企业，依然有多宗大型投资案例。从各大零部件企业的投资战略来看，中国是各大零部件企业的重要市场。

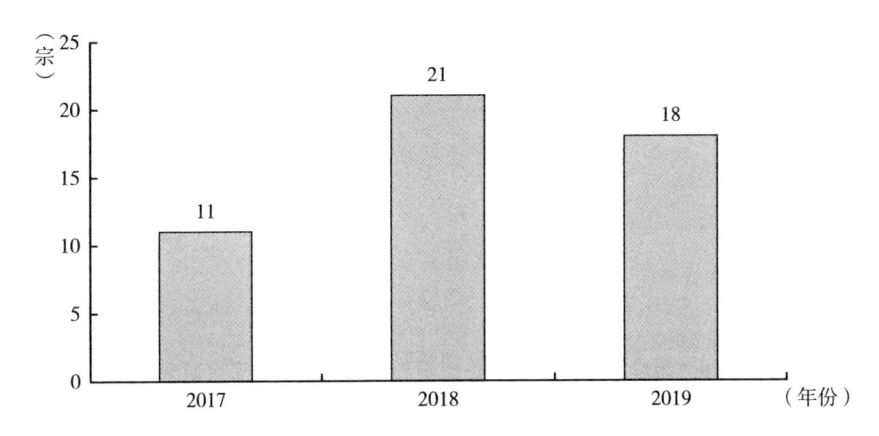

图9 2017~2019年国际主流零部件企业在华投资数量

资料来源：中国汽研统计。

从国际主流零部件企业在华投资区域分布图看出，被投资最多的省份是江苏省，占到投资总量的32.65%，主要原因是当地政策支持力度较大，长三角地区汽车产业群配套完善，产业配套运输较为便利，在长三角地区进行产业配套投资，有利于企业更好地拓展在华市场。其次是重庆市和广东省，分别占比12.24%和10.20%（见图10），重庆市拥有重庆两江新区、重庆长安汽车工业园等，其临近四川、湖北，可以对周边省份的汽车产业进行配套，也是零部件企业拓展市场的核心区域；广东省产业集群成熟，拥有如广州本田、广汽集团、广州丰田、骏威客车等众多的汽车品牌，是各大零部件企业积极拓展和配套的汽车市场。

从国际主流零部件企业在华投资领域分布看，随着智能网联汽车和新能源汽车的大力发展，投资领域也越来越多地向新能源、自动驾驶、智能网联、轻量化等领域聚集，这也将是企业未来的主要利润来源和竞争力所在。

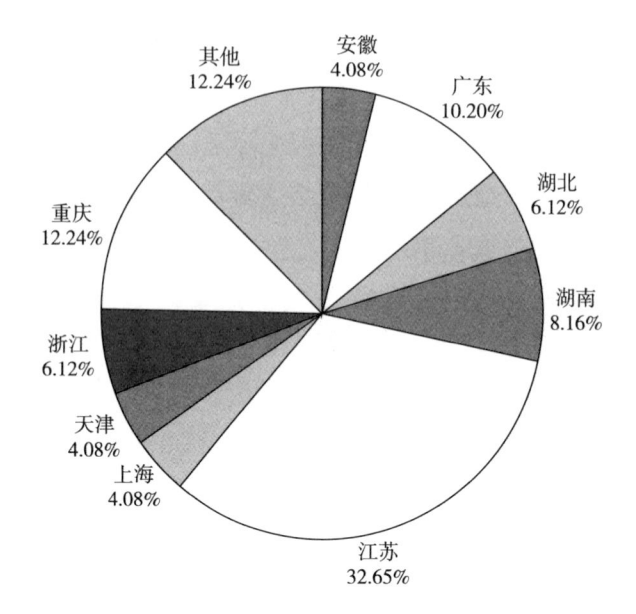

图10 2017~2019年国际主流零部件企业在华投资区域分布

资料来源：中国汽研统计。

从图11看，智能网联汽车零部件、新能源汽车零部件和传统零部件的投资数量基本相同，各占据1/3左右，其中智能网联汽车零部件的投资多以成立技术中心、创新中心的方式为主；新能源汽车零部件的投资主要是动力锂电池和氢燃料电池的研发和产能扩建的投资；传统零部件的投资主要是对现有零部件产品的年产能进行扩建。

表4 2017~2019年部分国际主流企业在华投资案例

企业	投产基地	投产金额	投产项目	产能
LG化学	南京	20亿美元	新建动力电池工厂	32GWh
韩国SKI	常州	4000亿韩元	隔膜工厂	3.4亿m²、陶瓷涂层隔膜产能为1.3亿m²
	常州	50亿韩元	电动车电池厂	7.5GWh
麦格纳	苏州	—	机电智能工程技术中心	2025年达到10亿美元的销售目标

续表

企业	投产基地	投产金额	投产项目	产能
德纳	重庆	1.6亿元	Spicer-R智能互联TM分离式全轮驱动技术的驱动单元	—
博世	南京	7.7亿元	智能助力器（iBooster）生产基地	约150万台/年
	上海浦东张江	—	未来驾舱（上海）技术中心	—
采埃孚	广州市花都区	约7亿元	第三家研发中心	—
电装	广州南沙经济技术开发区	不少于20亿元	新能源汽车零部件新工厂	—
舍弗勒	湖南湘江新区	—	智能驾驶汽车研究院	—

资料来源：中国汽研整理。

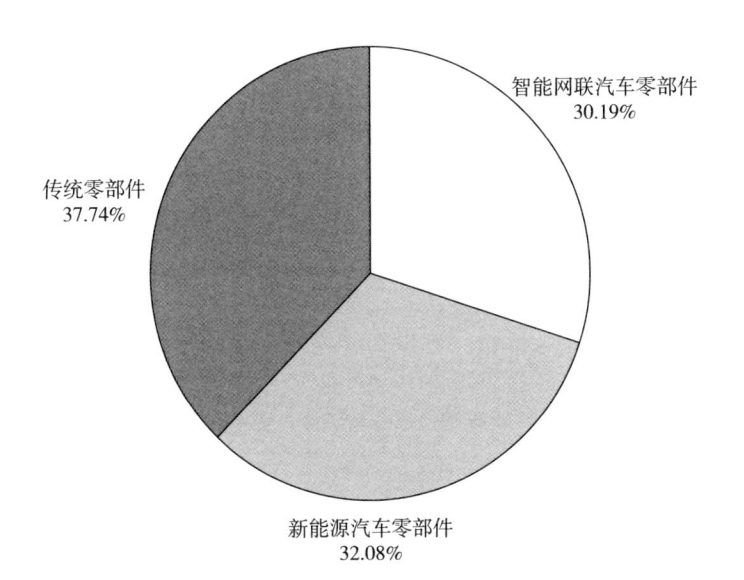

图11　2017~2019年国际主流零部件企业在华投资领域分布

传统零部件 37.74%
智能网联汽车零部件 30.19%
新能源汽车零部件 32.08%

资料来源：中国汽研统计。

2. 我国零部件企业着力新能源零部件投资

据中国汽研不完全统计，从2017年到2019年部分国内零部件企业新建产能布局看，国内零部件企业新建产能投资最多的省份为江苏省，占比达到28.95%，其次是浙江省，占比18.42%，与国际主流零部件企业一样，江苏省和浙江省汽车零部件产能投资最多，得益于当地政策的吸引及长三角地区汽车产业集群的成熟发展，并且产业配套运输也非常便利等。国内零部件企业也积极扩展长三角地区的产能，以期望能更多地配套周边汽车产业。在区域投资上，整体投资趋势与国际零部件企业相似，除长三角地区外，西南地区以重庆、四川为主要投资省份，重庆国内零部件企业新建产能占比10.53%；中部地区以湖北为主要投资省份；珠三角地区以广东、福建为主要投资省份（见图12）。

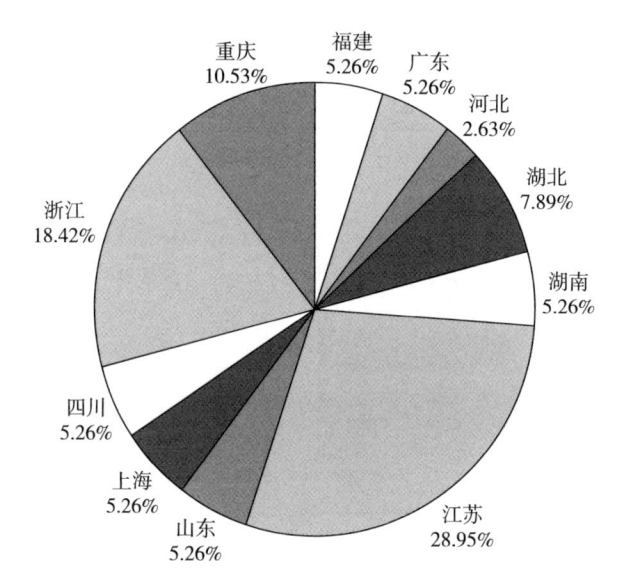

图12 2017~2019年国内部分零部件企业新建产能区域分布

资料来源：中国汽研统计。

国内自主零部件投资领域重点聚焦新能源汽车领域，数量占比超过半数，达到65.79%（见图13）。其中动力电池的投资是主要的投资方向，不仅有零部件企业的投资布局，大多数整车企业也加强了对其投资布局。

仅2019年就有超过10家企业投资新建了动力电池项目，扩大动力电池产能（见表5），其中，氢燃料电池、固态电池等新兴电池以及电池梯次利用相关技术受到企业的重视，随着相关产业的逐步兴起，或成为未来零部件企业重点投资的方向。传统零部件的新建投资占比28.95%，以汽车轻量化、节能化的零部件产品投资为主。另外，智能网联汽车相关零部件的制造

中国汽车零部件产业投资趋势研究

智能网联汽车零部件
5.26%

传统零部件
28.95%

新能源汽车零部件
65.79%

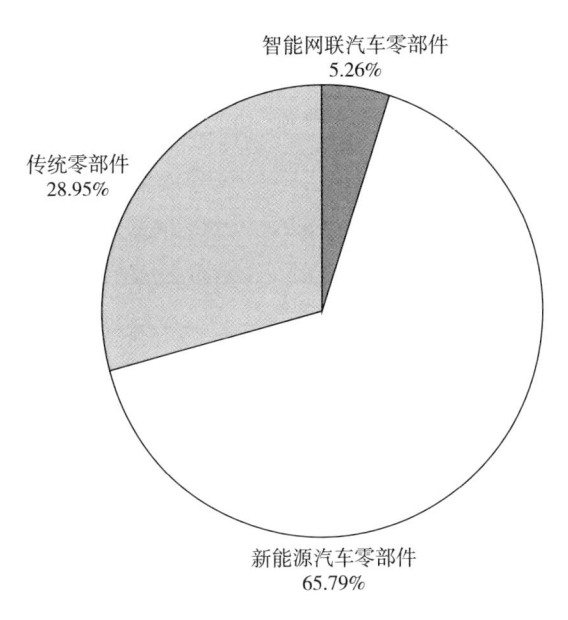

图 13 2017～2019 年国内部分零部件企业新建产能领域分布

资料来源：中国汽研统计。

和研发也越来越受到国内企业的重视。例如，华域汽车技术研发中心开始投建，该中心将承担起华域汽车智能网联汽车、新能源汽车关键零部件及智能制造应用技术研发和试验的重任。

表 5 2017～2019 年国内零部件企业主要投资项目

企业	投产基地	投入资金	项目
伟丰新能源	恩施	20 亿元	动力电池项目
宁德时代	四川宜宾	100 亿元	动力电池基地
宁德时代和广汽	广州	42.26 亿元	合资动力电池公司
宁德时代和东风	武汉	1 亿元	合资电池公司
宁德时代	江苏溧阳	74 亿元	江苏时代动力及储能锂电池研发与生产项目（三期）
青海时代新能源	南川工业园区	9.95 亿元	3 条电池生产线投产
雪人股份	重庆	45.5 亿元	氢燃料电池项目
中航锂电	厦门	100 亿元	20GWh 锂电池项目
仁智德源	遂昌	20 亿元	储能电池项目
北汽鹏龙	河北黄骅	5.26 亿元	电池梯次利用项目

续表

企业	投产基地	投入资金	项目
比亚迪	广州	130亿元	锂电池项目
远东福斯特	宜兴	23.6亿元	12GWh动力电池项目
远景AESC	江苏无锡	—	811三元锂电池生产研发基地
邦奇动力	南京	0.6亿元	电动车变速器
当升科技	金坛金城产业园	30亿元	锂电新材料

四 智能化发展趋势明显，新技术投资机会增加

（一）产业投资趋势

1. 新能源汽车零部件及智能网联汽车零部件将成为投资热点

我国已经将新能源汽车和智能网联汽车列入国家战略性新兴产业，《汽车产业中长期发展规划》提出，将新能源汽车和智能网联汽车作为我国汽车产业转型升级的重要突破口；汽车零部件产业链的规划目标为全产业链实现安全可控；突破车用传感器、车载芯片等先进汽车电子以及轻量化新材料、高端制造装备等产业链短板，培育具有国际竞争力的零部件供应商，形成从零部件到整车的完整产业体系。到2020年，我国要形成若干家超过1000亿元规模的汽车零部件企业集团，在部分关键核心技术领域具备较强的国际竞争优势；到2025年，形成若干家进入全球前十的汽车零部件企业集团。

在《汽车产业中长期发展规划》的基础上，2019年，工业和信息化部组织编制了《新能源汽车产业发展规划（2021－2035年）》（征求意见稿），在征求意见稿中强调围绕新能源汽车研发、制造和服务等全价值链环节，以产业链核心企业为龙头，以关键系统创新应用为牵引，以提升智能制造水平为支撑，优化发展环境，推动形成互融共生、分工合作、利益共享的新型产业生态。同时，2020年2月，国家发改委、工信部等11个国家部委联合印

发《智能汽车创新发展战略》,该战略提出,构建跨界融合的智能汽车产业生态体系,推进车载高精度传感器、车规级芯片、智能操作系统、车载智能终端、智能计算平台等产品研发与产业化,建设智能汽车关键零部件产业集群。

2. 外资零部件产业加快投资中国市场

当前,我国汽车消费者的消费意识提升,对汽车产品的个性化需求逐渐增加,我国整车企业逐步针对消费者偏好加强对汽车零部件的个性化定制。同时,在我国自主汽车品牌汽车销量不断增加的状况下,自主品牌汽车需要不断提升品牌价值,因此,对外资高端零部件的需求也在不断增加。外资零部件企业巨头除积极为国内整车企业提供零部件产品,同时企业也加强与国内关联零部件企业合作,成立中外合资公司,方便其在华扩大市场规模。此外,国内多地出现了高新产业园区,由政府或国有资本出面进行区域整体引资,这也大大加快了外资进入中国的步伐。

3. 海外并购、企业重组将愈加激烈

随着整车市场规模效应的凸显,汽车价格逐步下降,整车市场的价格战也愈演愈烈,整车企业为了压缩成本、保证企业利润,则要求零部件产品降价,导致零部件行业的利润率不断下降,国内汽车零部件企业为了提高竞争力,将逐步进入企业重组、并购的整合阶段。一方面可以通过国内企业之间横向和纵向的重组、并购实现更好的规模效应;另一方面国内零部件企业通过海外并购,以实现其生产、市场等资源在全球范围的优化配置,并且可以获取国外企业先进的技术能力及完善的管理经验。

4. 产业链上游企业将扩大对产业链下游的延伸投资

受原材料价格不断上涨等因素的影响,国内钢铁企业为寻找新的盈利点,开始投资下游产业,汽车零部件市场成为钢铁企业的首选投资对象。同时,全球越来越多的大型钢铁企业都开始进入中国汽车零部件市场,来增加企业利润。不仅钢铁企业向下游产业链延伸,零部件企业的供应商也开始逐渐涉足零部件总成制造业,延长企业产品线,提高企业的盈利能力,在降低成本的同时增加了企业的整体收益。

（二）产业投资机会

1. 新能源汽车领域投资机会

我国新能源汽车产业逐步转向市场化发展阶段，基于市场化发展情况和产业持续发展需要，主要存在以下问题。

（1）动力总成成本高，集成化程度低

目前我国新能源汽车动力总成相比国外先进技术，存在体积大、重量大、最高转速低、集成化程度低等问题，不利于车辆布置、整车NVH调校等。我国需要研发并推广先进的动力总成系统，具备高功率密度、高扭矩密度、高集成度、低成本的特点，能够利用电机高效工作区，从而进一步提高车辆续航里程，对新能源车的发展有着重要意义。

（2）锂离子动力电池能量密度及安全性有待提升

高能量密度的锂离子动力电池是动力电池发展的主要方向。电池材料是改善电池能量密度和汽车续航里程的核心因素，而高能量密度的电池可能会带来电池在异常情况下发生燃烧、爆炸的风险，因此，在维持电池能量密度的前提下，对其安全性能提升，开发高安全电池一直是学界与工业界解决的重点。

（3）插电式混动系统存在短板，关键技术仍待突破

现阶段面对越发严格的碳排放要求和巨大的市场需求，越来越多的合资车企陆续推出插电式混合动力新能源汽车。目前国内混动系统关键技术尚需突破，亟须形成新型高性价比插电式混合动力总成产品，其中混动变速箱以日本产品为主，德国、美国在加大研发投入，国内尚处于起步阶段。

（4）产业化有待推进，燃料电池亟须技术升级

燃料电池技术是新能源汽车技术的重中之重，燃料电池堆的耐久性、燃料电池功率密度、冷启动温度是燃料电池汽车实现产业化的关键问题。目前车用燃料电池已进入通过规模化发展推动技术迭代和降低成本的关键阶段。国内具备一定的研发和产业基础，但在性能、质量和可靠性上与国外有一定的差距，70MPa氢瓶、氢气液化及储运设备、车载供氢系统等核心部件成本

较高，且主要依赖进口，存在国际垄断。

因此，为能更好地解决新能源汽车当前存在的问题，提高新能源汽车技术水平，在新能源汽车领域投资应以提高新能源汽车动力总成，插电混动系统、燃料电池系统技术水平和产业化应用为重点，优化新能源汽车加氢、充电、原材料等产业链配套能力，完善体系建设，提升新能源汽车用户使用体验。

2. 智能网联汽车领域投资机会

智能网联高级别自动驾驶汽车涉及汽车、通信、交通等众多领域，基于未来产业发展，主要存在以下问题。

（1）环境感知存在技术瓶颈

当前激光雷达、毫米波雷达、车载视觉等传感器，存在微小物体识别能力不强、环境适应性差、成本高等问题。同时，相关感知识别算法，如"多源异步数据级信息融合与目标检测""驾驶环境理解与局部驾驶场景生成""厘米级高精地图生产制作更新与多源信息无缝融合定位"等还未突破。

（2）高算力平台（核心芯片及操作系统）受制于国外

国内尚没有自主高算力平台搭载的量产车型，高算力核心芯片及操作系统受国外限制严重，以 Mobileye 为例，在 L1~L3 智能驾驶领域具有较强优势，对 Tire1 和 OEM 非常强势，其算法和芯片绑定，不允许更改，严重制约自主品牌产品研发。

（3）执行系统效率低，冗余技术匮乏

执行系统在智能网联高级别自动驾驶汽车中至关重要，需要执行器具备冗余特性，目前采埃弗、博世、大陆等占据了系统的主要市场。国内技术储备弱，主流制动、转向系统可靠性差，产业规模小，价格优势较国外企业不明显，冗余研究较少，不利于国内智能网联高级别自动驾驶汽车产业化。

（4）新一代电子电气架构系统技术严重滞后

面对电气化、网联化、共享化和智能化的技术挑战，目前分布式控制系统架构由于控制器数量多，高等级的功能安全很难实现，难以满足整车系统复杂化和多样化的需求。未来智能网联汽车的发展需要具备高计算性能、高通信带宽、高等级信息安全、高等级功能安全、软件迭代升级更新能力强的新一代电子电气架构系统。

(5) 软件系统技术亟须突破

国内外大多数主流整车制造企业，以及所有的国内新兴新能源整车企业采用的信息娱乐系统都是Android。仪表系统中，QNX占据绝大部分市场份额，其余为Linux等。操作系统严重依赖国外产品，自主产品性能及兼容性较差；应用层软件和硬件相关性强，开发移植难度大，软硬件未实现解耦，软件集成能力较差。

(6) 座舱交互基础体系有待构建

当前各车企基于触屏来构建的HMI在打开/切换应用、选择和浏览对象、操作复杂控件3方面的交互设计更多的是照搬以往的交互方式，要想在座舱领域做出重大突破，需要建立一套适合在驾驶室空间里的原生交互体系，即定义座舱交互基础规范。

因此，为能更好地解决以上智能网联汽车存在的问题，提高智能网联汽车技术水平，应以智能网联高级别自动驾驶公开限定区域高速路/快速路行车、"最后一公里"泊车、城区自动驾驶等商业化场景进行技术研究。重点投资各领域关键技术如高实时性微内核操作系统、异构平台化计算平台、环境感知环境适应性及微小物体识别、高精度地图及定位、低延时高可靠性车路协同、仿真与实车云测试等。

子行业篇

Sub-sector Reports

B.4 汽车车身附件（座椅）子行业发展分析

摘　要： 汽车座椅作为汽车车身附件，其质量、设计、安全性能的优劣等直接影响着乘车人员的人身安全和整体舒适感。近年来，各企业在座椅的设计上积极创新，努力提升乘车人员的安全性和舒适性，更好地满足现代人类的驾驶体验。本文重点分析了车身附件领域的汽车座椅子行业，归纳总结了国内外标准法规、产品配套关系、技术发展现状以及未来趋势，并针对行业发展存在的标准缺失、人才匮乏、投入不足问题提出了相应的政策建议。

关键词： 汽车座椅　车身附件　新材料　新工艺

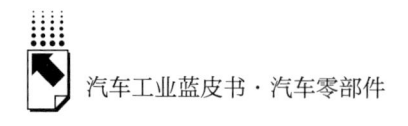

一 产品及标准法规概述

（一）产品概述

汽车座椅是集人体工程学、机械振动和控制工程等于一体的系统工程产品，主要由座椅骨架、表皮、头枕、靠背、坐垫、滑轨、调角器等部件组成，产品性能关系到汽车的驾乘舒适性和安全性。汽车座椅按照面料主要可以分为织物、仿皮（人造革）、真皮等类型，按照汽车的级别和价格进行差异化配置。

目前，我国共有各类汽车座椅设计、加工、制造、改装生产商近千家，生产能力位居世界第一。其中，长三角（上海、浙江、江苏）、珠三角（广东、广西）、京津冀（北京、天津、河北）、东北地区（吉林、辽宁）、华中（湖北）地区以及成渝、山东青岛、烟台和广西柳州等地是我国汽车座椅主要生产集中地。

（二）中国座椅行业标准法规概述

我国针对汽车座椅产品有着严格的质量保证体系以及监督机制。早在2006年，汽车座椅产品就被列入机动车强制性产品认证范畴，我国通过第三方认证机构对座椅产品及其生产工厂的持续审查来确保座椅产品的法规符合性与质量一致性要求。

自"十三五"以来，中国政府持续推进简政放权，加大放管结合改革力度，政府部门的管理重心从事前审批向事中、事后监管转变。汽车座椅行业正是此次改革措施的受益者。自2020年1月1日起，汽车座椅产品的强制性产品认证可不再通过第三方认证机构，企业可通过自我声明方式证明其产品的法规符合性以及产品质量一致性。这一改革举措，在简化了认证流程、降低企业负担的同时，大幅提高了认证效率。

虽然认证方式发生了变化，但是针对汽车座椅的技术要求随着大众乘车出行需求的日益提高，以及技术不断升级呈现日益严格的趋势。粗略统计，我国现行汽车座椅相关技术标准总计20余项（见表1）。

表1 汽车座椅行业主要国家行业标准

单位：项

分类	合计数量	国家标准		行业标准	
		强制	推荐	强制	推荐
座椅	25	10	4	0	11

资料来源：全国汽车标准化技术委员会。

如表1所示，目前，在中国现行座椅总成（含相关附件）安全直接相关的25项技术标准中（见表2），涉及座椅产品安全（强度及阻燃性）的强制性国家标准（GB）就有10项，在发生碰撞、火灾等重大事故时为保障乘员生命安全提供重要技术支撑。而且，技术的发展与标准的完善是互为助力的两个方面，标准助力技术的落地，同时，技术的发展也促使标准的完善。因此，我国的标准主管部门非常重视被动安全标准体系的构建，并根据市场需求不断地完善。

表2 标准明细汇总

NO	标准编号	名称
1	GB 7258 - 2017	机动车运行安全技术条件
2	GB 8410 - 2006	汽车内饰材料的燃烧特性
3	GB 11550 - 2009	汽车座椅头枕性能要求和试验方法
4	GB 11552 - 2009	轿车内部凸出物
5	GB 13057 - 2014	客车座椅及其车辆固定件的强度
6	GB 14166 - 2013	机动车乘员用安全带、约束系统、儿童约束系统和ISOFIX儿童约束系统
7	GB 14167 - 2013	汽车安全带安装固定点、ISOFIX固定点系统及上拉带固定点
8	GB 15083 - 2019	汽车座椅、座椅固定装置及头枕强度要求和试验方法
9	GB 24406 - 2012	专用小学生校车座椅及其车辆固定件的强度
10	GB 38262 - 2019	客车内饰材料的燃烧特性
11	GB/T 29120 - 2012	H点和R点确定程序
12	GB/T 32086 - 2015	特定种类汽车内饰件材料垂直燃烧特性技术要求和试验方法
13	GB/T 4780 - 2000	汽车车身术语

续表

NO	标准编号	名称
14	GB/T 24551-2009	汽车安全带提醒装置
15	QC/T 47-2013	汽车座椅术语
16	QC/T 55-1993	汽车座椅动态舒适性试验方法
17	QC/T 56-1993	汽车座椅衬垫材料性能试验方法
18	QC/T 633-2009	客车座椅
19	QC/T 740-2017	乘用车座椅总成
20	QC/T 805-2008	乘用车座椅用滑轨技术条件
21	QC/T 844-2011	乘用车座椅用调角器技术条件
22	QC/T 845-2011	乘用车座椅用锁技术条件
23	QC/T 946-2013	汽车安全带织带性能要求和试验方法
24	QC/T 950-2019	汽车座椅加热垫技术要求和试验方法
25	JT/T 460-2001	客车座椅靠背调角器技术条件

资料来源：全国汽车标准化技术委员会。

上述标准中的座椅强度标准 GB 11550-2009、GB 15083-2019（乘用车）、GB 13057-2014（客车）、阻燃性标准 GB 8410-2006 均被我国"强制性产品认证实施规则"引用，因此，所有座椅产品均需满足上述 4 项强制性标准的技术要求。座椅生产企业在完成产品法规符合性自我声明申报后，方可对产品进行批量化生产与销售。

（三）欧盟汽车座椅法规

根据欧洲经济委员会（Economic Commission of Europe，ECE）标准规定，凡是车辆零部件产品出口至其 47 个成员国市场，必须通过 ECE 认证相应的测试与生产一致性检查，并在产品上印刻相应的标志，否则将面临被海关及进口国市场监督机构扣押和处罚的风险（见表3）。

表3 ECE 现行座椅法规一览

NO	标准编号	名称
1	ECER14	关于汽车安全带安装固定点认证的统一规定
2	ECER16	安全带成人约束系统
3	ECER17	关于车辆座椅、座椅固定装置及头枕的统一规定

续表

NO	标准编号	名称
4	ECER21	关于就内部凸出物方面批准车辆的统一规定
5	ECER25	关于头枕（无论其是否与座椅连为一体）认证的统一规定
6	ECER29	关于就商用车驾驶室成员保护方面批准车辆的统一规定
7	ECER32	关于就后碰撞中被撞车辆的结构性方面批准车辆的统一规定
8	ECER33	关于就正面碰撞中被撞车辆的结构性方面批准车辆的统一规定
9	ECER80	关于就座椅及其固定点方面批准大型客车座椅和车辆的统一规定
10	ECER94	关于就正面碰撞中乘员保护方面批准车辆的统一规定
11	ECER95	关于就侧面碰撞中乘员保护方面批准车辆的统一规定
12	ECER118	关于某些类型机动车辆内部结构的材料的燃烧特性、抗燃油和润滑剂能力的统一技术规定
13	ECER126	关于批准用于保护乘员免受行李箱冲击伤害，作为非原始车辆装置供应的隔离系统的统一规定

资料来源：笔者整理。

欧盟汽车座椅法规有着完善的体系和长期的实施经验，通过表2和表3的对比，我们就能看出，我国汽车座椅相关标准，尤其是强制性国家标准，无论是体系的构成还是标准内容，基本都是参照欧盟标准制定的。伴随中国汽车市场的蓬勃发展与中国本土企业的崛起，我国汽车产品技术有了长足的进步，因此符合车辆实际使用状况，具有"中国特色"的技术标准也在不断地增加。例如，目前正在制定的"低速后碰撞防止乘员颈部伤害的技术要求"中增加后排座椅的动态鞭打试验、预研中的"乘用车行李移动对乘员伤害的安全要求"对前排座椅的靠背强度等也提出了严格的要求。

二 市场发展状况

（一）市场发展现状及趋势

据相关调查机构调研数据，2019年，全球汽车座椅的市场规模约为800亿美元（同比增长2.7%），中国的市场规模约为1148亿元（同比增长1.4%)①。包括中国在内的全球市场皆处于饱和状态，市场成长率均低于3%。因此，预测今后各大座椅生产企业除了拓展新市场以外，争夺既有市场份额的角逐势必会愈发激烈，不排除打破现有供货体系的可能。

2020年初，受新冠肺炎疫情等影响，中国汽车市场销量明显下滑，一季度汽车销量仅为367.2万辆，同比下滑42.4%，且据国外调研机构（穆迪投资者）预测，2020年中国汽车的销量同比将会下降10%。据此，截至3月底，广州、佛山、长沙、长春等地方政府纷纷出台刺激政策来抑制市场的颓势，加之疫情过后抑制的购车需求将被逐步释放，汽车生产和销售循环得以通畅，预计下半年中国的汽车产业将恢复到正常轨道。由于汽车座椅市场规模增速与汽车产销量基本保持一致，因此预测中国汽车座椅市场或在年内实现探底，并在2021年恢复同比增长趋势。

（二）国内外重点座椅企业

中国是全球最大的汽车市场，座椅生产能力也位居世界第一。但是，国内汽车座椅市场却被外资品牌占据主导地位。知名国际品牌有美国的安道拓、李尔；法国的佛吉亚；日本的丰田纺织、提爱思；韩国的大世、岱摩斯等。仅美国安道拓一家公司，就在我国围绕各大整车生产基地布局建立了近百家汽车座椅生产企业，占据全国市场近一半的份额。

而我国本土汽车座椅品牌主要定位于中低端市场，绝大部分是配套中国自主品牌汽车。主要代表企业有保定诺博（主要配套于长城）、重庆宏立至信（主要配套于长安）、广汽优利得（主要配套于广汽）、光华荣昌（主要配套于北汽）等。

1. 美国安道拓（Adient）公司

安道拓于2016年10月31日正式从美国江森自控拆分出来。它的前身是江森自控专业汽车内饰集团，在纽交所上市，作为一家独立公司开始运营。安道拓总部位于美国底特律，在全球30多个国家设有200多家制造装

---

① 日商环球讯息有限公司。

配工厂。该企业是汽车座椅行业的全球领跑者，为几乎所有类别的机动车和各大汽车制造商生产并提供超过 2500 万辆汽车座椅的产品。主要客户包括奔驰、宝马、奥迪、大众、福特、通用、本田、日产、上汽、吉利、长安、奇瑞、江淮、众泰、华晨、五菱等众多国内外汽车生产厂商，在中国拥有超过 50% 的市场份额，并在中国上海设立了全球最大规模的技术研发中心。安道拓先后在长三角、珠三角、京津冀、东北地区、华中地区以及成渝，山东的青岛、烟台和广西柳州等地独资或合资成立近百家企业，其中仅上海延锋安道拓一家 2018 年的销售额就为 334 亿元，国内市场占有率超过 30%，是中国最大的汽车座椅供应商。

2. 美国李尔（Lear）公司

李尔公司成立于 1917 年，是全球最大的汽车内饰系统零部件供应商之一，也是世界 500 强企业。李尔公司拥有 300 多个分支机构，建立在全球 30 多个国家，其中包括 6 家全球性的技术研发中心，员工超过 11 万人。李尔公司自 1994 年进入中国市场以来，通过独资和合资的方式，先后在中国的北京、上海、广州、武汉、长春、沈阳、南京、南昌、重庆、宁波、芜湖、十堰、襄阳、柳州、扬州等多个城市设立了生产基地，产品覆盖了李尔公司所有产品系列，包括汽车座椅系统和电子线束系统。李尔管理（上海）有限公司是李尔公司在华设立的专门从事管理的公司，也是李尔公司在华地区总部和亚太区总部。

3. 法国佛吉亚（FAURECIA）公司

创立于 1997 年的佛吉亚集团已发展成为全球领先的汽车零部件科技公司，在全球 37 个国家建立了 248 家工厂和 37 处研发中心，拥有 115500 名员工。佛吉亚在其汽车座椅系统、汽车内饰系统、歌乐汽车电子和绿动智行系统四大产品业务领域均处于全球领先地位，围绕智享未来座舱和创赢绿动未来这两大技术战略方向提供解决方案。2019 年，集团销售额达到 178 亿欧元。佛吉亚的股票在泛欧巴黎证券交易所上市，是法国 CAC Next 20 指数的重要组成部分。

佛吉亚公司于 20 世纪 90 年代进入中国，目前已在上海、北京、长春、成都、重庆、慈溪、佛山、广州、南昌、南京、青岛、沈阳、深圳、武汉、无锡、襄阳、盐城、烟台、深圳、柳州、青岛等地拥有70家工厂及2万余名员工。同时在无锡、上海等地拥有4个世界级的研发中心及2000名专业研发人员，拥有强大的研发与创新能力。佛吉亚在中国经历了20多年的发展，已成长为国内众多国际汽车制造商和本土制造商的首选合作伙伴，主要客户包括东风雪铁龙、上汽大众、华晨宝马等。

4. 日本丰田纺织（TOYOTA BOSHOKU）

日本丰田纺织创业于1918年，是丰田集团历史上的第一家公司，成立初期主要从事纺织机械和纺织品的生产，20世纪50年代转型成为汽车零部件制造商，致力于汽车座椅及内饰件、车用滤清器等多种类零部件产品的研发和生产，具备世界一流的座椅、骨架、调角器等功能件及内饰系统的综合开发设计和生产能力。2004年日本丰田汽车的三家主要座椅及内饰件供应商，即丰田纺织、亚乐克、高日合并成为全新的丰田纺织，进一步拓展和强化全球业务。截至2019年3月末，丰田纺织在包括日本、中国在内的全球26个国家和地区拥有97家生产工厂，员工人数近5万名，销售规模达到1兆4173亿日元。

1995年丰田纺织开始进入中国市场，为中国整车制造企业提供汽车座椅及内饰件等零部件产品；2004年开始逐步加大在中国的投资，先后在天津、广州、成都、长春、沈阳、江苏、上海等地设立19家生产工厂，主要面向丰田、通用、宝马、奔驰及中国自主品牌整车制造商供应汽车座椅总成、门板、顶棚等内饰件以及滤清器、发动机周边零部件。

丰田纺织（中国）作为中国地区总部和全球五大研发中心之一，承担着研发满足中国用户需求、超越中国用户期待的零部件产品的职能。2015年全新的中国地区总部暨研发中心大楼在中国（上海）自由贸易试验区内落成，形成了集用户需求调查、造型设计、设计研发、实验评价于一体的研发职能中心，进一步强化面向中国市场的高品质产品的研发。

近年来，随着CASE、MaaS等新趋势席卷全球汽车产业，丰田纺织又开启了在新能源汽车领域（锂离子电池、燃料电池核心部件、电机定转子等）

以及智能座舱领域的研发业务。

5. 日本提爱思（TS）

提爱思株式会社于1960年成立，总部位于日本埼玉县。截至2019年3月，全球从业人员近2万人，主要产品有汽车座椅、门板、电动自行车座椅等。提爱思在中国的合资公司为广州提爱思汽车内饰系统有限公司（简称"广州TS"），是广州汽车集团零部件有限公司与日本东京座椅技术株式会社（提爱思株式会社的前身）在2001年7月共同成立的合资企业。该公司是以轿车座椅为主的专业生产厂家，所生产的轿车座椅独家供应广州本田汽车有限公司。

公司产品分别为Accord、Odyssey及Fit三大系列提供多个款式的座椅。公司内部对产品质量保证体系有着非常严格的标准，实行产品质量跟踪服务，深受用户好评。产品在性能、质量、成本、价格等方面都在国内外市场上具有竞争力并达到国际先进水平。作为广州本田的独家配套厂商，广州TS以有竞争力的销售和高效、周到的售后服务，努力实现最好的经济效益。

6. 韩国大世

韩国大世株式会社总部位于韩国庆州市，分别在中国、印度、北美、韩国等地设立工厂。在中国的北京、威海、盐城设立的4家座椅生产工厂中，生产规模最大的是北京北汽大世汽车系统有限公司，是由北汽集团和韩国大世株式会社于2011年6月共同投资组建成立的。主要业务涉及汽车座椅设计、生产和销售，主要配套主机厂是北京现代汽车及吉利汽车。

7. 诺博汽车系统有限公司

诺博汽车系统有限公司，总部地处京津冀经济圈核心区保定市，为长城汽车全资子公司，现有员工12000余人，主要生产汽车座椅、内外饰、橡胶三大系列产品，下辖保定、徐水、天津、重庆永川四大生产基地（张家港、日照、泰州生产基地正在规划中），拥有内外饰、橡胶两大研发中心，具备独立自主的研发能力，其中汽车座椅独家配套于长城汽车。

8. 北京光华荣昌汽车部件有限公司

北京光华荣昌汽车部件有限公司是一家国际化的高科技汽车零部件企业，成立于2001年，属于国家高新技术企业。其总部位于北京，主要致力于汽车座椅、后视镜及空气悬架电控系统的研发与制造，并提供车辆振动舒适性、耐久性的解决方案。凭借创新的设计和新材料、新技术的应用为客户带来智能、舒适、轻量化及高可靠性的产品。

公司年生产能力为50万台套汽车座椅总成（含骨架）、80万台套的汽车后视镜、内视镜。公司在北京昌平、河北黄骅、湖南株洲、江西景德镇、广东广州等地建立了座椅生产基地，为北汽福田、中国重汽、内蒙古包头的北方奔驰、北汽股份、陕汽集团等大型汽车主机厂的重卡、轻卡、皮卡、SUV、MPV、轻客、大客、轿车等多个车型配套。未来该公司还计划将业务扩展到海运及航空领域。

9. 重庆宏立至信科技发展集团股份有限公司

重庆宏立至信科技发展集团股份有限公司成立于2005年，总部位于重庆市江北区鱼复工业园内，是一家专业从事汽车座椅研发、制造和销售的公司，属于重庆市高新技术企业、重庆市江北区十强工业企业。目前，该公司拥有14家分公司，主要分布在上海、重庆、南京、佛山、贵阳、涿州、定州、合肥、宝鸡等地；同时为延伸产品线、拓宽市场、进一步提升企业核心竞争力，于2015年分别与美国飞适动力、加拿大麦格纳公司合资成立重庆飞适动力汽车座椅部件有限公司和宏立至信麦格纳汽车座椅（重庆）有限公司，集团公司现员工约4000人。

公司业务紧紧围绕汽车行业，立足于安全、舒适、智能、轻量化、环保型汽车座椅的研发和生产。公司坚持"以创新为驱动、以客户为导向"，拥有200余人的设计研发团队，具备外观造型、CAE分析、产品验证测试、静态舒适性客观评价、人机工程分析等研发能力；拥有发明专利10余项，实用新型专利100余项，在技术研发方面保证了产品的技术水平和科技含量；德国进口的聚氨酯发泡设备、日本进口的自动裁床、托盘式座椅装配流水线等的配备，使得发泡、裁剪、缝纫、座椅装配等生产线均已达到国际先进水平，且具备了年产量 200 万台套的汽车座椅生产能力。目前，该公司的主要客户包括长安、吉利、福特、众泰等。

从表 4 中可以看出，多数老牌国企以及其旗下大部分合资整车厂（日系除外）的座椅产品均被美国两家座椅厂安道拓和李尔所把控。一汽丰田、广汽丰田等日系合资整车厂的座椅产品则基本由其指定的座椅配套厂商丰田纺织、提爱思的在华投资座椅生产厂来供应。

广州汽车、长安汽车以及少数几家民营整车企业的座椅产品则是以自制或从内资配套商采购为主，其中 BYD 的大部分座椅产品由其座椅事业部提供。长城汽车座椅产品中的一部分为本公司内制，其余部分产品则是由其全资子公司诺博汽车系统有限公司提供。长安汽车、广州汽车两家国企的大部分座椅产品是由重庆宏立至信科技发展集团股份有限公司和广汽优利得汽车内饰系统研发有限公司分别供应。

从市场份额来看，美国安道拓和李尔位居第一阵营，两者合计在乘用车市场占有率大约为 60%。安道拓客户分布广泛，几乎所有整车厂都是其客户。李尔客户集中在福特、通用、宝马、奔驰等高端客户，市场也以北美和欧洲为主，亚太布局据点稍逊于安道拓。所以安道拓在中国市场拥有绝对霸主的地位，市场占有率超过 50%。丰田纺织、提爱思和源自 PSA 的佛吉亚则属于第二阵营。但是近些年，原有的供货体系也在悄悄地发生改变，比如，丰田纺织在积极拓展丰田以外的客户，法系的佛吉亚在给东风雪铁龙配套的同时，也在积极布局德系（上汽 VW、华晨宝马）市场等。

三　产品技术发展状况

近几年，全球各国都在大力发展 CASE、MaaS 等新技术，当自动驾驶技术达到 L5 级，也就是完全自动驾驶级别时，传统燃油发动机有可能会逐步被电机所取代，后视镜将逐步消失在人们的"眼中"，车室内部构造及功能会发生翻天覆地的变革，汽车座椅会因此而具备更智能化的功能，安装方式也会"因车而异""因人而异"。但人依然是车辆驾乘的主体，所以当很多

（三）国内主要主机厂座椅供货关系一览

表 4　供货关系一览

座椅企业	中资										合资											
											中美		中德			中日					中韩	中法
	一汽	东风	上汽	广汽	北汽	江淮	长安	长城	吉利	BYD	长安福特	上汽通用	一汽大众	上汽大众	华晨宝马	一汽丰田	广汽丰田	广汽本田	东风本田	东风日产	北京现代	东风神龙
安道拓公司	○	△	○	△	○	○	△				△	○	○	○	○	△				○	○	○
李尔公司	○	○					○				○	△	△		△					△	△	△
重庆宏立至信汽车内饰科技发展集团股份有限公司				○																		
广汽优利得汽车内饰系统有限公司					△																	
北京光华荣昌汽车部件有限公司																						
保定诺博汽车内饰有限公司								○														
浙江吉俱泰汽车座椅有限公司									○													
比亚迪座椅事业部										○												
丰田纺织株式会社							△									○	○	○		△		
大世株式会社															△						△	
佛吉亚公司														△								

注：○主要供货商（供货占比50%以上），△一般供货商（供货占比10%～30%）。
资料来源：根据2019年汽车销售市场取样统计。

零部件正逐渐从车上消失时，即便座椅的安装方式、形状发生变化，甚至某些原有的功能都在退化时，座椅仍旧是车室内最基本的配置。因而，座椅关联最密切的安全、环保、舒适、轻量的话题依旧会作为各个座椅生产厂的技术研发方向而持续发展下去。

（一）座椅安全性

近年来，各个厂家不断加大对自动驾驶技术的研发力度和资金投入，被动安全的重要性仍然是现阶段一个不可忽视的话题，甚至会持续相当久远的一段时间，而座椅正是车辆上极为重要的被动安全保护装置之一。当车辆发生碰撞的瞬间，座椅不但能较好地支持和约束人体，同时还能配合车内其他保护系统（安全气囊、安全带等）充分发挥乘员保护的功能。除了车身，座椅也具备了吸收冲向人体能量的重要功能。现今，除了要考虑到不同速度、不同角度的碰撞外，还要保证车内乘员各种姿势时的碰撞安全要求。因此，汽车座椅的安全性在整个设计过程中，是最重要、最基本，也是最核心的。也就是说，只有在保证乘员安全前提下才能考虑环保性、舒适性等其他功能。

座椅总成安全相关的评价指标主要有以下2项：强度和阻燃性。

1. 座椅强度

如上所述，座椅是车室内重要的被动安全装置，其相关零部件（骨架、头枕、固定装置、位移装置、锁止装置）的强度是衡量一个座椅的安全水平，即对乘员保护程度的重要指标。

作为座椅强度的最重要技术依据就是强制性国家技术标准 GB 15083《汽车座椅、座椅固定装置及头枕强度要求和试验方法》，在其刚刚发布的2019版中，参照 ECE 的内容正式删除了座椅固定、位移、锁止装置的静态实验（20W）方法，而只保留了动态（20G）实验。目的是将座椅强度相关的设计参数更贴近实车使用状态，从而提高座椅被动安全系数，更好地保护驾乘人员。

GB 13057 – 2014《客车座椅及其车辆固定件的强度》则是客车座椅强度的重要技术支撑。由于近几年大客车群死群伤的交通事故频发，交通运输部、公安部认为该标准的技术要求已不能满足实际状况，计划对模拟碰撞速度（由现在的 30~32km/h 提升至 49km/h 以上）等重要技术要求进行升级加严。

对于所有的座椅生产厂家来说，提高骨架、座椅靠背锁紧装置、座椅的车辆固定点的强度、耐冲击性将是今后的重点技术课题。

2. 阻燃安全

当承载人员数量较多的客车发生火灾时，为了能够给乘员留出更多的时间逃生，作为客舱内展开面积最大的非金属内饰件——座椅，其阻燃性是评价整车内饰件阻燃安全性的一个重要考量。尤其是在 2019 年正式颁布的强制性国家标准 GB 38262-2019《客车内饰材料的燃烧特性》，是在现有强制性国家标准 GB 8410-2006《汽车内饰材料的燃烧特性》的基础上以及参考了建筑材料相关的强制性标准，增加了垂直燃烧、氧指数、烟密度、烟毒性等评价指标。该标准是目前全球最严的客车内饰件的阻燃安全性标准。

目前，座椅企业最常采用的是座椅安全性验证技术。

首先是在设计阶段的产品验证。充分利用仿真软件（如 CAE），按照规定的实验要求输入必要参数，运用人体工程学模式，进行安全模拟试验。通过对该模拟结果的分析，评价座椅总成及其部件、材料（金属、非金属）的强度、阻燃性，并对座椅结构（头枕支撑柱、调角器、坐垫有效深度等）的安全设计、耐冲击性、支撑性等予以改进或替换。如此一来，可使座椅在设计阶段就能够符合甚至优于相关安全标准（如 GB 15083）及业界公认的评价规程（如中国新车评价规程 CN-NCAP）。

其次是在正式量产前的验证试验。将成品座椅总成固定在模拟碰撞台车上或刚性车身上进行动态试验，以确保其在整车上的真实安全性。为了提高乘员的安全性，座椅厂家内部的安全试验参数往往会严于标准所要求技术限值的 30% 以上，这已经成为业界内的一个普遍规则。

中国汽车行业设计研发水平的提高，推动了中国企业对新技术、新材料的研发和应用。

(1) 新技术、新材料相关

为了对车内前后排成员提供统一的安全保护，后排座椅的头枕鞭打评价项目、试验方法将会与前排座椅一样采用动态试验。目前，有关该试验方法的技术标准（GB/T）正在汽标委下属的《汽车碰撞试验及碰撞防护分技术委员会》内制定中，预计2021年发行。同时，计划在2021年，先作为加分项纳入CN-NCAP评价规程中，后期根据业界整体的技术发展水平改为评价项，更进一步减小前后排安全设计的差距。但由此也会带来其他设计上不可规避的问题，例如，后排座椅头枕在满足强度的同时，头枕高度对整车后方视野的影响、材料成本的提高等，都是需要座椅厂家与主机厂共同解决的课题；与此同时，建立和完善中国人体型参数（身高、体重、南北方人体差异统一等）的数据库，结合人体工程学、美学、人体力学等学科的综合运用，从而打造出更适合中国人的安全座椅；大力发展各类模拟软件的开发和应用，加强设计阶段对坐垫智能传感器、主动式安全头枕等新产品的安装效果进行更精准的模拟和分析，缩短研发周期，降低企业成本；注重研发适合大规模工业生产且可大幅缩减研发周期的新技术、新材料（如FR-510添加阻燃剂，优化后的阻燃面料、防酒驾座椅、碰撞后自动倒退座椅、怀抱式座椅、座椅面料织物传感器等）。

（2）标准制定相关

目前中国作为全球最大的汽车产销国，制定更加符合中国人使用车辆实际情况且尚属空白的产品技术标准显得尤为迫切。例如，汽车安全带试验用假人、移动行李对乘用车所有的伤害、人机工程（如脚控制装置、手控制装置）。

（二）座椅环保性

近年来，消费者的自我保护意识显著提升，之前仅是将汽车视为交通工具，如今由于使用上的便利、交通环境的恶劣（堵车）等，人们在车上的时间变得越来越长。因此，消费者对于汽车的要求也由出行的便捷性提升到了车室空间的健康环保性，因此，车室空间的健康环保成为人们购买车辆时，除安全性以外的另一个硬性指标。座椅作为车上体积和展开面积最大的零部件，且其构成品中既有钢、铝等金属材料，也有树脂、织物、皮革等非金属材料，所以它的环保性的优劣也直接影响着整车的环保性。具体来说，涉及环保性的主要评价指标有以下两项。一是挥发性有机化合物（Volatile Organic Compounds，简称"VOC"），主要指的是苯、甲苯、二甲苯、乙苯、苯乙烯、甲醛、乙醛、丙烯醛8种会直接造成乘员感官上的不愉快，甚至会损坏人体健康的有害物质；二是环境负荷物质（Substances of Concern，简称"SOC"），包括铅、汞、镉、六价铬、多溴联苯和多溴联苯醚6种有害物质在车辆报废后污染环境，其毒性会通过土壤、地下水等对人体健康造成可持续性损害。

随着国家管控手段的不断加严，以及各企业（主机厂、零部件、材料等）的社会责任感不断提升，行业整体的产品环保发展水平相较于过去都有大幅提高。以VOC为例，2014~2016年，按照GB/T 27630-2011《乘用车内空气质量评价指南》中所规定的限值，整车达标率增长了约22%，但是车内空气整体达标率却依旧只有67.3%。目前该推荐性国家标准正在改订为强制性国家标准，如若按照改订草案中规定的限值，则达标率可升至82.4%，但是对整个行业来说仍存在较大压力。

除上述提及的项目外，非金属材料的气味、雾化、冷凝等问题不但对人身健康，而且对驾驶安全都有一定程度的影响，所以标准主管部门、汽车产品生产企业（整车、零部件、材料）在新材料、新工艺的研发、技术标准体系的完善方面都在不断加大力度。

1. 替代材料和加工工艺的改善与研发状况

从表5我们不难看出，整车有害物质管控的关键是严格控制生产材料中的有害物质含量，其次是使用环保的添加辅材、优化加工工艺，从而达到进一步降低完成品中的有害物质量。

表5 工艺应用及对比

分类	材料方面的改善、运用	加工工艺的改善
VOC	1. 使用现有低挥发性环保材料的座椅面料,真皮、水芯超纤整理的环保皮等 2. 新材料、替代材料的运用:回收再利用PET材料的纺织物,水性黏结剂,水性脱模剂,天然橡胶,MDI发泡材料替代TDI等	①皮革物:水基型工艺 ②无纺布:丙烯酸涂层 ③塑料加工助剂:选择挥发性小、低浓度、高效能、良好的相容性及热稳定性等

续表

分类	材料方面的改善、运用	加工工艺的改善
SOC	①使用消除、消减4种重金属的原材料 ②多溴联苯和多溴联苯醚:磷酸盐阻燃剂、丁基溴化共聚物等替代材料,光化学降解等	①灯具、仪表板等的无汞化生产 ②安全气囊、氟利昂回收技术的提高 ③提高汽车粉碎残渣的再利用率等

2. 正在逐步建立和完善的标准体系

如表6所示,我国针对车辆有害物质相关的标准体系已基本建立,目前还在不断的完善中。VOC的上位法《车内挥发性有害物质VOC控制管理要求》由于作为其技术支撑的GB/T 27630－2011正在强标化修订中,所以正式实施仍尚需时日。但是强制性国家标准GB 18352.6－2016《轻型汽车污染物排放限值及测量方法（中国第六阶段）》（简称"国六"）已明确规定了自2020年7月1日起,所有M1类车均应符合推荐性国家标准GB/T 27630－2011的要求及生产一致性检查。

表6 整车有害物质相关标准体系的构建现状

分类	上位法 (管理办法等)	国家标准		行业标准	团体标准	其他 (技术规范等)
		强制	推荐			
VOC	×(制定中)	×(改订中)	○	○	○	○
SOC	○(修订中)	×(改订中)	○	○	×	×

SOC的上位法《汽车有害物质和可回收利用率管理要求》虽在2015年就已经公布,但是为了提高其管控效力,目前正在制定更为严格的《汽车有害物质和可回收利用率管理办法》。与此同时,它的技术支撑标准GB/T 30512－2014《汽车禁用物质要求》也在加紧进行强标化修订。

通过表7得知,在我国从材料到整车的标准体系(检测、计算方法)已基本建立,但是由于有害物质,尤其是VOC属于不稳定的挥发性气体,受周围环境(温湿度等)影响非常大,且内饰件的形状、材料构成、加工工艺也都非常复杂,至今仍无法制定合理的零部件和材料的挥发限值,也无法建立零部件的 VOC 挥发量之和与整车车室内挥发总量的正确关联性，因此零部件及材料的挥发限值制定仍是业界的一大课题。

表7　按照产品类别的现有标准体系构建状况

分类	整车		零部件		材料	
	限值	检测、计算方法	限值	检测、计算方法	限值	检测、计算方法
VOC	○	○	×	×（制定中）	×	○
SOC	○	○	×	×	×	○

3. 提高座椅环保性的主要技术现状以及发展趋势

目前，具有良好降解性的材料中比较常用的是洋麻等长纤维，主要应用于中高档乘用车的座椅后背板、侧护板的树脂件，目前可替代树脂材料比例在40%左右。其次是棕榈纤维，主要用于坐垫内替代海绵。但是由于涉及座椅安全性（强度）、舒适性，及植物本身生长环境、运输等问题，植物纤维的使用量和范围具有一定的局限性。

可循环再利用的超纤皮（聚氨酯超细纤维合成皮革），由于其成本低、耐磨性及强度等性能均优于真皮，尤其是它良好的环保性（重金属等有害物质含量等于或低于真皮），使得该种材料的使用范围正在不断扩大。

另外，产品加工工艺的提高，如座椅后背板的模内成型技术可减少黏结剂的使用量，从而降低车室内有害物质的挥发量。

（三）座椅舒适性

汽车座椅是与驾乘人员关联性最紧密的一个内饰件，它使购买者能以最直接、最简单的方式体验到汽车价值，带有浓重的主观感情色彩，在整个车辆个性化设计中占据核心位置。在确保汽车安全、稳定运行的首要前提下，汽车座椅的舒适性是汽车厂商的销售亮点和卖点之一，也是衡量一辆汽车"颜值"高低的基准之一。所以在设计过程中，开发人员以消费者需求为切入点，不断提高座椅品质和增设各种提高舒适度的附加功能件（腰托、扶手等），以便赋予它更高的商品价值。座椅舒适性大致分为静态、动态两个评价指标，涉及座椅（靠背、坐垫、附加功能件等）的形状、包裹性、面料的触感、材质的软硬、座椅调节性、减震性等。

座椅发泡海绵的物性（软硬、回弹、耐老化等）是影响座椅静态舒适性的最直接因素，通过调整发泡的成分（聚合物多元醇、水、扩链剂等）、加工工艺（工作压力、料温、反应时间等）等，可以达到综合评价较高的舒适度。

动态舒适性，顾名思义就是汽车在行驶过程中通过座椅骨架以及软垫将振动传递给人体的舒适特性，因此在"路面→轮胎→悬架→座椅→人"的动力学系统中，尽可能降低振动是提高动态舒适度的一个重要手段。通过将汽车行驶路谱导入仿真软件中模拟车辆在各种路况下行驶时，对座椅的骨架刚度系数、悬架阻尼系数等动态参数进行分析，进而改善座椅的悬架系统性能，减小振动对人体的伤害，提高座椅舒适性，与此同时还能兼顾驾驶者对车辆操控的舒适性。

目前，在豪华车型上采用的"主动悬挂系统""液压悬置"等技术，可以根据工况的变化，来调节刚度、阻尼等特性，控制车辆在转弯时的"硬朗"，在直线行驶时的"柔软"，是可同时兼顾操控性与舒适性的设计。另外，如座椅面料的热舒适性系统、汽车座椅温控系统等也是大幅提高乘坐者舒适满意度的有效手段。

由于座椅舒适性是一项非常主观的评价项目，且座椅生产企业所属国家、地域不同，其评价项目的技术侧重点、试验方法等也均是基于本国的人体体型、驾乘习惯（驾驶距离、时间等）、车辆使用频率、路面工况等而制定的。因此，在中国境内的合资企业甲照搬该评价体系，在某种程度上会降低中国用户的使用舒适度。基于中国人体型的试验用假人研发等，适合中国人使用习惯的主观评价体系的构建，以及先进测试方法的进一步优化是中国汽车产业今后技术发展趋势之一。

车内座椅使用频率（前排＞后排）的不同，造成座椅生产企业更多的只是关注前排座椅，尤其是驾驶席的舒适性。因此，加大针对后排座椅乘坐舒适性（减震性、包裹性、位置调整性等）的研发也是今后技术发展趋势之一。

另外，座椅舒适性涉及美学、解剖学、生物动力学、人体工程学等综合学科，目前已有国内研发机构正在通过对中国人的体型调查，建立座椅舒适度相关参数的数据库，并希望以此为依据制定符合中国人体型座椅舒适度的评价体系，助力中国本土的座椅企业快速提高中国汽车制造技术的整体水平。

最后，伴随自动驾驶技术的不断普及，人的手、脚、眼睛直至大脑都将会被逐步"解放"，车室内部构造的变化也会对座椅的用途和功能有着不可忽视的影响，因此自动驾驶汽车的座椅舒适性研究与开发，将会成为汽车座椅技术升级革新的新趋势。

（四）座椅轻量化

汽车轻量化技术是目前汽车生产、企业转型升级最重要的课题之一，不仅可以降低油耗，达到节能效果，还可以促进实现汽车环保，有效提高汽车行驶过程中的安全性。大量研究数据表明，70%以上的油耗是与汽车整备质量有关的，且整车质量每降低10%，油耗就会降低8%，排放降低4%。

但轻量化的实现不是单纯地依靠减轻重量，而是功能改进、减重、结构优化与良好的成本控制多方面结合。近年来，全球排放、节能法规的不断加严，尤其是中国政府不断加严的油耗和全球最严的国六排放标准法规、产业政策的相继出台，中国国内汽车行业的轻量化速度明显加快，因此座椅作为对整车重量贡献最大的内饰件，它的轻量化也是实现整车轻量化的一个重要手段。

目前汽车业界用于座椅轻量化的主要方法是新材料的应用、制造工艺的提升和设计的优化（模块化）。

1. 新材料在座椅主要部件上的应用

（1）座椅骨架

由于座椅总成中骨架的重量占比达到60%~70%，所以座椅骨架的减重是关键。目前在用的新材料主要是指超高强度钢、复合高分子材料、轻金属材料、新型陶瓷材料等。其中,应属新型轻质材料的应用所取得的成绩最为显著。在中国,镁铝合金等轻金属材料因良好的材料性能处于优势地位。但是由于座椅骨架本身构架化空间不多,所以就需要通过材料实现,相比铝合金而言,碳纤维座椅骨架不仅能够很好地满足所需的刚度和强度,又能使质量减轻20%~30%。例如,很多企业正在着手研究性能优异的碳纤维复合材料(例如,碳纤维强化塑料),但是由于该材料居高不下的成本(市场平均售价在500~2000元/公斤),对于规模化生产来说仍是一大难题,所以只在一些豪华车或是竞赛车上小规模(调角器等)使用。值得一提的是,上汽、延锋安道拓、巴斯夫联手打造的热塑性复合材料的全树脂材质座椅骨架,其刚性可代替金属骨架,并实现座椅整体减重达20%。另外,丰田纺织在高档跑车座椅上,将铝镁合金与局部碳纤维复合材料搭配使用,也大幅降低了座椅重量。

由于整车油耗相关标准、法规的日趋严格,各主流座椅企业在综合考量座椅轻量化与座椅成本、安全、环保的平衡后,确定了金属与耐冲击型非金属材料的复合型材料的开发和应用,将是今后座椅轻量化技术的一个发展方向,计划在短期内实现座椅骨架(前排)的平均重量控制在10公斤左右(目前的平均重量在12~18公斤)。

(2)座椅面套

常用面料主要是PVC和真皮,由于其材质的原因,自身重量过重。PU、超纤皮革等材料不但各项性能指标优于或相当于PVC和真皮,且更环保,最重要的是它们更轻。例如,相同用料面积的PU比PVC轻约20%,超纤皮革比真皮轻约30%,所以今后不仅可以应用在座椅上,而且在车辆其他内饰件上的应用也会更加普遍。

(3)发泡

推广生物基PU泡沫、EPP发泡材料等的应用。例如,巴斯夫的Elastoflex® W座椅泡沫,实现座椅15%的轻薄化设计,可使驾乘人员获得全面舒适感受,并能增大驾乘空间。

2. 制造工艺的提升

目前应用最普遍的工艺就是应用于汽车整车的车身激光焊接法。它是将不同厚度、不同材料、不同表面形状的钢板拼接在一起，然后进行整体冲压，不但能够保证产品的尺寸和外形，其最大的好处就是利于减重。另外，还有一种原来常用于汽车护板、立柱等内饰件上的减重工艺——化学微发泡（mucell）注塑成型，目前也在电动汽车座椅（护板）上开始运用。

3. 设计的优化

座椅总成上部件的通用化。例如，丰田纺织的新一代座椅骨架"TB-NF110（电动）"，通过优化驱动系统电机类零部件的形状和安装结构，与原来普拉多使用的电动座椅骨架相比，零部件数量减少了约25%，扣合件数减少了约25%，重量减轻了约10%；还有就是电子架构的集成化。例如，众泰对ECU电子架构进行升级优化及平台化设计，将原来的3个ECU模块变成一个模块来控制，不仅减小模块的布置空间，降低成本，也起到了减重的作用。

安道拓、佛吉亚、李尔、丰田纺织、提爱思等这些跨国企业在保证汽车座椅安全性能的前提下，每年都在轻量化技术上不断加大研发投入。因此，汽车座椅轻量化的核心技术依然掌握在上述企业手中。

（五）智能化

随着汽车电气化的急速发展，汽车由内到外正在发生巨大的改变。以自动驾驶为契机，传统座舱正向智能座舱转变，然而汽车座椅就成为人与空间的一个智能"导体"，开启了智能座舱的技术发展。以现有技术发展状况还不能完全定义智能化座椅的概念，但它一定具有某些人工智能，就像"AlphaGo"一样，成为通过不断学习可自我完善的、安装在座舱内提高乘员安全性和舒适性的装置。

目前各座椅企业的主要技术研发还是通过在座椅上安装多个传感器、车室内监控摄像头进行主动监测，为提升驾乘人员的健康水平、驾驶安全性和舒适性，调整座椅的姿态及给出各种形式的安全提示。具体体现在以下几个方面。

1. 座椅结构及空间布置的多样化

以人为本的理念在今后的智能化驾驶中将会显得更为重要。在保证所有座椅位置和所有朝向都安全的前提下,其结构、外形设计均要符合人体工程学,且头枕高度、坐垫宽度、靠背角度、安全带固定点的高度等也可按照乘坐人不同的体型自动调整,满足适于交流的商务模式、享受视听的娱乐模式、购物模式、休息模式等各个场景的需要,从而使乘坐人达到最佳的舒适状态。例如,可变空间座椅。

2. 生物技术系统与 AI 智能系统的有效结合

收集生物和行为数据,如心率、呼吸频率、体温、眨眼频率、面部细微表情等,通过算法进行分析和判断,自动调节座椅、车室内温湿度、空气质量等;通过车内人脸识别技术以及座椅上搭载的智能化程度较高且独立的 AI 系统,根据之前记录的数据为不同的乘坐者提供个性化服务,以满足车室内每个乘员的需求且各不妨碍。

目前已在小范围得到开发和应用的前沿技术,如自适应座椅,可根据之前记录的乘员体重和体型,在人员识别后,自动调整座椅靠背、坐垫内可任意改变形状的气囊,使座椅的外形完全贴合该乘员的身体轮廓,减小脊柱的受力,进一步提高乘坐者的主观舒适度。

3. 驾驶监控智能化的实现

在现今辅助驾驶系统与自动驾驶系统共存的阶段,仍是以提高驾驶安全为主要目的,针对驾驶员监测系统的技术研发,通过上面所述的先进生物采集技术,对驾驶员的心跳、呼吸频次、眨眼频次等进行实时监控,评估其本人心理和生理状况,并判断驾驶员是否正处于困倦、注意力下降等不良状态。之后可通过座椅的振动、音乐、通风系统等警示信号预测性地刺激驾驶员保持清醒,以便减少事故。座椅监控系统与车辆的人机互动界面(HMI)的集成,可随时告知驾驶员是否必须重新接管对车辆的控制权。亦可通过与 GPS 的信号连接,按照出行目的地的距离、路况、时长等综合条件自动调整座椅状态、驾驶员监测模式等,提高行驶过程中,尤其是远途行驶过程中的舒适性与安全性。例如,根据该技术研发的"健康椅",可以通过传感器来读取乘坐者的心跳和呼吸频率，掌握其睡眠、心理压力等健康状况，并利用大数据和精准算法得知该乘员的身体特征，进而判断自动驾驶模式的切入时机，提供乘员最舒适的座椅角度等。

提高对个体姿势、喜好兴趣的判定精度（即提高系统的自主学习能力），提供更加个性化的服务（个人专属空调系统、音响语音系统等），与整车智能系统的联动和协同，将是接下来座椅智能化技术的研发方向。

新能源汽车、车联网甚至无人驾驶等高端智能化发展趋势对汽车座椅技术发展也会产生很大的影响，是今后的竞争重点。随着汽车的变革，座椅作为智能座舱内不可或缺的元素也会产生跳跃式的发展。座椅"因人而异"的个性化智能技术的研发从某种程度上辅助并推动自动驾驶的发展，这意味着今后的座椅存续状态（旋转、可收纳、形状等）和功能都会发生"不可思议"的变化。

综上所述，座椅是一个切切实实以人为本，且将多种性能整合在一起的组合体，所有的功能与特性都不是独立于其他而存在的。从现有的行业和技术发展趋势分析，我们完全可以相信安全、智能、轻量、舒适仍旧是未来汽车座椅的发展方向。

四 发展存在的问题及建议

汽车工业是一个国家发达程度的重要标识，中国作为一个有着国际影响力的经济体，对汽车行业尤为重视。自从 30 多年前第一家汽车的合资企业成立，正式开启了引入外国资金和先进技术到中国本土的产业革命序幕。在后来的这些年里，经历了不断扩大的改革开放和"一带一路"政策，中国本土企业在生产技术、管理模式、人才培养等各个方面也都有了长足的进步。尤其是最近几年，中国已经跃居成为全球最大的汽车产销市场，是最有潜力、最有包容力，也是最大的试验场，这其中本土企业的贡献是有目共睹的。但是伴随着席卷全球的 CASE、MaaS 等新技术爆发式的浪潮，包括座椅在内的关键零部件技术的薄弱基础就显得尤为突出。

(一)现存主要问题

1. 标准缺失

业界内主观评价标准的缺失或是体系的不完整,如气味、舒适性等,造成了整车水平的差异及发生市场索赔时无"法"可依;自动驾驶等新技术领域内,尚无智能座舱、智能座椅相关的标准,对于今后不同自动驾驶等级环境下,智能座椅应具备怎样的安全和功能等都还未有系统的评价体系,使包括世界各大主流座椅企业在内的整个座椅业界都处于一种游离于整车研发、各自为政的技术开发状态中。

2. 人才匮乏

跨学科(人体工程学、电脑视觉、人工智能等)人才的需求正在不断增加,但是社会教育机构(大学)、研究机构的技术前瞻性不足,造成未能提前设置相关领域的专业学科,因此当技术浪潮汹涌而至的时候,行业的专业技术人才匮乏。

3. 投入不足

本土企业的过度成本控制造成技术研发人员的培训不足、试验设备更新慢、研发周期长;仿真软件的开发水平低,仍然以实车搭载试验为主,造成成本高、周期长、误差大,且试验的数据分析也不够系统;座椅轻量化、环保型材料研发等基础技术研发投入力度不足。

(二)针对上述问题的几点建议

发挥政策引领作用,加速资源整合,培养行业突出的一到两家顶尖企业,加强研发和过程质量控制,打造行业优质企业品牌。

政府及标准主管部门应不断规范与完善CASE新技术领域的标准法规体系、评价体系,加快标准的制定,符合市场技术的更新迭代,使在新技术领域中,发动机、座椅等重要零部件总成与整车的技术发展互为助力。

教育相关的政府部门、研究机构应加强新技术的研究,提高培养人才的意识,尤其是在大学这样的正规教育机构,应重视符合今后汽车技术发展方向的跨领域（IT、美学、人体工程学等）人才的储备。

加大对汽车座椅等关键零部件制造业的研发经费加计扣除政策的倾斜，针对现行标准规定中未涉及的新工艺、新技术、新材料，在汽车产品市场准入的时候给予免除审核等优惠政策，使汽车重要零部件企业，尤其是本土企业有更多的资金投入技术研发中，从而提高中国汽车行业整体的技术水平。

提升高精准度仿真软件的开发水平并扩大其利用范围，可大幅缩短开发周期。另外，座椅企业要勇于打破原有的合作模式，除了整车生产企业，还要开拓与IT、通信等企业的"跨界"合作业务。在不断提升座椅安全、环保、舒适性的同时，使座椅成为加速汽车被动安全系统由辅助驾驶向自动驾驶过渡的重要技术推手。

B.5
汽车混合动力系统子行业发展分析

摘　要： 混合动力系统作为汽车节能减排的有效策略和手段，同时作为新能源汽车发展的补充，其自身的创新发展对汽车行业未来发展格局有着深远的影响。本文重点分析混合动力汽车并以普通油电混合动力汽车为主要研究对象，分析国内外在油电混合汽车领域的产业政策、产品以及技术差异。并提出将油电混合汽车纳入国家汽车发展战略，逐步形成多种技术路线并行、多种能源方式共存、满足不同市场需求的能源格局和产品技术格局的建议。

关键词： 混合动力系统　新能源汽车　产业政策

一　行业发展综述

（一）混合动力概念及分类

工信部在2012年7月印发的《节能与新能源汽车产业发展规划（2012~2020年）》中对节能与新能源汽车做了明确的定义（见表1）。

表1　节能与新能源汽车定义

类型	定义	特点
节能汽车	●节能汽车是指以内燃机为主要动力系统,综合工况燃料消耗量优于下一阶段目标值的汽车	●低能耗、低污染、新型动力系统汽车 ●发动机排量在1.6升及以下,综合工况油耗比现行标准低20%左右的汽油、柴油乘用车(含混合动力和双燃料汽车)

续表

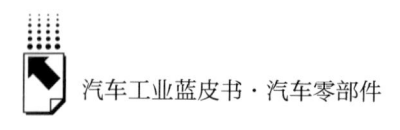

类型	定义	特点
新能源汽车	● 新能源汽车是指采用新型动力系统，完全或主要依靠新型能源驱动的汽车。包括纯电动汽车、插电式混合动力汽车及燃料电池汽车	● 采用非常规的车用燃料作为动力来源（或使用常规的车用燃料，但采用新型车载动力装置），综合车辆的动力控制和驱动方面的先进技术，形成的技术原理先进，具有新技术、新结构的汽车
混合动力汽车	● 混合动力汽车是指那些采用传统燃料同时配以电动机、发动机来改善低速动力输出和燃油消耗的车型	● 采用新技术，实现低能耗、低污染 ● 可实现纯电驱动、发动机驱动、油电混合驱动或者发动机增程驱动等驱动模式

资料来源：《节能与新能源汽车产业发展规划（2012～2020年）》。

国际电工委员会（International Electro-technical Commission，IEC）所属的电动汽车技术委员会对混合动力汽车的定义为有多于一种的能量转换器提供驱动动力的混合型电动汽车。

可以按照混合度、动力传递路线和是否可外部充电对混合动力汽车进行分类。

（1）按照混合度划分

混合度是电机的输出功率在整个动力系统中所占的比重。混合动力汽车按照两种动力源的功率比例关系以及所能够实现的功能，可以划分为微混合动力系统、轻度混合动力系统、中度混合动力系统、深度混合动力系统四类。表2为按照混合度进行划分的混合动力对照表。

（2）按照动力传递路线划分

混合动力汽车按照动力传递的路线，可以划分为串联式混合动力、并联式混合动力和混联式混合动力。表3为混合动力的三种结构方案分类表。

串联式混合动力汽车（Series Hybrid Electric Vehicle，SHEV）又可分为以发动机-发电机组发电为主要动力源或以动力电池组的电能转换为主要动力源和以驱动电机驱动作为唯一驱动装置两类。由于能量传递链较长，在热能→电能→机械能的转换过程中的能量损耗是SHEV的劣势之一。

并联式混合动力汽车（Parallel Hybrid Electric Vehicle，PHEV）包括两条独立的动力传递路径，发动机和电机可以同时驱动车辆，也可以单独驱动车辆。在并联式混合动力系统中，在发电和驱动两种模式下电机不能同时工作，系统助力功率受制于电池的容量。另外，在城市工况下，发动机在低效率区间工作并为电池充电。因此，与相同等级其他类型的混合动力电动汽车相比，大多数并联式混合动力汽车城市工况的油耗要相对较差。

混联式混合动力汽车（Parallel Series Hybrid Electric Vehicle，PSHEV），通常采用行星排作为动力分流机构，可以实现发电和电机驱动同时运行，使发动机在效率较高的区间内工作，这种方案的系统效率要高于其他两种方案，一般用在深混的混合动力系统中。

（3）按照是否可外部充电划分

根据整车是否可以外接充电设施为车载电池充电，可将混合动力汽车划分为插电式混合动力汽车（Plug In Hybrid Electric Vehicle，PHEV）和非插电式混合动力汽车（Hybrid Electric Vehicle，HEV）。

插电式混合动力汽车（PHEV）携带容量相对较大的电池系统（通常8kWh以上），可通过外接充电设备为电池充电，整车可较长时间在纯电驱动模式下运行。

非插电式混合动力汽车携带容量相对较小的电池系统（通常3kWh以内），整车无外接充电功能，通过发动机和电机的高效耦合实现系统高效率，以达到节油的效果。

表2 按照混合度分类的混合动力对照

项目	强混	中混	轻混	微混
混合度	50%	30%	20%	5%左右
节油率	40%	20%	15%	2%~5%
电压等级	200V~288V	144V	42V或144V	12V或48V
典型车型	秦Pro PHEV 博瑞GE 帕萨特PHEV	Honda Insight Civic	雷凌双擎 本田雅阁HEV 吉利领克01	吉利ICON 奔驰E级 长安CS55

资料来源：项目组整理。

表3 混合动力的三种结构方案

类型	串联式混合动力	并联式混合动力	混联式混合动力
结构图	电池—逆变器—发动机—发电机电动机—驱动桥	电池—逆变器—发动机—电机—驱动桥	电池—逆变器—发电机—发动机—行星排电动机—驱动桥

资料来源：项目组整理。

（二）国内外政策

我国未将混合动力汽车纳入新能源汽车体系，因此购买混合动力汽车不能享受相关补贴标准，导致消费者不会积极购买混合动力汽车，也无法刺激自主、合资品牌厂商进行投入研发。中、美、日三国的补贴政策各有差异（见表4），由于我国在汽车技术路线选择方面的特殊性，我国混合动力汽车发展大幅落后于其他国家。政策的差异和行业基础的差距是中国落后的关键，中国缺少能与美国、日本等国家抗衡的混合动力汽车产品。

表4 中美日对各类汽车补贴政策对比

车型	中国	美国	日本
纯电动汽车（EV）	最高2.25万元（根据续航里程、电池容量、能耗水平等设置补贴标准）	2500～7500美元及节能车减税，最高可获得10000美元补贴 有国家和各州的双重补贴	从2009年起至今共有3次补助政策，每次持续时间12～18个月 按车辆售价和节油效果，最高补助85万日元 国家和地方双重补贴
插电式混合动力汽车（PHEV）	最高0.85万元（根据纯电模式续航里程、节油率水平设置补贴标准）		
混合动力汽车（HEV）	无国家补贴及地方补贴	2500美元 2005～2010年享受此政策，2010年取消	曾在2009年第1批补贴中有混合动力汽车

资料来源：项目组整理。

1. 国内政策

中国节能和新能源车起步于20世纪90年代中后期,国家给予了重点支持,经过20多年的快速发展,新能源汽车领域涌现出大批优秀汽车零部件企业和整车企业。国内新能源汽车产销量位列全球第一。

但对于混合动力汽车,由于技术壁垒高、节能水平受限以及国家政策导向等因素,我国在混合动力汽车方面的发展一般(见表5)。

表5 中国节能与新能源汽车发展阶段

"九五"初期至2008年	2009~2012年	2012年6月以后
第一阶段 ● 科技部主导的863计划电动汽车重大相关专项启动 ● 实施小规模示范(如奥运会新能源汽车示范) ● 初步奠定了纯电动、混合动力、燃料电池三类动力系统平台汽车的研发和初步产业化的基础	第二阶段 ● 持续支持技术和产业化研发 ● 开展较大规模的节能与新能源汽车示范推广工作(百城千辆) ● 逐步建立和完善行业标准化体系建设(针对企业和产品)	第三阶段 ●《节能与新能源汽车产业发展规划(2012~2020年)》,规划新能源汽车销量目标、燃油消耗控制指标、新能源车补贴等重大战略措施 ● 启动新能源汽车产业技术创新工程等产业化项目 ● 扩大示范工程范围
研发投入期	示范推广期	产业发展期

资料来源:项目组整理。

2. 国外政策

混合动力乘用车方面,本文主要选取了日本、美国及欧洲进行分析。其中,欧洲制定了全球最严格的减排法规,日本在混合动力汽车方面取得了世界领先的技术地位。

(1)日本政策

为进一步降低油耗、减少温室气体排放量,根据日本轻型汽车燃料经济性标准,2020年乘用车平均燃料消耗量需达到20.3km/L。根据日本经济产业省和国土交通省最新公布的标准,2030年乘用车新车平均燃油经济性需要达到25.4km/L。在节能优惠政策的推动及市场驱动下,日本汽车企业主动降低油耗力争提前达标,绝大部分混合动力汽车已提前满足2020年目标值,甚至相当一部分已提前满足2030年目标值（如丰田汽车雷凌双擎在JC08测试循环下燃油经济性约35km/L），混动化成为日本乘用车节能的重要技术手段。

（2）美国政策

2012年，美国政府公布2017~2025年企业平均燃料经济性标准（Corporate Average Fuel Economy，CAFE），要求从2016年的35.5 mpg（约6.63L/100km）开始，以每年约5%的幅度逐步提升燃油效率，最终在2025年达到54.5mpg（约4.3L/100km）。美国国家公路交通安全管理局（NHTSA）基于2025年CAFE目标提出2017~2025年乘用车CAFE油耗目标，如表6所示。

表6 2017~2025年美国乘用车CAFE油耗目标

项目	2017年	2018年	2019年	2020年	2021年	2022年	2023年	2024年	2025年
CAFE(mpg)	39.4	41.3	43.5	45.6	47.5	48.6	49.8	51.4	54.5
CAFE(L/100km)	5.97	5.70	5.41	5.16	4.95	4.84	4.72	4.58	4.30

注：1mpg=0.425143706km/L

资料来源：项目组整理。

美国乘用车用户偏好大排量、大空间车型（如皮卡和SUV），加之美国相对低廉的汽油价格，使美国乘用车整体油耗偏高。2018年，美国综合油耗低于5.7L/100km（2018年美国CAFE油耗水平）的车型大部分为混合动力汽车和插电式混合动力汽车。

（3）欧洲政策

欧洲议会新排放标准法案要求从2021年开始新车平均CO_2排放不得高于95g/km（4.0L/100km），否则车企将面临巨额处罚。2018年，欧盟各国政府代表以及欧洲议会将2030年汽车平均CO_2排放目标设定为2.5L/100km（59.4g/km），比2021年（95g/km）减少37.5%。严苛的排放法规推动欧洲汽车节能技术加速发展。2017年欧洲混合动力和新能源车型几乎全部达到95g/km的CO_2排放目标，近1/3的柴油车型已经达到116g/km（约合5.0L/100km）水平，而只有较少部分汽油车型CO_2排放达到116g/km的标准。

二 市场发展状况

国际能源署 IEA 预测（见图1），2030 年 90% 以上乘用车仍将配有发动机，2050 年仍有超过 58% 的乘用车配有发动机，这其中有 85% 为混合动力汽车（包括 HEV 和 PHEV），混合动力将成为乘用车的主流。

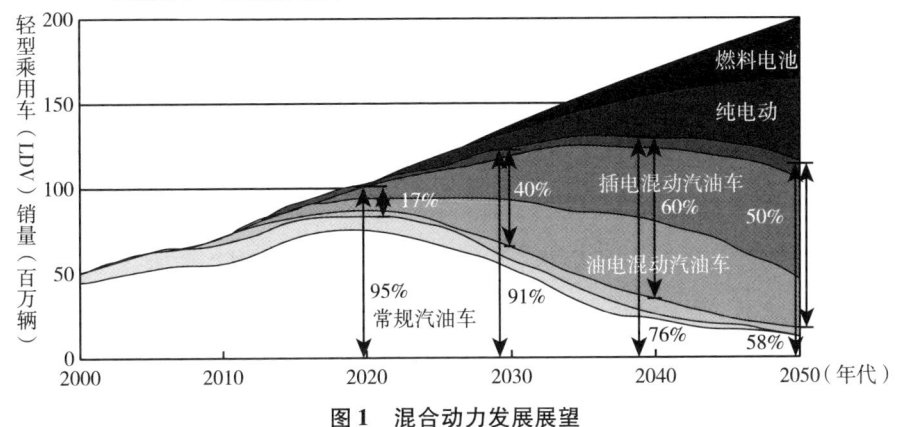

图 1　混合动力发展展望

资料来源：公开信息，项目组整理。

根据 Marklines 数据，中国 2019 年全年混合动力汽车车型销量为 19.7 万辆，在乘用车中占比达到 0.92%，较 2018 年增长 0.11 个百分点，如图 2 所示。中国 HEV 销量分布情况如图 3 所示，国内 HEV 市场长期被进口、合资品牌占据，主要集中在丰田、本田及日产的混合动力车型。需要重点指出的是，目前国内尚无明确 HEV 划分标准及分类的政策法规、行业标准，国内 HEV 分类较为混乱。在 Marklines 统计的数据中，国内 HEV 销量统计未覆盖吉利、长安等品牌旗下混合动力（如 48V 微混）车型，但此类搭载 48V 系统的车型理论上属于 HEV 范畴。

根据 Marklines 数据，2019 年全年日本乘用车销售 430.1 万辆，其中

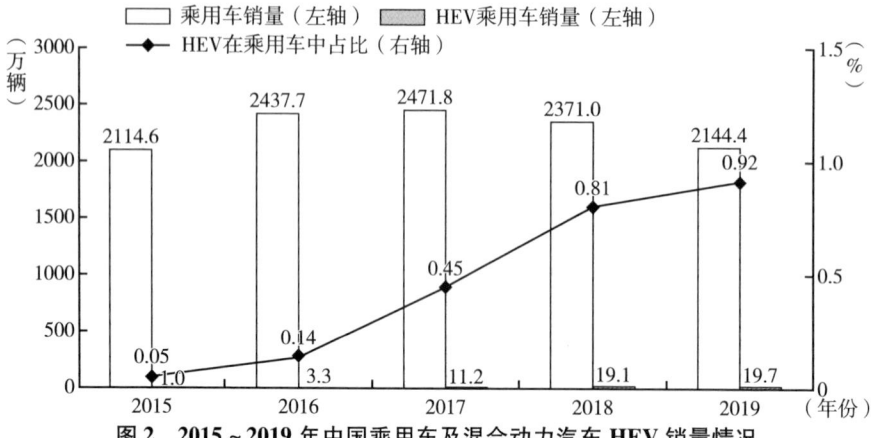

图2 2015~2019年中国乘用车及混合动力汽车HEV销量情况

资料来源：公开信息，项目组整理。

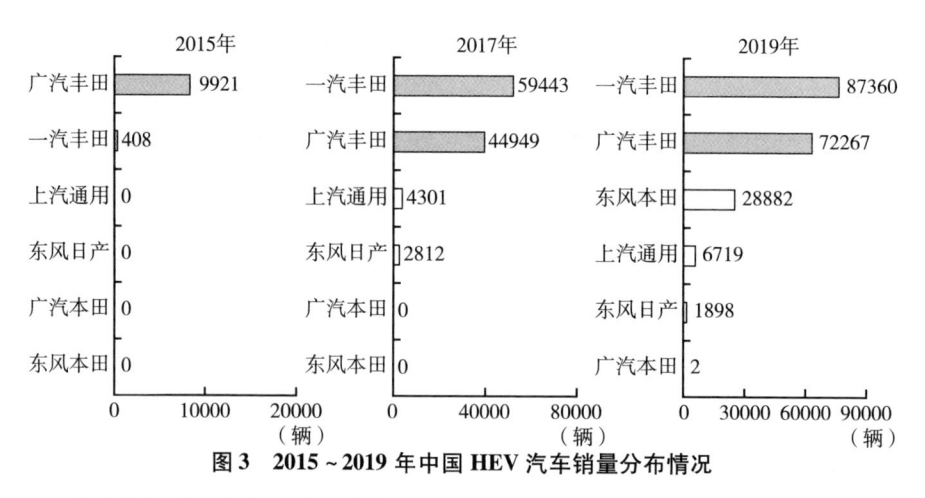

图3 2015~2019年中国HEV汽车销量分布情况

资料来源：公开信息，项目组整理。

HEV销量为108.3万辆。综观2017~2019年三年的数据，在日本乘用车中，新能源纯电动汽车（EV）、氢燃料电池汽车（FCV）及插电式混合动力汽车（PHEV）销量极少，HEV在日本乘用车销量中占比较为稳定，维持在25%左右。2017~2019年日本乘用车销量情况如图4所示。

根据Marklines数据，2019年全年美国乘用车共计销售502.6万辆，其中HEV销量为23.1万辆，同比增长6.4%。HEV在乘用车中占比较2018年增加0.7个百分点。2017~2019年美国乘用车销量情况如图5所示。

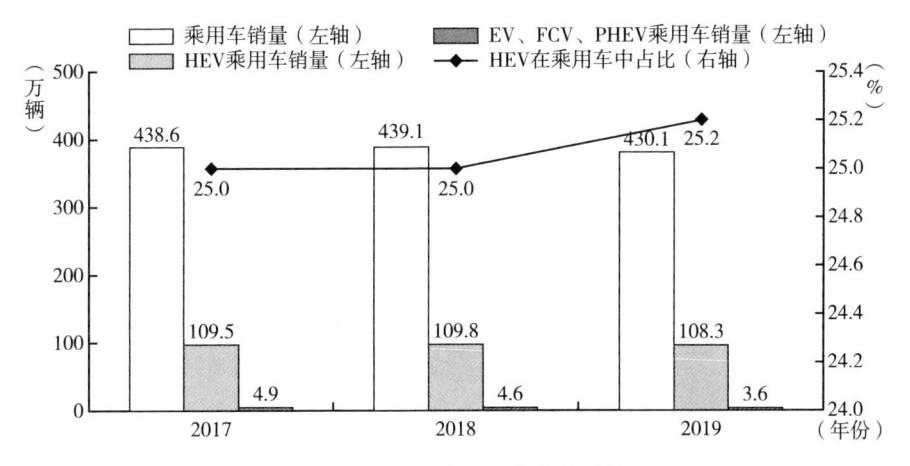

图4 2017～2019年日本汽车销量情况

资料来源：公开信息，项目组整理。

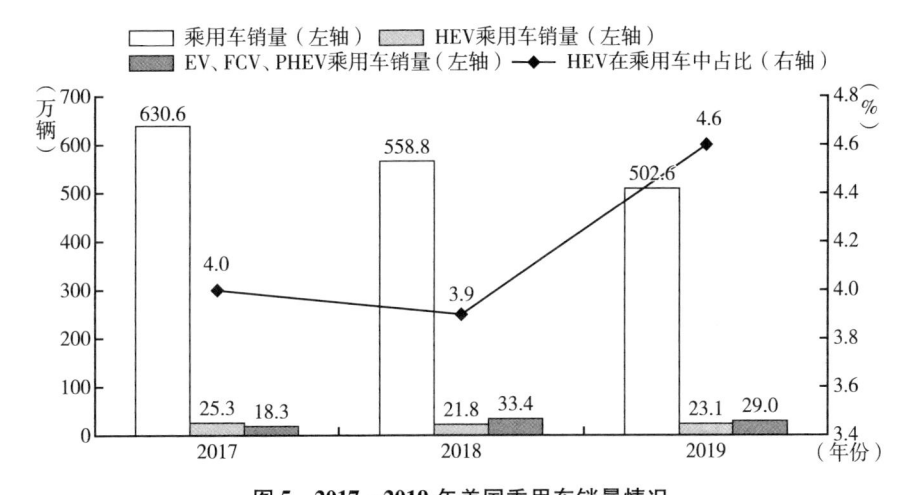

图5 2017～2019年美国乘用车销量情况

资料来源：公开信息，项目组整理。

未来汽车将继续向低碳化、智能化和轻量化方向发展。2025年生产的传统能源乘用车平均油耗降至5.2L/100km（其中，非混合动力乘用车平均油耗降至6.0L/100km；混合动力乘用车占传统能源乘用车总量的50%～60%，平均油耗降至4.5L/100km）。

到2030年，持续进行前瞻性节能技术的跟进与研发，为满足下一阶段油耗及排放标准进行技术储备。2030 年生产的传统能源乘用车平均油耗降至 5.2L/100km（其中，非混合动力乘用车平均燃料消耗量降至 5.5L/100km；混合动力乘用车占传统能源乘用车总量的 75%～80%，平均油耗降至 4.0L/100km）；到 2035 年，掌握前沿性节能技术。混合动力乘用车占传统能源乘用车产销量的 100%，平均油耗降至 3.8L/100km。

三　产品技术发展状况

（一）混合动力技术架构

混合动力技术包括混合动力整车技术、混合动力构型、专用发动机及控制技术、电机及控制技术、电池及控制技术以及其他核心技术等，具体技术架构体系如图 6 所示。

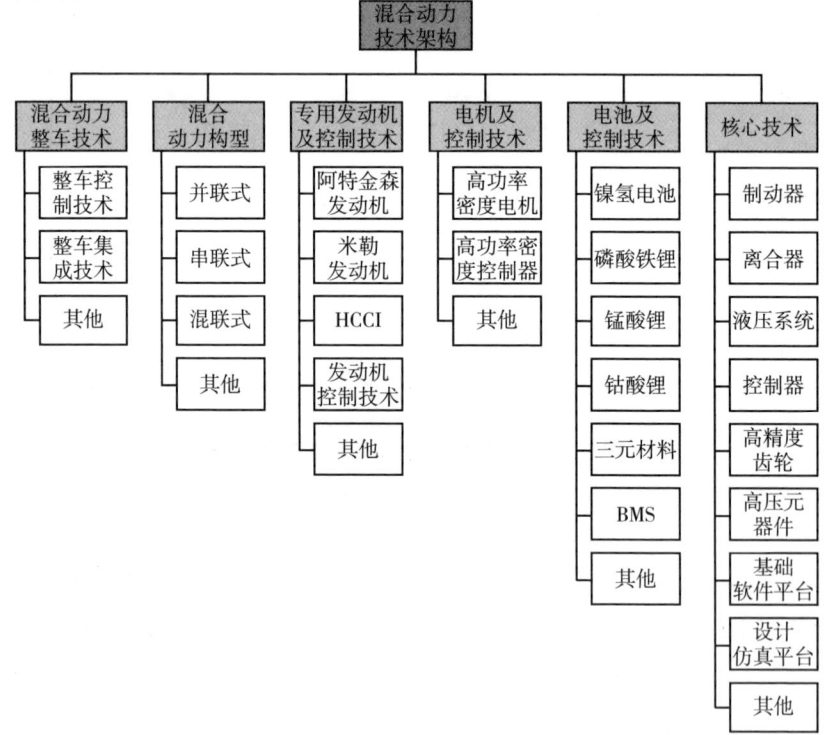

图 6　混合动力技术架构

资料来源：公开信息，项目组整理。

(二）混合动力关键技术

各级技术架构下的关键技术如表 7 所示。

表 7　混合动力关键技术

序号	技术架构		关键技术
01	混合动力整车技术	整车控制技术	①符合功能安全标准要求的控制器设计技术（包含软、硬件）
			②基于智能化、网联化的能源管理技术
			③热管理技术
			④低压能量管理技术
02		整车集成技术	①动力匹配技术
			②整车电器集成技术
			③制动能量回收技术
			④轻量化技术
			⑤低滚阻、低摩擦、低风阻等
			⑥整车 NVH 技术
			⑦整车电磁兼容技术
03	混合动力构型	并联式	①构型优化和设计技术
04		串联式	②关键核心部件设计和制造技术
05		混联式	③试验验证技术
			④"智造"产业化技术
06	专用发动机及控制技术	阿特金森发动机	①高燃烧效率设计技术
07		米勒发动机	②发动机供油和配气技术
08		HCCI	③高压缩比发动机控制技术
09		发动机控制技术	④发动机和电机耦合技术
10	电机及控制技术	高功率密度电机	①电机设计技术
			②高性能钕铁硼永磁体材料
			③电机材料技术
			④电机结构和热管理技术
			⑤电机试验验证技术
			⑥制造及工艺技术
11		高功率密度控制器	①半导体封装技术
			②关键元器件材料技术
			③结构和热管理技术
			④控制芯片及软件算法技术
			⑤控制器试验验证技术
			⑥制造及工艺技术

续表

序号	技术架构		关键技术
12	电池及控制技术	镍氢电池	①高性能电池设计技术
13		磷酸铁锂	②电池高性能原材料技术
14		锰酸锂	③电池控制技术
15		钴酸锂	④电池高可靠性成组技术
16		三元材料	⑤电池热管理技术
17		BMS	⑥"智造"产业化技术
			⑦电池梯次利用和回收技术

资料来源：项目组整理。

在乘用车领域，美国、欧洲和日本的节能技术路径各有不同，但混合动力技术发展应用、动力总成升级优化、先进电子电器技术应用是节能技术发展的共性。

日本采用多种混合动力技术同步发展的策略，主要通过改善发动机热效率、提高电动机及控制系统的效率、减少各部件质量、减小体积、优化智能化控制策略、提高系统集成度、进行整车的优化等手段进一步提高系统效率。

目前美国汽车企业中以通用和福特两家车企所研发的混合动力系统最具代表性。在发动机方面，通用主要采用SIDI缸内直喷发动机，但相比目前混合动力系统中使用广泛的阿特金森发动机效率较低。福特采用丰田授权的混合动力技术结构，采用了阿特金森发动机。在技术架构方面，通用和福特混合动力系统都属于典型的PS型功率分流技术架构，通过行星排、双电机和系统控制的互相配合，实现发动机和电机动力性能的高效分配。在经济性方面，通用的混合动力汽车综合工况油耗相比丰田和本田混合动力车型稍高，发动机及其相关技术仍有待提高，但是其采用的冷却废气再循环系统（Cooled EGR）、电子节温器、分体积紧凑耦合催化器SVCC以及SVCC对应的废气回收系统均可提升发动机效率。

欧洲重点推广和应用48V轻混系统和P2构型的中混动力系统，从第一代的P0并联构型过渡到第二代的高压混动并联构型（P2、P3、P4），将电机的功率从15kW以内提升至25kW以上，能够实质性地提供内燃机额外辅助动力，并将AT和CVT的混动化作为研究重点。

当前国内外混合动力系统主要有串联、并联、串并联和功率分流等几种主流技术路线，并联系统在国内用得比较多，功率分流系统主要有国外丰田的THS、通用的AHS以及国内科力远的CHS系统，串联以及串并联系统使用相对于并联和功率分流系统较少，主要有日产的e-power、本田的i-MMD和上汽的EDU等，相关路线介绍如表8所示。

表8 各主流混合动力技术路线介绍

分类	串联	并联	混联	
			串并联	功率分流
结构简图				
驱动方式	●纯电机驱动，发动机用于发电直驱或者给电池充电	●发动机和电机同时或单独驱动车辆 ●发动机任意工况都可以直接参与驱动车轮	●发动机和电机分开驱动或同时驱动（根据模式选择） ●发动机在中速或高速工况才直接参与驱动	●发动机和电机分开驱动或同时驱动（根据模式选择） ●发动机任意工况都可以直接参与驱动
代表技术或车型	日产e-power（量产） 宝马i3（量产） 理想ONE（量产）	吉利P2.5 + DCT（量产） BYD P3 + DCT（量产） 大众P2 + AT（量产） 长城P2 + AT（量产） 奇瑞P2 + CVT（量产） 盛瑞P2 + AT（未量产）	本田i-MMD（量产） 上汽EDU（量产） 广汽G-MC（量产） GKN（量产） 精进（未量产）	丰田THS IV（量产） 通用VOLTEC（量产） 福特MHT（量产） 克莱斯勒大捷龙（量产） 科力远CHS（量产）

资料来源：项目组整理。

表9是目前国内外整车厂各主流车型采用的混合动力系统和混合动力系统技术路线以及最近一年的国内销量和排名，从表9中可以看出目前市场销售主流的HEV车型主要采用了功率分流和串并联混合动力技术路线，国内HEV车型只有搭载CHS功率分流混合动力系统的帝豪和东风小康风光580有量产上市销售。HEV中搭载丰田THS功率分流混合动力系统车型与搭载本田i-MMD串并联混合动力系统车型垄断了国内混合动力汽车（HEV）销量前十。但值得注意的是，搭载日产串联混合动力系统的日产Note车型2018年在日本销量达到了136324辆，位于日本市场混合动力汽车销量第一。

表9 市场销售主流混合动力系统及代表车型

车辆类型	混合动力系统技术路线	混合动力系统类型	车型	国内销量（辆）（2018年7月至2019年6月）	销量排名
混合动力汽车	功率分流	丰田THS P710	凯美瑞	27915	第3
			亚洲龙	9812	第6
		丰田THS P410	雷凌	27411	第4
			卡罗拉	72700	第1
		通用AHS	君越	1645	第11
			迈锐宝XL	87	第18
			君威	698	第13
		科力远CHS	帝豪	2	第21
			风光580	7	第20
	串并联	本田i-MMD	雅阁	23280	第5
			讴歌CDX	1353	第12
			思铂睿	136	第17
			CR-V	31609	第2
	串联	日产e-Power	日产Note	136324（日本2018年销量）	—
	并联	日产P2	楼兰	2442	第9
		现代P2	索纳塔九	2053	第10

资料来源：项目组整理。

（三）混合动力技术对标分析

根据目前市场销售车型搭载的主流混合动力系统，表10从经济性、动力性、平顺性、复杂度、性价比、开发费用和布置难度等方面分析串联、并联（P2结构）、串并联、功率分流四种混合动力技术路线的典型架构的混合动力系统的优劣。

表10 各技术路线典型架构的优劣势分析

分类	串联	并联（P2结构）	混联	
			串并联	功率分流
代表技术	日产 Note	大众 P2	本田 i-MMD	丰田 THS
结构简图				
经济性	一般 ●实现发动机与轮端的转速和扭矩的解耦，对发动机的优化能力在四种技术路线中最强，低速经济性好 ●发动机不能直驱，在任何时候发动机的能量都必须经过电能转换再输出，中高速行驶时，系统效率较低，经济性差	较好 ●发动机转速无法与车速解耦，主要通过传统多挡变速箱进行转速优化 ●发动机扭矩与轮端需求扭矩解耦，可以通过电机对发动机扭矩进行优化 ●发动机可以直驱，在中高速阶段系统效率较高	较好 ●兼具串联低速对发动机较强的优化能力和中高速串联系统发动机直驱的系统效率较高的特点 ●在并联模式下发动机直驱后，发动机的转速与车速无法解耦，由于缺少并联系统的传统变速箱对发动机转速的优化，发动机的最佳经济区对应的车速范围较窄，该模式下对发动机的最佳经济区范围要求较高	好 ●在车速范围均可以通过行星齿轮机构实现，发动机转速无法与车速解耦，对发动机的优化能力较强，优于并联系统和串并联系统 ●发动机的大部分能量可以通过机械路径传递到轮端，减少能量转换带来的损耗，优于串联系统

续表

分类	串联	并联（P2 结构）	混联	
			串并联	功率分流
动力性	一般 • 任何时候通过驱动电机进行驱动，发动机无法直接参与驱动，动力性受限 • 如要提升动力性，需要选择较大电机	好 • 发动机与电机扭矩叠加并通过传统变速箱的大传动比放大，动力性好	较好 • 发动机与电机可以同时参与驱动 • 相对于并联系统缺少传统变速箱的大传动比放大作用，一般需要选择较大电机	一般 • 单纯的功率分流系统由于发动机与电机之间的相互制约，并不能实现发动机与电机的最大扭矩的直接叠加 • 无传统变速箱大传动比放大作用，动力性一般
平顺性	好 • 无换挡冲击，平顺性好	一般 • 存在传统变速箱，有一定换挡冲击	较好 • 无换挡过程 • 存在串联模式与并联模式的切换和发动机启动过程	较好 • 大部分时间通过ECVT 模式行驶，平顺性好 • 存在发动机启动过程
复杂度	较小 • 增加了电池、发电机、电动机、电机控制器等，减少了启动电机等附件 • 复杂的 AT 和 MT 更换成单级减速器 • 控制系统开发难度较小	一般 • 增加了动力电池、电动机、电机控制器等 • 减少了启动电机等附件 • 控制系统开发难度高于串联和串并联，主要涉及传统变速箱挡位标定工作	一般 • 增加了动力电池、电机控制器等 • AT 和 MT 更换成包含双电机的串并联合成箱 • 控制系统开发难度位于串联和功率分流之间，并且无并联系统较多的挡位标定工作	较复杂 • 增加了动力电池、电机控制器等 • AT 和 MT 更换成包含行星排结构、双电机的合成箱等 • 控制系统开发难度较大，主要涉及发动机工作点的优化控制及起停控制等
性价比	较低 • 双电机和双电机控制器 • 无传统变速箱，采用简单的齿轮传递机构 • 考虑动力性需求，电机扭矩要求较高，电机和电机控制器成本较高	一般 • 单电机和单电机控制器 • 有传统变速箱 • 对电机的扭矩和功率需求较小，综合成本相对较低	较低 • 双电机和双电机控制器 • 无传统变速箱，相对简单的齿轮传递机构 • 考虑动力性需求，电机扭矩要求较高，电机和电机控制器成本较高	较高 • 双电机和双电机控制器 • 无传统变速箱，采用行星齿轮传递机构 • 三轴的构型方案，结构简单，电机互相解耦，满足相同功能要求的情况下，对电机的需求较小，综合成本较低

续表

分类	串联	并联(P2 结构)	混联	
			串并联	功率分流
开发费用	较低 ●降低变速箱开发难度,增加电池、电机、电控,发动机可以小型化	一般 ●传统变速箱开发工作很少 ●需要对动力总成的整个布局进行调整,并增加电池、电机、电控	一般 ●需要重新开发混合动力系统专用合成箱	较高 ●需要重新开发混合动力系统专用合成箱,控制系统开发难度大
布置难度	较小 ●取消了传统变速箱,更换成双电机,空间影响较小	较大 ●发动机与传统变速箱之间的轴向距离需要加长以放置电机与离合器,如需解决布置问题,需要对变速箱和电机进行一体化设计,开发工作量较大	较小 ●取消了传统变速箱,更换成双电机,空间影响较小	一般 ●取消了传统变速箱,更换成双电机,空间影响较小

资料来源:项目组整理。

从表 10 可以看出,各混合动力系统各有优劣。各企业根据自身技术实力以及资源可获得性进行选择性开发。

在经济性方面功率分流技术路线最优,如图 7 所示,并联混动系统由于发动机转速与车速不解耦,在对应的车速和扭矩需求下,只能在一定的发动机转速上进行扭矩的选点优化,即只能线上选点优化。而功率分流系统由于行星齿轮的无级变速功能,发动机转速与扭矩和轮端车速与扭矩解耦,在对应车速和扭矩需求下,发动机能够在不同的转速和扭矩状况下进行选点优化,即在面上选点优化,优化能力强于并联系统,系统节油能力也优于并联系统。虽然并联系统在各挡位下的最佳工作点效率与功率分流系统基本相当,但在各挡位下,随着车速和扭矩的变化,并联系统无法一直保持在最佳效率上,而功率分流系统能够保证在大部分的车速和扭矩范围内,系统效率最优化。P3 并联混合动力系统由于电机布置在变速箱输出端,无法利用传统变速箱对电机的工作点进行优化,因此经济性相对于 P2 构型的混合动力系统要差。P2.5 并联混合动力系统只有奇数挡位或者偶数挡位可以对电机进行工作点的优化，经济性位于 P2 与 P3 之间。

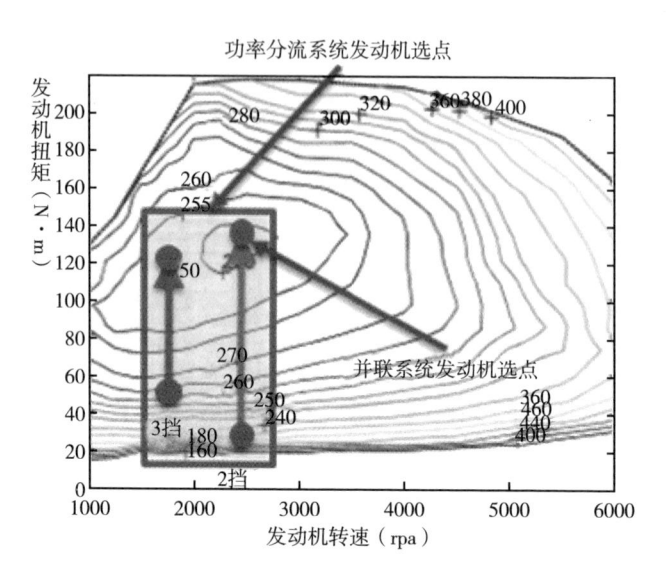

图 7　并联系统与功率分流系统对发动机优化能力

资料来源：项目组整理。

图 8 是在同款发动机和整车参数一致的情况下（仅仅考虑系统构型差异，不考虑发动机、电机和整车差异带来的经济性差异），搭载串并联系统和功率分流系统的车型在 NEDC 工况下各主要工作点的系统效率分析，在大部分工况下，功率分流系统的有效燃油消耗率要低于串并联系统。从表 11 中也可以看出，凯美瑞在车重比雅阁重的情况下，公告油耗和道路实测油耗均优于雅阁混动。串联系统由于出色的发动机优化能力，在低速情况下经济性出色，但由于在中高速工况下，发动机不能直驱，所有能量仍然需要通过发动机能量与电能之间的转换，造成系统效率较低。以单个电机系统的效率 93% 计算，通过两次电能转换后，系统效率损失了 14% 左右，这在中高速发动机本身效率较高的情况下，造成整个系统的效率大大降低。并且串联系统在低速时，为了保证发动机的效率，通常要控制在一定转速下，会造成 NVH 难以兼顾。

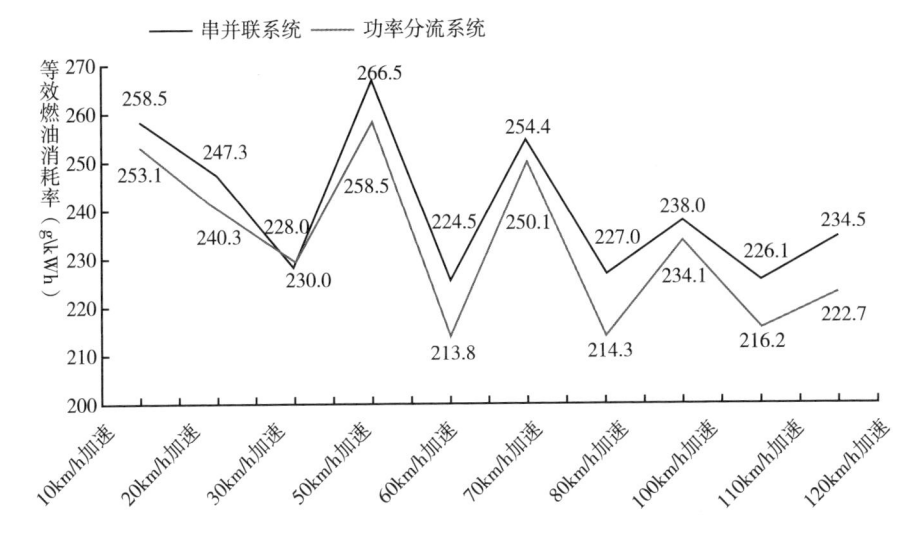

图8 各工况下功率分流系统与串并联系统的系统等效燃油消耗率分析

资料来源：项目组整理。

表11 凯美瑞和雅阁的公告油耗和实测油耗对比

车型		凯美瑞2018款	雅阁2018款	备注
整车整备质量(kg)		1690	1619	—
公告油耗(L/100km)(NEDC)		4.1	4.2	—
实测油耗	广州城市工况（L/100km）	4.7	5.0	平均车速31km/h
	高速工况(L/100km)	4.1	4.6	平均车速85km/h

资料来源：项目组整理。

在动力性方面，并联系统最优，并联系统由于发动机扭矩与电机扭矩的叠加再通过传统变速箱的放大，动力性相对于传统车型会有较大提升。而串联系统由于只有电机驱动，发动机无法直驱，动力性相对较差，串并联系统纯电动行驶时也只有电机驱动，并且没有传统变速箱的扭矩放大，如果要保证动力性，需要选用较大电机。单纯的功率分流混动系统，由于电机与发动机的协调作用相互限制，不能实现电机的扭矩与发动机的扭矩直接叠加，动

103

力性也会受到限制。而通用等功率分流系统为了改善动力性,增加了离合器和制动器,通过改变动力性需求工况下的系统工作模式来满足动力性需求。

产品技术发展的总体目标是不断突破核心技术以降低整车油耗,同时通过提升强混车型占比实现混合动力乘用车平均油耗降低。重点掌握混合动力整车集成、专用发动机、专用动力耦合机构、高性能电机、高水平功率型电池、电控系统开发优化六项技术。

①在混合动力整车集成方面,重视混合动力整车的系统性开发,针对混合动力系统的特点,加强整车热管理技术、低压能量管理技术、动力匹配技术、整车电器集成技术、制动能量回收技术、轻量化、低滚阻、低摩擦、低风阻等整车 NVH 技术,以及整车电磁兼容技术研究开发和应用,进行系统优化和升级,提升每一部分的效率,实现整体油耗的改善;在 2025 年实现混合动力 A 级整车 WLTC 油耗 4.2L/100km;在 2030 年实现混合动力 A 级整车 WLTC 油耗 3.8L/100km;在 2035 年实现混合动力 A 级整车 WLTC 油耗 3.6L/100km。

②在专用发动机方面,开发阿特金森循环发动机、推动高压喷射、缸内直喷 + 歧管喷射、大比例中冷 EGR、电动气门、高能点火、高滚流比气道、低黏度 0W – 20 机油、电子水泵、全可变机油泵、压燃稀薄燃烧技术,不断提高发动机压缩比;在 2025 年实现发动机热效率达到 42% ~ 44%;在 2030 年实现发动机热效率达到 46% ~ 48%;在 2035 年实现发动机热效率达到 49% ~ 50%。

③在专用动力耦合机构方面,进行构型优化和研究,重点在系统集成度、可靠性、耐久性、高效性、性价比等方面开展相关研究,主要包括提升机电一体集成度和系统的输出能力,提高系统传动效率,提高系统 NVH 性能,优化系统冷却性能,改善系统 EMC 品质,在技术、质量、成本、工艺等方面逐步提升,开发出具备世界先进水平的动力耦合机构;在 2025 年专用动力耦合机构效率达到 95%;在 2030 年专用动力耦合机构效率达到 95.5%;在 2035 年专用动力耦合机构效率达到 96%。

④在高性能电机方面,到 2025 年,实现驱动电机功率密度达到 5.0kW/

kg，电机控制器功率密度达到40kW/L；到2030年，实现驱动电机功率密度达到6.0kW/kg，电机控制器功率密度达到50kW/L；到2035年，实现驱动电机功率密度达到7.0kW/kg，电机控制器功率密度达到60kW/L。

⑤在高水平功率型电池方面，到2025年，电池比能量达到100Wh/kg，能量密度达到200Wh/L，比功率达到5kW/kg，循环寿命达到10000次；到2030年，电池比能量达到110Wh/kg，能量密度达到220Wh/L，比功率达到6kW/kg，循环寿命达到12000次；到2035年，电池比能量达到120Wh/kg，能量密度达到240Wh/L，比功率达到7kW/kg。

⑥在电控系统开发优化方面，进行自主车规级芯片、自主车规级操作系统、自主核心传感器、执行器的研究与开发，使用量产化自主车规级芯片、自主车规级操作系统开发出符合功能安全标准要求的控制器，基于大数据平台的智能化、网联化的多能源管理策略和云端刷写技术（FOTA），到2025年之前完全独立、成熟地掌握电控系统的开发能力，形成大批量配套的量产化产品。到2025年，应用怠速启停等策略实现整车节能减排；到2030年，利用导航定位功能并接入智能交通网络系统，优化对发动机和电机能量管理策略，开发具备驾驶习惯预测及辅助的整车控制自学习智能系统，结合车联网技术，进一步提升整车燃油经济性；到2035年，通过高性能摄像技术、遥感技术以及与智能网络的交互，研发人工智能算法，突破无人驾驶技术，进一步优化整车燃油经济性，提升整车网络信息安全、功能安全技术等。

四 国内外技术差距分析

混合动力是个系统级的概念，混合动力整车油耗和经济性的体现，是一个系统工程，需要对"整车+发动机+机电耦合装置+电机+电池+多能源管理"进行系统优化和升级，实现整体油耗的改善。目前日本三家具有代表性的企业分别为丰田、本田和日产，分别是混联系统（功率分流）、混联系统（串并联系统）和串联系统应用的典型代表，都有自己的典型车型并拥有比较好的整车油耗，典型的丰田第四代Prius整车重量为1420kg，在日本 JC08 工况下的油耗为 39km/L（2.56L/100km），日产的 e-power 串联混合动力（非增程式）整车重量约为 1250kg，在日本 JC08 工况下的油耗为 37.2km/L（2.69L/100km）；Prius 按照 JC08 循环，油耗从第一代的 28km/L、第二代的 29.6km/L、第三代的 32.6km/L，优化到第四代的 39km/L（见图 9），均是通过从整车（滚动阻力、风阻、制动系统能量回收）+ 发动机 + 机电耦合装置 + 电机 + 电池的每一部分效率的提升来实现的。目前，第四代 Prius 整车的风阻系数为 0.25，制动能量回收能够将机械刹车和电动刹车完全分离。其他的降低能耗的措施和技术包括如下几点。①发动机的热效率已经达到 40%。②对机电耦合装置进行了优化，大电机的减速从行星排传动改为平行轴齿轮传动。对驱动桥进行改进，将两个电机带双轴平行配置，长度缩短了 47 毫米。平行轴齿轮传动的电机减速齿轮替代了行星齿轮，机械损失减少约 20%。③PCU 改进：新采用了低损耗的 IGBT，降低了约 20% 的电力损耗。重新设计了内部结构，减小了 33% 的体积。缩小的 PCU 直接搭载在驱动桥上，辅助电池移到了发动机舱内。④对电机进行了优化和改进，减小了电机的尺寸，同时降低电机的损耗，体积减小 35%，在 JC08 工况下损耗减小 20%，功率密度提高了 36%。通过传动链优化，增大减速比，提高电机转速，减小电机扭矩，全新设计了电机的定子、转子和电机的冷却方式。将定子绕组由圆线改为扁线，采用分段 - 分布式绕组，并实现了减重，减少铜损耗。对于转子，开发了高速、低损耗转子，并实现了尺寸缩小和使用的磁铁体积减小 15%。新开发的磁体材料，新磁体布局和新设计的电机冷却系统至少减少了 85% 的稀土元素用量。结果，与 P410 相比，电机尺寸减小了 35%，并且在 JC08 工况下与 P410 相比降低了高达 20% 损耗。⑤电池改进：新开发了锂离子电池。镍氢电池也重新开发，减小了尺寸，提高了性能。更小、更轻的电池组布置在后排座椅下方，增加了后备厢空间。

本田第三代 i-MMD 系统主要搭载在新款雅阁等中级车型上，主要由 2.0L 阿特金森循环发动机、发电机、电动机和离合器组成。第三代 i-MMD 系统在发动机和电池单元上都做了优化，2.0L 阿特金森循环发动机的热效率达到 40.6%，高于上一代 i-MMD 发动机热效率的 38.9%。动力单元

```
                                        39.0
                        32.6
            29.6
  28.0
```

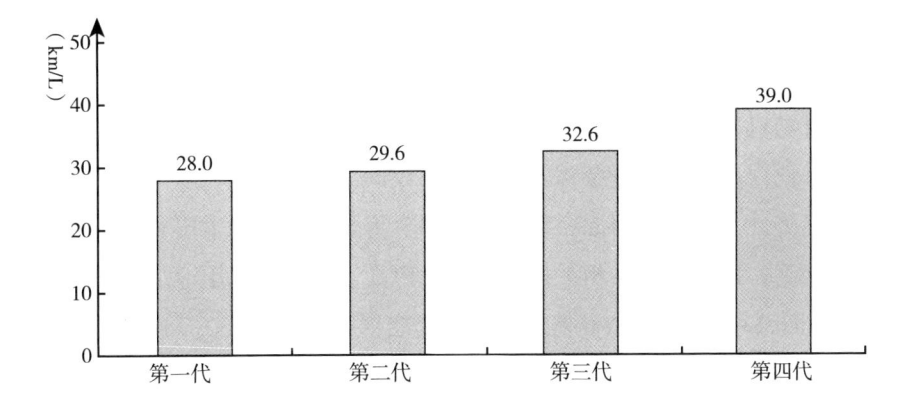

图9　四代 Prius 燃油经济性变化

资料来源：公开信息，项目组整理。

（IPU）体积比上一代也减小32%，同时使用了本田开发的不含稀土磁体的电机。与传统电机相比，i-MMD 混合动力系统采用的电机为扁线电机，所采用的新型交流同步电机输出扭矩从307N·m 提高至315N·m，输出功率从124kW 提高至135kW，体积与重量都降低23%。

e-power 动力总成采用的是 HR12DE 型三缸 1.2L 自然吸气发动机 + 66kW 的发电机（30.2kg）+80kW 的电机（52.3kg）+1.47kWh 功率型电池（40.9kg）。发动机技术方面采用米勒循环方式、连续可变正时气门技术，同时通过增加抗磨涂层、优化零部件结构设计等方式将发动机工作阻力降低20%，同时搭载了 Cooler EGR、电子水泵。

日韩地区的混合动力技术路线仍然以丰田 THS 混合动力系统为主，本田 i-MMD、日产 e-power 等混合动力系统市场占有率均非常低。未来会在现有 THS 系统基础上，通过改善发动机热效率、提高电机功率密度、减少各部件质量、减小体积、优化智能化控制策略、提高系统集成度等手段进一步提高混合动力系统效率。

关于美国混合动力汽车油耗的实现，也是从系统综合优化的角度达到油耗目标，从整车、发动机、机电耦合装置、电机、电池、多能源管理等方面进行系统优化和升级，实现整体油耗的改善。

目前美国汽车企业中以通用和福特两家车企所研发的混合动力系统最具代表性。

在发动机方面，通用主要采用 SIDI 缸内直喷发动机，相比目前混合动力系统中使用广泛的阿特金森发动机效率较低。

在经济性方面，通用混合动力汽车综合工况油耗相比丰田和本田混合动力车型稍高，发动机及其相关技术仍有待提高，但是其采用冷却废气再循环系统 Cooled EGR、电子节温器、分体积紧凑耦合催化器 SVCC 以及 SVCC 对应的废气回收系统均可提升发动机的效率。

福特采用丰田授权的混合动力技术结构，采用了阿特金森发动机。

在技术架构方面，通用和福特混合动力系统都属于典型的 PS 型功率分流技术架构，通过行星排、双电机和系统控制的互相配合，实现发动机和电机动力性能的高效分配。

可以看出，以通用为代表的美国混合动力技术仍然是采用效率较低的奥托循环发动机，但在系统优化、系统集成方面的技术优势使通用在整车成本控制方面占据一定优势。

国内对于混合动力车型系统性开发能力不足，导致混合动力车型的实际运行油耗与工况油耗偏差较大，节油效果不理想。国外成功的混合动力车型无不是从整车、发动机、机电耦合装置、电机、电池、多能源管理进行系统优化和升级，提升每一部分的效率，从而实现整体油耗的改善。由于长期缺乏重视，国内整车企业暂时没有能力和基础进行混合动力车辆的系统性开发（见表12）。

表12 国内外混合动力汽车开发现状对比

序号	短板技术	国内现状	国际水平
1	发动机先进燃烧技术	国内车企对燃烧机理类基础研究依然不足，缺乏一些新型燃烧领域的研究创新及手段创新	国际主流车企几乎都有百年以上历史，具备丰富的技术积累和创新，如压燃、稀薄燃烧等新型燃烧方式，以及影响燃烧的喷雾过程、气流组织过程、火焰传播过程、非正常燃烧机理等均已有较多的储备

续表

序号	短板技术	国内现状	国际水平
2	基础软件标准化、模块化程度	大部分厂家各自为政,针对选型芯片开发基础软件,标准化及模块化程度较低	符合 AUTOSAR 标准,模块可重用度高
3	混合动力汽车用具备升压功能的电机控制技术	国内目前还没有相关的控制器,某些控制器零部件供应商正在进行尝试性开发,但是由于国内 IGBT 和 SiC 等高压功率器件缺少,该项工作进展缓慢,目前产品功能和性能均不能满足要求	日本丰田已经在 2003 年的第二代混合动力系统中开始应用,并且持续更新和优化
4	热管理技术	热管理方式单一,热管理效率低,冷却组件工艺不成熟	混动热管理方式多样(风冷、水冷、直冷),冷却效率高,加工工艺成熟
5	自动变速器软件设计技术	变速器的控制软件开发基本掌握,但控制软件架构、软件模块化、控制策略与国外还有一定的差距	软件架构模块化、控制策略先进可靠
6	混合动力虚拟试验平台及仿真软件	目前国内的相关内容都是基于国外的软件进行二次开发,没有自主独立的软件基础平台	国外的比较成熟,典型的有 LMS 的 Amesim、AVL 的 Cruise,以及 Matlab 等
7	混合动力用专用发动机开发	国内混合动力专用发动机开发较为缓慢,系统效率不高	较成熟,以日本的本田和丰田为代表,都有混合动力专用发动机
8	发动机先进排放后处理技术	随着国六排放法规的执行,以及 2023 年 RDE 排放法规预期,发动机后处理技术愈显重要。国内在排放领域经过多年储备,从技术上 G6b 已可实现,但对于未来 RDE 排放则储备尚少,多数企业尚无太多研究	大众、丰田、奔驰、宝马等国际一流车企在应对 RDE 排放方面虽略显仓促,但从技术储备层面已有较多的研究,包括 GPF 技术、成本合理高效的催化配方、各种场景下的路谱排放测试等
9	发动机远程通信技术	因为是新型技术领域,国内车企研究较少。如远程 ECU 刷写技术、远程故障诊断技术、多模式驾驶、智能驾驶模式下的预控制技术等	国际主流车企业同样在推进电动化、智能化、网联化技术革新,对于该领域的技术发展,丰田及博世等提出了系统化的解决方案
10	新型燃料发动机技术	国内对于这些新型燃料的工程应用研究较少,不足以支撑未来地域性应用、大规模推广	国际主流车企尤其是欧洲企业对于生物燃料的应用早已有规划,各大车企均对相应的技术进行储备

续表

序号	短板技术	国内现状	国际水平
11	运动件摩擦副接触表面涂层技术	国内已开展DLC涂层以及纳米技术涂层的应用研究,气缸壁热涂层刚刚起步	美国已经研究了铝缸孔表面纳米热喷涂层技术,可降低6.8%的摩擦损失 马勒、辉门、蒂森克虏伯、盖茨、莱顿以及日本几大汽车公司有大量的科研与产品研发生产平台

资料来源：项目组整理。

五 发展存在的问题及建议

与日本、美国等国相比，我国混合动力汽车市场似乎一直处于"冰冻期"。业界普遍认为，我国在油电混合领域尚属初级发展阶段，同时由于不享受新能源汽车补贴，混合动力技术不受企业重视。按照《节能与新能源汽车技术路线图》提出的"2020年混动汽车销量将占乘用车销量的8%"（预测称2020年我国乘用车销量将达3000万辆）推算，届时这个数字应为240万辆。而一项统计数据显示，2018年，我国混动车型累计销量约43万辆，按此现状，除非市场有大规模的爆发，否则这一计划很可能会落空。

当前我国混合动力汽车领域存在的主要问题是"政策差别性对待"与"企业创新动力不足"两大问题。

这类产业政策的实施有两个作用：一个是以市场准入、投资项目和生产资质为对象的限制审批；另一个是政府认定的新兴产业、战略性产业，会调动财政、税收及金融的力量予以支持，促进其发展。在有利的方面可以"集中力量办大事"。但如果政策掌握不好，也有可能出现问题。受到支持的企业缺乏创新动力，而不被支持的企业困难重重，新的进入者更是寥寥；由于过度补贴，企业产生惰性和依赖，创新性严重不足。

在节能与新能源产业政策上，在制定过程中绕过市场竞争的筛选，从顶层设计上扶持纯电动技术以及插电式混合动力技术而忽视混合动力技术。由于门槛较低，纯电动汽车及插电式混合动力汽车在没有充分技术积累的前提下突然爆发，乱象丛生。随着补贴政策的逐步退坡，大量纯电动汽车或插电式混合动力汽车可能会遭市场冷遇，导致中国新能源汽车产业出现后劲严重不足的问题。

我国发展混合动力汽车目前还存在其他问题，如下。

（1）混动汽车相关配套服务不完善，市场培育不足

我国的混合动力汽车发展较晚，目前市场培育还不足，由于市面上混合动力汽车的数量较少，消费者对于混动汽车的实用性、安全性不能更好地接触了解。并且相关配套服务也不够完善，使消费者在购买时犹豫不决。

（2）混动的技术路线多，产业化成果不明显

目前混合动力汽车技术的发展取得了一定的成果，但由于技术路线较多，技术方向分散，混动行业整体没有统一的发展方向，企业在研发过程中经常出现研发重点不明确的现象。到目前为止，我国仍没出现具有代表性的混动汽车车型，在生产混合动力汽车的过程中，核心技术及相关部件也还需要进口，需要依靠国外的技术能力，并且低水平、低效率的重复开发较多，造成了严重的资源浪费。

（3）PHEV和HEV发展极不平衡

我国自主品牌车企集中在PHEV领域进行研发生产，受技术能力和政策导向的影响，比亚迪、上汽等国内车企在插电式混合动力车的中国市场上具有先发优势，但随着合资车企逐步参与市场竞争，自主品牌的发展将面临新的困难。自主品牌企业应当尽快将PHEV技术成果向HEV车型上转化应用和推广，逐渐缩小自主品牌与合资品牌在HEV车型上的差距。

（4）混动汽车关键零部件核心技术掌握在外资手中

混合动力汽车的核心零部件如电动机、控制器、电池及其管理系统等目前依赖国外进口，国内还没有形成规模生产。以48V系统产品技术为例，博世、德尔福和大陆等国外供应商具备软件、硬件解决方案，甚至可以做软硬件整体解决方案,,而国内汽车零部件供应商目前还没有提供全套解决方

案的能力，因此，在配套商方面出现了先天的劣势。

（5）成本控制需要进一步加强

目前，合资品牌车企已经开始对中国混合动力汽车市场布局，例如，日产、大众和丰田推出了多款 PHEV，未来自主品牌的混动车型不仅要与合资企业竞争，还要与自身燃油车型竞争，只有将混动车型的成本降下来，提高性价比，提升市场竞争力，才能更好地满足用户需求，这也是后补贴时代自主品牌车企应该重点考虑的问题。

纯电动汽车和氢燃料汽车等新能源汽车技术的成熟和普及还需要一段时间。有必要对已实现突破、不被"卡脖子"的具有自主技术的混合动力汽车及关键零部件在产业化、销售等环节实施政策保障。

结合上述所言，建议将油电混合汽车纳入国家汽车发展战略，逐步形成多种技术路线并行、多种能源方式共存、满足不同市场需求的能源格局和产品技术格局。具体如下。

一是对混合动力汽车给予更多的政策扶持，建议根据产品技术的先进程度给予相应补贴，并在减免购置税、不限行限号等政策方面对先进的混合动力产品给予更多优待。

二是设置专项基金支持混合动力技术的研发，尤其是对系统构型优化、专用耦合机构开发、专用发动机开发等技术薄弱环节加大国家财政支持力度。

三是大力推动混合动力产业化发展，在网约车、出租车等行驶里程长、混动节油需求突出的特定市场，给予一定的车型更换要求，更好地在公共服务领域应用混合动力汽车。

B.6
汽车环境感知传感器子行业发展分析

摘　要： 随着ADAS和无人驾驶技术的快速发展，环境感知传感器作为汽车环境感知系统的核心零部件，近年来，也取得了重大进展。作为推动智能网联汽车发展的关键零部件，其创新发展的速度将直接影响着未来无人驾驶的应用环境。本文重点选取了车载摄像头、激光雷达、毫米波雷达进行分析，阐述了三种传感器的全球市场规模、市场应用以及竞争格局，介绍了近年来的新产品、新技术发展情况以及未来发展趋势，总结了国内外在技术方面存在的主要差距及原因，并提出加大政策扶持力度、攻关核心技术、促进资源整合等方面的建议。

关键词： 车载摄像头　激光雷达　毫米波雷达　环境感知技术

一　行业发展概况

环境感知技术是汽车高级驾驶辅助系统（ADAS）的关键技术。环境感知系统利用传感器来实现对汽车周围环境的感知，传感器负责采集自动驾驶汽车所需要的各类自身及周边环境的信息。自动驾驶汽车根据环境感知系统反馈的信息，结合高精度的导航系统，做出正确的路径规划和决策，实现安全自动驾驶的功能。目前，应用较多的车载环境感知传感器有车载摄像头、激光雷达、毫米波雷达等。

在政策法规方面，近年来，美、德、英、中等国家将自动驾驶技术作为未来交通发展的重要方向，在技术研发、道路测试等方面提供政策规划和标准法规的全面支持，以加快自动驾驶的商业化进程。

2020年1月，美国交通部发布了《确保美国在自动车辆技术方面的领先地位：自动驾驶车辆4.0》（简称"AV4.0计划"），以确保美国在自动驾驶领域的领先地位。该计划汇总了美国联邦政府各部门在推动自动驾驶发展方面的努力，通过自动驾驶与国家交通运输系统有效融合，实现自动驾驶车辆安全运行。德国在2017年6月颁布了《道路交通法修订案》，该法案促进了自动驾驶技术在德国道路测试的应用。此外，德国还为自动驾驶系统设计、伦理道德研究提供有力的道德标准支撑。2017年8月，英国运输部和国家基础设施保护中心发布了《联网和自动驾驶汽车网络安全关键原则》，内容涉及个人数据安全与远距离汽车控制等技术的基础原则，确保智能汽车的设计、开发及制造过程中的网络信息安全。2015年中国印发《中国制造2025》，明确支持智能交通工具产品的研发与产业化。2018年4月，工信部、公安部、交通运输部联合印发了《智能网联汽车道路测试管理规范（试行）》，围绕安全问题对测试主体、测试车辆、测试路段等明确要求，推动国内汽车智能网联化技术的发展和产业应用。2020年2月，国家发改委等11个部门联合印发《智能汽车创新发展战略》。该战略指出，到2025年中国标准智能汽车的技术创新、产业生态、基础设施、法规标准、产品监管和网络安全体系基本形成，按自动驾驶发展程度实现智能汽车的规模化生产和特定环境下市场化应用，积极推动智能交通系统和智慧城市相关设施建设的进展。

在市场方面，环境感知传感器的市场主要由外商把持，中国在部分领域具有优势。

全球车载摄像头行业集中度较高，目前该行业市场份额排名前三的为松下、法雷奥和富士通。随着汽车驾驶智能化的发展，摄像头在车载领域的应用不断增加。2019年全球车载摄像头的出货量约为2.5亿颗，预估在此后两年将分别达到3.2亿颗和4亿颗。2018年中国车载摄像头需求量约3000万颗，到2020年需求量将超4500万颗。全球激光雷达市场，北美和欧洲分别占据45%与33%的市场份额。激光雷达头部企业是Velodyne、Quanergy

和 Ibeo，其产品主要应用于无人驾驶领域且价格较高。随着激光雷达应用领域不断拓展，我国激光雷达市场规模将会大幅度扩大。2013 年中国激光雷达市场规模为 2.09 亿元，2016 年为 2.89 亿元，同比增长 11.8%，2017 年达 3.25 亿元，预计 2022 年将达 4.64 亿元。全球毫米波雷达市场也几乎由国外厂商占据，主要集中于 Tier1 手中。目前全球前四大毫米波雷达供应商分别为 Autoliv（奥托立夫）、Bosch（博世）、Continental（大陆）和 Aptiv（安波福），这几家企业年出货量总额达千万级别且价格相对合理。在国内，ADAS 车型的畅销促进了国内毫米波雷达前后装市场需求的爆发式增长。据相关机构测算，到 2025 年我国毫米波雷达市场规模将突破 310 亿元。近几年，国内涌现出很多小规模创业型毫米波雷达企业，其部分核心团队技术和研发水平较高，对中国毫米波雷达产业的发展起到关键性促进作用。

在技术方面，国外对环境感知传感器的研究较早，技术相对更加成熟，而中国起步较晚，但近年来也涌现了许多相关企业，正在积极追赶国外企业，技术差距逐渐缩小。

车载摄像头技术相对成熟，行业壁垒较高。模组封装关键技术主要由日本松下、日本索尼、德国大陆等企业掌握，国内的舜宇光学、欧菲光等厂商在手机摄像头封装领域市场占有率较高，以一定的工艺经验也开始向车载摄像头模组封装行业渗透。国内的同致电子、深圳豪恩、苏州智华等也从事小规模的封装业务，但难以与国外厂商抗衡；芯片方面，国外企业瑞萨电子、意法半导体、飞思卡尔、亚德诺等占主导地位；镜头产品方面，舜宇光学目前镜头出货量全球第一且拥有 30% 的市场占有率，其产品已融入各大车企（宝马、奔驰、奥迪）前装市场。随着国内厂商在车载摄像头领域的积极布局，国内外差距正逐渐缩小。国外在激光雷达的研发和生产应用方面起步较早，具有明显的技术积累优势。目前，美国的 Velodyne 公司、Quanergy 公司，德国的 lbeo 公司以及以色列的 Innoviz 公司研发技术处于世界前列。美国的 Velodyne 公司是高级自动驾驶机械旋转式激光雷达的领军企业；而 Quanergy 公司是固态式激光雷达的领军企业；Valeo/lbeo 公司在低级别自动驾驶领域已实现了商用和量产。而国内企业与国外同档次产品相比性价比高。按照产品的代差估计，国内激光雷达厂商与国外企业仅有1~2年的差距且正逐渐缩小。毫米波雷达的关键技术被传统汽车零部件公司如博世、大陆集团、天合汽车（TRW）、法雷奥（Valeo）等巨头掌握，特别是7GHz雷达技术只被Bosch、Continental、Delphi等少数公司掌握，并且频率60GHz以上的毫米波技术对中国实行技术封锁。近年来，国内一些企业已在毫米波雷达芯片解决方案上形成24GHz、60GHz、77GHz和94GHz全系列技术积累与产品布局。随着市场对毫米波雷达性能要求的提高，毫米波雷达产品从24GHz向77GHz/79GHz升级已成为市场趋势。

二 市场发展现状

（一）市场规模

1. 市场发展阶段

无人驾驶市场处于快速发展阶段，根据中商产业研究院预测，2021年预计全球自动驾驶汽车市场规模将超过70亿美元，到2035年预计全球自动驾驶汽车销量将达到2100万辆。自动驾驶汽车市场的高速发展将提升环境感知传感器的需求。就单车装载量看，目前L2阶段配置为4个摄像头、8个超声波雷达、1个长距毫米波雷达和4个短距毫米波雷达。到2020年前后，L3车型的环境感知传感器将增加到8个摄像头、10个超声波雷达、2个长距毫米波雷达和6个短距毫米波雷达以及1个激光雷达。L4车型的环境感知传感器配置同L3车型一致，L5车型摄像头将会增加到11个，而其他传感器的配置与L3的配置相同（见图1）。

2. 市场发展效益

虽然L4~L5级自动驾驶形成大规模还需要一段时间，但汽车环境感知传感器的市场规模却在以惊人的速度增长，预计2022年全球车载摄像头市场规模将达到23.8亿美元，年复合增长率为14%。美国联合市场研究公司发布的报告显示，2017年全球车载摄像头市场的市值为114.016亿美

汽车环境感知传感器子行业发展分析

ADAS	主要功能
ACC：自适应巡航	前方有车时调节车速实现车距控制
LDW：车道偏离预警	在驾驶员无意识偏离车道时发出预警
LKA：车道保持辅助	在车辆非受控偏离车道时主动干预转向
PA：自动停车	自动探测周围环境，实现自动停车入位
AEB：自动紧急制动	在前车车距过小时主动干预制动
DM：驾驶员监控	监控驾驶员情绪及驾驶状态，避免其分神
TJA：拥堵驾驶辅助	60km/h以下堵车环境下的横向和纵向控制
Sensor Fusion：传感器融合	将多个传感器获取的数据集中综合分析，准确描述外界环境，提高系统决策正确性
AP：自动驾驶	高度自动驾驶，无须驾驶员接管

L1	数量(个)
超声波雷达	4
长距毫米波雷达	1
摄像头	1

L2	数量(个)
超声波雷达	8
长距毫米波雷达	1
短距毫米波雷达	4
摄像头	4

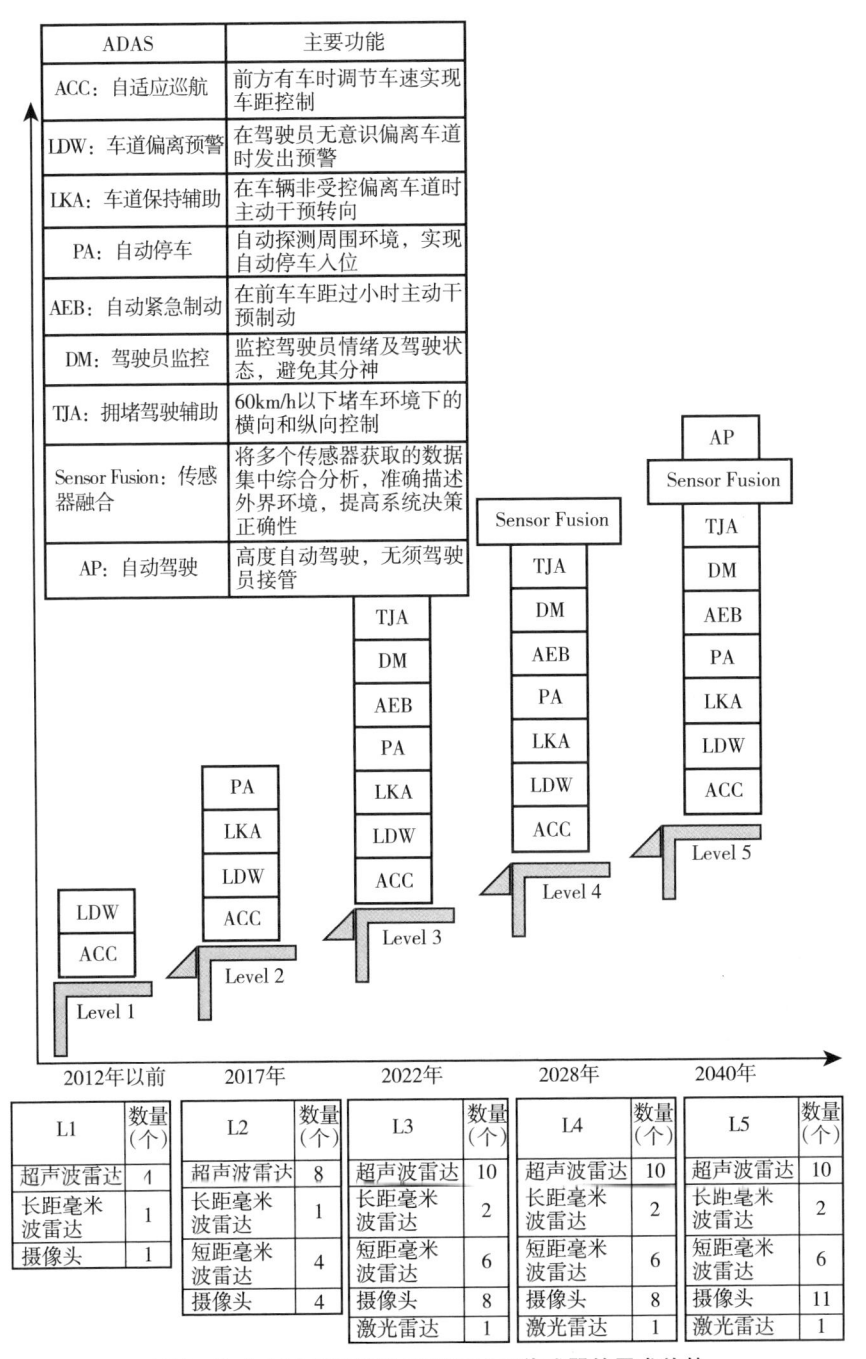

L3	数量(个)
超声波雷达	10
长距毫米波雷达	2
短距毫米波雷达	6
摄像头	8
激光雷达	1

L4	数量(个)
超声波雷达	10
长距毫米波雷达	2
短距毫米波雷达	6
摄像头	8
激光雷达	1

L5	数量(个)
超声波雷达	10
长距毫米波雷达	2
短距毫米波雷达	6
摄像头	11
激光雷达	1

图 1 汽车自动驾驶演进对环境感知传感器的需求趋势

资料来源：中国传动网，https://www.chuandong.com/news/news202091.html。

元,到2025年,该市值将达到240.921亿美元,2018~2025年的年复合增长率将达到9.7%。美国市场调查与咨询公司 Marketsand Markets 发布的最新的2024年激光雷达市场的全球预测研究报告指出,激光雷达市场规模预计将从2019年的8.44亿美元增长到2024年的22.73亿美元,2019~2024年的年复合增长率为18.5%。据智车行家研究预测,到2022年,全球车用毫米波雷达市场规模总计约160亿美元,其中短中距毫米波雷达规模在84亿美元,长距毫米波雷达75.6亿美元。2017~2022年,毫米波雷达市场规模年复合增长率将达到35%,其中短中距毫米波雷达的年复合增长率达到48%,长距毫米波雷达的年复合增长率达到36%。

(二)市场应用

截至2019年8月,市面上在售的配有L2级别自动驾驶系统的车有一汽大众探岳、长安CS75、WEYVV6、吉利缤瑞、特斯拉Model S等。随着ADAS系统各项功能的实现,摄像头、激光雷达、毫米波雷达等环境感知传感器逐渐成为上市车辆的标配,获得了非常广泛的应用。

1. 摄像头

摄像头主要应用于手机、电脑、汽车等产品和工业、医疗等领域。汽车是摄像头产品的第二大市场,车载摄像头与传感器配合可实现的ADAS功能有自适应巡航(ACC)、车道偏离预警(LDW)、车道保持辅助(LKA)、前方碰撞预警(FCW)、自动紧急制动(AEB)、交通标志识别(TSR)、行人碰撞预警(PCW)等。摄像头根据安装位置的不同,可分为前视、环视、后视、侧视以及内置摄像头,实现不同的ADAS功能(见表1)。全套ADAS功能将安装6个以上摄像头,市场空间巨大。

表1 不同位置摄像头实现的功能

安装部位	实现功能
前视	FCW、LDW、TSR、ACC、PCW
环视	全景泊车、LDW

续表

安装部位	实现功能
后视	后视泊车辅助
侧视	盲点检测、代替后视镜
内置	闭眼提醒

资料来源：OFweek 网，http://news.21csp.com.cn/C16/201812/11376514.html。

目前车载摄像头市场份额较大的公司均是全球领先的一级零部件供应商，其下游客户基本覆盖了全球主要的整车公司。例如，法雷奥的下游客户包括大众、奔驰、宝马、福特、雷诺、马自达等；大陆集团的客户包括大众、福特、通用、马自达等；麦格纳的客户群体覆盖欧美和日韩的主要车企；富士通天和日立的客户包含了丰田等日本车企。国内车载摄像头市场如表2所示。

表2　国内车载摄像头供应商与主机厂配套关系

供应商	相关产品	配套客户
博世(中国)	车载摄像头、360度环视系统	上汽通用五菱、广汽乘用车、长安等
维宁尔(中国)	单目视觉系统、立体视觉系统、夜视系统	奔驰、吉利等
大陆泰密克(上海)	车载电子系统(摄像头)	上汽大众、福特、通用、马自达等
安波福电子(苏州)	环视摄像头系统	沃尔沃、领克等
东莞歌乐	汽车音像系统、汽车导航系统、摄像头	上汽通用、长城汽车、东风日产、东风本田、广汽本田、广汽三菱
法雷奥(深圳)	控制器、摄像头等	长春一汽、上海大众、长春一轻、神龙、长安福特、马自达、奇瑞、雷诺等
法雷奥(深圳)	驾驶辅助产品技术(显示器、摄像头、雷达、影像识别)	Jeep等
晟泰克(合肥)	车载摄像头	奇瑞、江淮、东风、北汽福田、东风日产、昌河等
麦格纳电子(张家港)	车载摄像头	上汽通用、上汽大众、一汽大众、北京奔驰、华晨宝马、长安福特、马自达、广州本田、北京现代等
均胜电子	前视摄像头	蔚来
联创电子	360度全景成像系统	特斯拉

续表

供应商	相关产品	配套客户
苏州智华	130°、160°、195°模拟摄像头组、40°高动态模拟摄像头模组、138°高清摄像头模组，智能摄像头模组、185°高清摄像头模组、195°高清模拟输出摄像头模组、2D全景泊车辅助系统、3D全景泊车辅助系统、乘用车前视安全辅助系统、商用车前视安全辅助系统、WiFi行车记录系统	金龙客车、宇通客车、长安汽车、日产、东风乘用车等
名宗科技	车用摄像头等	宇通、中通、奇瑞等
经纬恒润	360°全景泊车系统、单目前视主动安全摄像头	通用、上汽通用、福特、捷豹路虎、一汽、上汽、长安、广汽乘用车、北汽乘用车、力帆、一汽解放、重汽、包头奔驰等
中科正方	彩色CCD摄像头	苏州金龙、青年客车、上汽申沃、北汽福田、东风襄旅、五洲龙等
优创电子	行车记录仪、360°环视、可视倒车雷达系列、摄像头等	通用、吉利、现代、大发、起亚、福特、雷诺、菲亚特、众泰、三菱、日产、丰田等
宇鸿电子	汽车后视系统、无线倒车后视系统、倒车监视器、车载摄像头、专车专用摄像头、汽车夜视仪系统、车载监控录像机系统	宇通、金龙、尼奥普兰、安凯、五征、三一重工等
华阳数码特	车载摄像头、前装全景摄像头、行车记录仪	日立等
奇科电子	汽车摄像头、全景可视系统、行车记录仪	日产、广汽、福特
南海长齐	流媒体智能后视镜、360°全景泊车影像系统、倒车后视系统、车载摄像头、行车记录仪等	上汽大众
道可视	360°全景行车系统	广汽、上汽大众、一汽、重汽
一谷电子	行车记录仪、车载摄像头、半自动泊车、全景泊车影像系统等	东风日产、丰田通商、法国雷诺、福特、华晨、广汽本田、广汽丰田、美国Autovox、印尼现代、合众、江淮、北汽等
鑫洋泉	环视自动泊车系统（360°全景摄像头）、远程监控环视系统、自动泊车	运通集团、百得利集团、庆洋集团、庞大集团、新丰泰集团等

续表

供应商	相关产品	配套客户
玖洲光学	车载全景摄像头、行车记录仪	航盛、德赛西威、比亚迪、大众、丰田、广汽、上汽通用五菱、马自达、PSA、日产、北汽、中泰、吉利等

资料来源：Marklines，http://www.leadingir.com/hotspot/view/2374.html。

2. 激光雷达

激光雷达在很多年前，并未被大众所熟知，直至近年来机器人和无人驾驶技术的兴起，激光雷达才逐渐进入人们的视野，其主要应用于机器人、无人驾驶、VR/AR、智慧交通、海洋探索、渔业资源监测和3D打印等领域。

目前来看，激光雷达在汽车领域的应用主要分为两个部分：一是在自动驾驶测试的无人车上，二是在汽车厂商推出的具有辅助驾驶功能的量产车上。前者的无人车又分为载人和载物两种，载人无人车量产仍需时间，载物无人车虽然产量并不大，但落地速度更快，吸引了很多激光雷达厂商进入这一领域，比如国内企业北科天绘研制的激光雷达就搭载到京东和菜鸟的无人物流配送车上。有些汽车制造商认为只有在高级自动驾驶时才会使用激光雷达，而在L3级以下应用只需采用摄像头和毫米波雷达的组合，比如特斯拉。尽管激光雷达具有更好的性能，但由于成本高、产能低等，目前低级别自动驾驶仍然以毫米波雷达和视觉传感器为主。

从供求关系来看，全球仅有Velodyne、Quanergy、lbeo等几家公司的产品在市场上实现了销售，但由于高售价对产品需求的抑制效应，激光雷达并没有大量出货，进而又导致生产厂商只能维持高价以支撑运营（见表3、表4）。

表3 国外激光雷达行业领先者及其产品对比

公司名称	产品	类别	价格	应用领域
Velodyne	HDL-64E	机械激光雷达	8万美元	谷歌、百度、Uber无人车(配1台)
	HDL-32E	机械激光雷达	4万美元	福特混动版蒙迪欧无人车(配1台)

续表

公司名称	产品	类别	价格	应用领域
Velodyne	VLP-15	机械激光雷达	0.8万美元	福特 Fusion Hybrid（配2台）
	Ultra Puck Auto	混合固态激光雷达	250~500美元	—
Ibeo	Lux 8L	机械激光雷达	15万~25万美元	—
	Lux 4L	机械激光雷达	10万~15万美元	日产 LEAF（配6个）
	miniLux	机械激光雷达	—	—
	Ibeo和Valeo合作的Scala	混合固态激光雷达	—	奥迪 A7 Piloted Driving
Quanergy	S3	固态激光雷达	100~250美元	安波福无人车（配4个）、奔驰无人车（配3个）

资料来源：思岚科技。

表4　国内外激光雷达企业及其产品应用领域

公司		核心产品	雷达类型	应用领域	售价
国外	Velodyne	VLP-16、HDL-64E 激光雷达3个系列在内的3条产品线	混合固态及机械	无人驾驶	38000~700000元
	Sick	SICK TIM 及 LMS 系列产品	机械	无人车、AGV	12600~45000元
	Ibeo	LUX 4线和8线激光雷达	固态	无人驾驶	不详
	Quanergy	S3-Qi 激光雷达	固态	无人机、机器人、安防	不详
	Hokuyo	URG-04LX、UHG-08LX、UTM-30LX、UBG-04LXF01	固态	机器人、AGV	6400~46500元
	Trimble	Trimble MX 系列	不详	无人车	不详
	innoviz	innovizone™ 和 innovizpro™	固态	无人驾驶、机器人	不详
	LeddarTech	Vu8 激光雷达	固态	无人驾驶	不详
	Leica	Leica ALS80、Leica Dragon Eye Oblique 激光雷达	机械	无人机	不详
	Riegl	VUX-1UAV 激光雷达	不详	无人机	不详

续表

公司		核心产品	雷达类型	应用领域	售价
国内	思岚科技	RPLIDARM 系列 360°激光扫描测距雷达	机械	机器人、AGV	528 ~ 4059 元
	速腾聚创	RS–LiDAR–16/32 激光雷达	混合固态	无人车、机器人、无人机	28000 ~ 128000 元
	禾赛科技	Pandar GT、Pandora、Pandar 40 激光雷达	机械/固态	无人驾驶、机器人	不详
	北醒光子	TF 系列单点测距激光雷达	固态	无人车、机器人、无人机、AGV	不详
	玩智商	YDLIDAR 系列激光雷达	固态	机器人	449 ~ 1699 元
	镭神智能	N301 系列激光雷达	固态	服务机器人、AGV、无人机	不详
	北科天绘	A–Pilot、R–Angle、R–Fans 等系列激光雷达	固态	无人机、无人车	29000 ~ 150000 元
	数字绿土	LiAir、LiEagle、LiMobile 系列激光雷达扫描设备	不详	无人机	不详

资料来源：思岚科技，https：//www.sohu.com/a/309681057_613224。

3. 毫米波雷达

毫米波雷达早期被应用于军事领域，随着技术的发展与进步，毫米波雷达开始应用于汽车、无人机、智能交通等多个领域。受 ADAS 市场加速渗透影响，毫米波雷达正在进入大规模应用阶段。汽车利用毫米波雷达可以实现自适应巡航（ACC）、前方碰撞预警（FCW）、盲点监测（BSD）、行人监测（PSD）等 ADAS 功能（见图 2）。比较常见的车载毫米波雷达工作频率在 24GHz 和 77GHz 左右，24GHz 雷达系统主要用于实现近距离的探测（SRR），而 77GHz 系统主要用于实现远距离的探测（LRR）。

2019 年美国 IIHS 发布的一份报告，统计了美国汽车市场上各品牌车型的 AEB 系统安装比例，并指出该系统或将在 2022 年 9 月之前实现美国市场的全覆盖。从统计结果来看，特斯拉无疑是推动 AEB 系统普及的先行者，

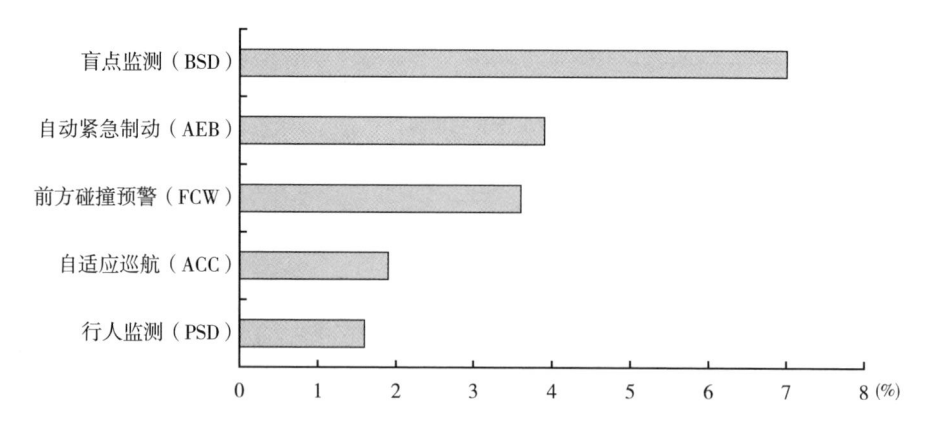

图 2　2015 年国内采用毫米波雷达的 ADAS 功能渗透率

资料来源：项目组整理，http://www.chyxx.com/industry/201711/578295.html。

保持了一贯的全覆盖，而 AEB 系统也是特斯拉自动驾驶系统中的重要一环。在 2019 年的统计中，沃尔沃也实现了 100% 的安装率。

在 2018 年及 2019 年统计中，安装比例均超过 80% 的有特斯拉、奔驰、沃尔沃、丰田/雷克萨斯以及奥迪五家厂商（见表 5）。而按照 IIHS 统计的 AEB 系统安装数量来看，排名前三的厂商则是丰田（220 万辆）、日产（110 万辆）、本田（98 万辆）。

表 5　2018~2019 年 IIHS 统计的美国在售车辆 AEB 系统安装比例

单位：%

品牌	2018 年安装比例	2019 年安装比例
特斯拉	100	100
奔驰	96	89
沃尔沃	93	100
丰田/雷克萨斯	90	90
奥迪	87	87
日产/英菲尼迪	78	54
大众	69	50
本田/讴歌	61	67
马自达	61	67

续表

品牌	2018年安装比例	2019年安装比例
斯巴鲁	57	50
宝马	49	82
玛莎拉蒂/阿尔法·罗密欧	27	0
通用	24	0
现代/捷恩斯	18	62
起亚	13	27
菲亚特克莱斯勒	10	0
保时捷	8	17
福特/林肯	6	36
三菱	6	0
捷豹路虎	0	62

资料来源：搜狐网，https：//www.sohu.com/a/302288992_115505。

据统计，从国内车型前向和后向的雷达安装情况看，合资车企重点以前向刹车的安全功能为主。其中奔驰、沃尔沃等品牌已经全系车型标配了毫米波雷达。毫米波雷达的配置已经从高端车型逐渐扩展到B级车的中配（见表6）。

表6 各品牌配置毫米波雷达车型情况

品牌		车型
德系	奔驰	标配
	宝马	高配
	大众	帕萨特高配
美系	别克	君威、昂科威中配以上
欧系	沃尔沃	标配
日系	丰田	8代凯美瑞低配以上
	日产	天籁中配以上，奇骏高配
法系	标致雪铁龙	高配
国产	长安	CS75等高配
	吉利	博瑞、博越等标配
	领克	标配

资料来源：亿欧，https：//www.iyiou.com/p/77486.html。

本文选取了9家知名毫米波企业,给出了企业配套客户的名单信息。以大陆汽车投资(上海)、采埃孚(中国)以及奥托立夫(中国)的配套客户居多(见表7)。

表7 各大公司毫米波雷达企业配套关系

公司	配套车企
博世(中国)	通用、大众、宝马等
大陆汽车投资(上海)	福特、通用、马自达、奥迪、一汽大众、上汽大众、奇瑞、比亚迪、戴姆勒、东风乘用车、神龙汽车、北京奔驰、沃尔沃、吉利、华晨汽车、菲亚特等
法雷奥汽车内部控制(深圳)	一汽大众、上海大众、神龙、比亚迪、奇瑞、一汽轿车等
安波福电子(苏州)	沃尔沃、领克、长安汽车、福特、日产、广汽、吉利汽车、长城汽车、现代汽车、上汽通用、上海汽车等
采埃孚(中国)	宝马、奥迪、奔驰、北汽福田、一汽大众、上海大众、上海通用、广汽菲亚特、东风汽车、宇通客车、辽宁曙光集团等
电装(中国)	马自达、铃木、丰田、斯巴鲁、本田、三菱、东风日产等
海拉(上海)	上海大众、一汽大众、上海通用、现代汽车等
奥托立夫(中国)	通用、福特、雷诺、大众、宝马、马自达、沃尔沃、标致、尼桑、现代、本田、菲亚特等
德尔福	一汽大众、长安福特、一汽轿车、沃尔沃、东风本田

资料来源:盖世汽车,https://max.book118.com/html/2018/1118/7040042133001160.shtm。

(三)竞争格局

1. 车载摄像头

相较于消费电子等所用的摄像头,车规级的摄像头对防震、稳定性、持续聚焦特性、热补偿性、杂光强光抗干扰性等都有较高的要求,因此,其模组组装工艺复杂,技术壁垒较高。从全球摄像头供应市场来看,国外公司松下、法雷奥、富士通天、大陆、麦格纳等厂商占据较大份额,前五大厂商市场份额合计在59%左右,集中度相对较高。全球车载摄像头行业市场份额前三为松下、法雷奥和富士通天,市场占有率分别为20%、11%和10%(见图3)。

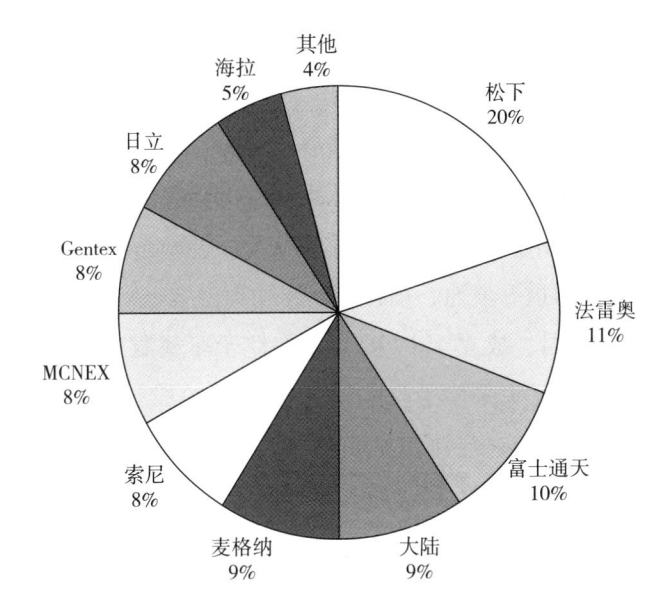

汽车环境感知传感器子行业发展分析

图3 2018年全球车载摄像头供应商市场份额

- 松下 20%
- 法雷奥 11%
- 富士通天 10%
- 大陆 9%
- 麦格纳 9%
- 索尼 8%
- MCNEX 8%
- Gentex 8%
- 日立 8%
- 海拉 5%
- 其他 4%

资料来源：项目组整理，https://www.auto-testing.net/news/show-99396.html。

国内车载摄像头供应商相较于国外公司整体实力仍较弱。部分非上市公司是车载摄像头的供应商，其中包括北京经纬恒润、广州一谷电子等公司。这些公司客户以合资和自主品牌整车厂为主，其中北京经纬恒润的客户包括上汽通用、一汽集团、上汽集团、长安汽车、广汽乘用车等，广州一谷电子的客户包括东风日产、广汽本田、广汽丰田等。

2. 激光雷达

（1）国际比较：零部件企业与创业公司共同竞争

从全球来看，激光雷达作为自动驾驶领域技术最前沿的硬件设备之一，目前已形成多家公司竞争的格局。

Velodyne公司是目前在激光雷达领域最资深的公司之一，2005年推出第一款激光雷达传感器，2007年推出64线高性能激光雷达。2017年，Velodyne推出固态汽车激光雷达Velarray。公司的3D激光雷达产品种类丰富，16线、32线和64线机械式激光雷达产品均有覆盖。公司与多个无人驾驶项目有合作关系，主要客户包括福特、谷歌、百度、日产、沃尔沃等主机厂以及众多一级零部件供应商。

Quanergy 公司于 2012 年成立于硅谷，成立后先后获得三星电子、埃隆·马斯克、安波福和得州仪器等企业投资。Quanergy 公司固态激光雷达技术领先，其主要采用的技术是光学相控阵技术。Quanergy 的合作企业包括谷歌、苹果、IBM、博世、奥迪、福特、戴姆勒等。

Ibeo 为德国公司，成立于 1998 年，专注于车载激光雷达的应用研发。2016 年汽车零部件巨头采埃孚收购了 Ibeo 40% 的股权，并开始合作研制新型固态激光雷达。Ibeo 与法雷奥联合研制的 4 线激光雷达 ScaLa 已经实现量产。Ibeo 公司合作汽车制造商有宝马、大众、奥迪、通用、丰田等。

此外，以色列公司 Innoviz（见表 8）、加拿大公司 Leddar Tech 和 Phantom Intelligence 以及美国公司 TriLumina 等都是目前国际上重要的激光雷达制造商。

传统汽车零部件龙头公司也在通过自主研发或者投资的方式全面布局激光雷达领域。

博世在基于 MEMS 的固态激光雷达领域已有较多的技术积累，2017 年推出使用 MEMS 技术的兼顾激光扫描和投影的 BML 050 方案。同时，博世通过投资积极布局激光雷达，在 2017 年投资了 Flash 技术方向的美国固态激光雷达公司 TetraVue，在 2018 年投资了研制全固态芯片激光雷达的 ABAX Sensing 公司，来全面加强其固态激光雷达的研发能力。

大陆集团在 2016 年收购了美国 3D Flash 方向的激光雷达公司 ASC 来加强研发能力。根据大陆集团的规划，其在 2020 年后将实现激光雷达的量产。

安波福通过多处布局投资的方式来加强其在激光雷达领域的地位。安波福在 2015 年投资了 Quanergy 公司；2017 年安波福投资了 LeddarTech 公司，双方将合作开发固态激光雷达解决方案；同年，安波福投了 Innoviz 公司并签署合作协议，未来将 Innoviz 的激光雷达传感器集成到安波福的自动驾驶系统中。

此外，采埃孚在 2016 年通过直接购买 Ibeo 公司 40% 股权的方式进入激光雷达领域；麦格纳在2017年对Innoviz公司进行战略投资，并将携手为宝马提供固态激光雷达；奥托立夫（Autoliv）则在2017年收购瑞典激光雷达公司Fotonic。

表8　国外激光雷达行业主要竞争企业

公司名称	所属国家	简介
Velodyne	美国	机械旋转式激光雷达领军企业，2007年就开发出64线激光雷达，在全球一直处于领导地位
Quanergy	美国	固态式激光雷达领军企业，固态激光雷达S3临近量产
lbeo	德国	有生产传感器的技术背景
Innoviz	以色列	以高精度固态激光雷达研发和生产为重点，在MEMS方面较激进
Pionneer	日本	有多年生产激光DVD头的技术背景

资料来源：项目组整理。

（2）国内比较：创业公司参与较多在激光雷达领域

国内目前也有众多创业公司参与，大部分公司都获得了大量融资，整车厂商也通过投资的方式进入这个领域（见表9）。

速腾聚创2018年获得来自菜鸟网络、上汽集团和北汽集团的投资，其激光雷达产品包括机械式激光雷达、MEMS固态激光雷达和相控阵固态激光雷达等，目前已经应用于菜鸟网络的无人物流车等。

禾赛科技其产品包括机械激光雷达Pandar 64和固态激光雷达Pandar GT等。其中无人驾驶激光雷达目前已经应用于百度Apollo平台，其他客户还包括京东以及欧美的一些大型OEM厂商。

北醒光子其产品包括CE30固态面阵激光雷达、TF03激光雷达长距离传感器等，目前产品主要用于物流车等自动导航小车（AGV），车规级领域已经开始起步。

北科天绘目前已经推出多款面向车辆前装市场的C-Fans系列激光雷达产品，这些产品已经进入无人物流领域。此外，国内的激光雷达公司还包括镭神智能、飞芯电子和光珀智能等。

表9 国内激光雷达行业主要竞争企业

公司名称	简介
速腾聚创	国内激光雷达行业领先者,在自动驾驶激光雷达方面优势突出
禾赛科技	国内固态激光雷达领先者,已推出混合固态40线激光雷达
北科天绘	具有开发测绘用激光雷达的技术背景
海达数云	拥有三维激光扫描技术,推出了地面三维激光扫描仪、移动测量系统等产品
巨星科技	已研发出16线原型机
镭神智能	已有4款单线2D激光雷达产品,包括室内机器人激光雷达和汽车防撞激光雷达,正在研发多线的3D激光雷达
华达科技	拥有激光控制技术和激光3D扫描技术,3D激光雷达产品正处于研发阶段
思岚科技	主要产品有低成本激光雷达、测绘系统与机器人通用平台;已推出RPLIDAR A1和A2两款2D激光雷达产品,主要用于服务机器人
大族激光	已完成以AGV导航为代表的工业级激光雷达研发,车载激光雷达处于研发阶段

资料来源:项目组整理,http://www.reporthb.com/info/infoview136997.htm。

从研发趋势来看,目前Velodyne、Quanergy和lbeo三家公司均开始将技术方向转向固态激光雷达的研发与商用上。从技术发展路线来看,机械式激光雷达的新进入企业已经基本失去了发展机会,因为该类型产品的生命周期短,新进入的研发机构经过研发、生产、上市的过程后,可能产品已经进入生命周期的末端。因此,固态激光雷达将成为企业竞争的重点领域。

3. 毫米波雷达

毫米波雷达技术壁垒较高,从全球市场看,目前主要的市场由国外零部件领先企业所垄断。2018年全球毫米波雷达市场前五大供应商分别为博世、大陆、海拉、富士通天、电装,合计占有68%的市场份额(见图4、表10)。此外,天合汽车、德尔福、奥托立夫、法雷奥等公司也是重要的毫米波雷达供应商。

目前我国24GHz雷达市场大部分由法雷奥、海拉和博世所占据,这三家企业合计出货量占总出货量的60%以上;我国77GHz雷达市场由大陆集团、博世和德尔福所占据,这三家企业合计出货量约占77GHz雷达总出货量的80%。自主的车载毫米波雷达仍属于起步阶段,在24GHz雷达方面,国内少数企业研发已有成果,但在77GHz毫米波雷达方面相对落后,国内只有极少数企业能做到77GHz雷达的样品阶段,产业化进程仍待突破(见表11)。

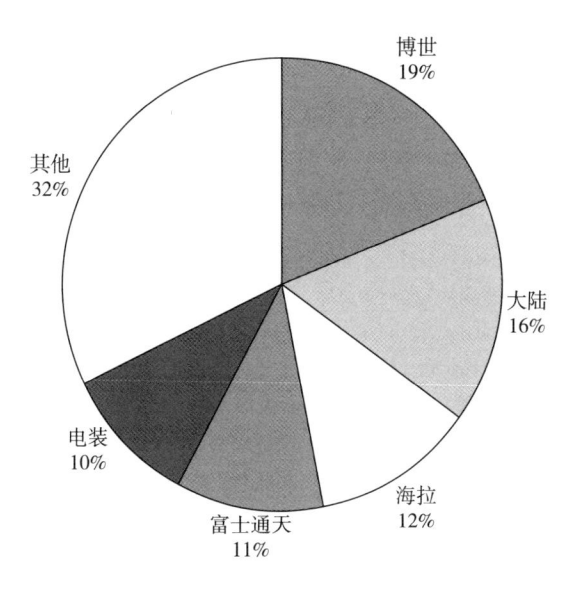

汽车环境感知传感器子行业发展分析

博世 19%
大陆 16%
海拉 12%
富士通天 11%
电装 10%
其他 32%

图 4　2018 年全球毫米波雷达市场份额

资料来源：项目组整理，https：//www.chyxx.com/industry/201908/770021.html。

表 10　国外毫米波雷达重点企业

主要厂商	简介
博世（Bosch）	全球最大的汽车零部件厂商之一，车载毫米波雷达最早的研究者之一。主要提供长距雷达和中距雷达，毫米波雷达以 77GHz 为主
大陆（Continental）	全球最大的汽车零部件厂商之一，客户分布广，产品线齐全，毫米波雷达包括 24GHz 和 77GHz，产品系列包括 ARS300、ARS400、SRK200 三种
海拉（Hella）	德国海拉集团是 24GHz 毫米波雷达传感器领域的重要力量，截至 2016 年第四季度，已经为 13 家 OEM 厂商生产超过 80 个系列 1100 万个 24GHz 毫米波雷达
奥托立夫（Autoliv）	以 24GHz 毫米波雷达产品为主，是戴姆勒集团 24GHz 毫米波雷达的主要供应商
德尔福（Delphi）	毫米波雷达以 77GHz 为主，采用传统的硬件方案，成本高，性能好
富士通天（FujilsuTen）和电装（Denso）	日本汽车零部件厂商，依托日系汽车厂商，主要占据日本市场，富士通天略占优势
天合汽车（TRW）	全球领先的汽车安全系统供应商，主要生产制动、转向、悬挂、乘员安全方面的高科技主、被动安全产品

资料来源：项目组整理。

表 11　2019 年国内毫米波雷达企业及其研发进度

公司	频率（GHz）	市场化进度	优势
华域汽车	24	24GHz 雷达产品即将问世	拥有多年的 24GHz 雷达研发经验，上市公司资源齐全
浙江智波	24、77	24GHz 雷达处于样机阶段，77GHz 雷达处于实验室阶段	开发人员在无人驾驶硬件领域经验丰富，亚太股份入股10%
芜湖森斯泰克	24、77	24GHz 雷达已有少量供货，77GHz 雷达正在样机送测阶段	研发能力属国内前沿水平，24GHz 与 77GHz 雷达进度较快
深圳卓泰达	24	77GHz RCC 雷达已经在深圳九州展展出	开发人员由军用领域转向民用领域，经验丰富
沈阳承泰科技	77	77GHz 雷达 2019 年 9 月推出外部测试	雷达研发进度较快
南京蛮眼科技	77	77GHz 雷达已推出样机	背靠东南大学，拥有国家毫米波雷达重点实验室
北京行易到	77	77GHz 雷达在北京展由北汽无人驾驶汽车实车展出	77GHz 毫米波雷达研发经验丰富

资料来源：项目组整理。

三　技术发展现状

（一）车载摄像头技术发展现状

1. 车载摄像头概述

车载摄像头是 ADAS 系统的主要视觉传感器，景物通过镜头生成光学图像投影到感光 CMOS 上，然后转化为电信号，经过 A/D（模、数）转化后变成数字图像信号，再送到数字处理芯片 DSP 中对图像进行加工处理，并转化为显示设备能处理的数字信号，从而实现在显示屏直观看到车辆周边的路况情况，实现车辆环视系统、倒车后视系统，或者通过感知算法处理实现碰撞预警、车道偏移报警、行人监测、人脸识别、周边行人监测等功能（见图 5）。

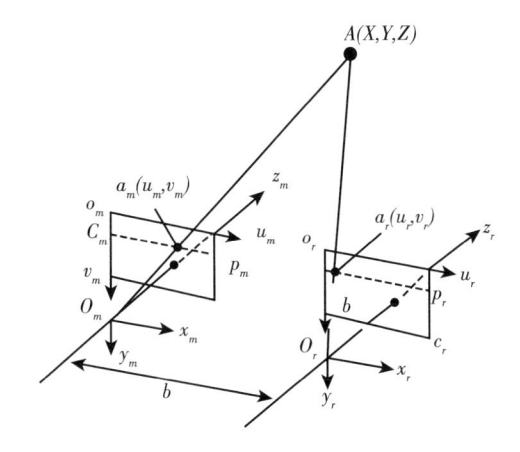

图 5 双目摄像头测距原理示意

按照摄像头的芯片制式分为 CMOS 与 CCD 高清摄像头（见表 12）

表 12 CMOS、CCD 对比分析

项目	CCD	CMOS
优势	读取信息方式简单,信息输出速率快,耗电低,集成度高,价格低	分辨率高,灵敏度高,噪声低,图像质量好
劣势	CMOS 的感光度低于 CCD	成本高
工作原理	光投射到感光二极管,产生电荷信号,在传感器电路中转化成电压信号,最后通过模拟数字转换器转化为数字信号	光电传感器附近电路将光能转化为电压信号,通过模拟数字转换器转化为数字信号
成像质量	成像质量高,低强度光灵敏度高,信噪比高	每个像素都有各自的信号放大器,各自进行电荷-电压的转换,信号输出的一致性较差,固定噪声较大
制作工艺与成本	电路和器件集成在半导体单晶材料上,工艺复杂,集成度低,制作成本高	使用最基础、最常用的半导体元件,电路和器件集成度高,制作成本低
耗电量	最后的输出放大器的信号带宽要求宽,功耗大	只有在晶体管需要切换启动与关闭时才需消耗能量,非常省电且发热量少
处理速度	电容需逐个完成电荷传递后再放大转化成电压信号,数据处理速度相对慢	CMOS 每粒像素都设有放大器,数据吞吐速度快
代表厂商	索尼、松下	佳能、Micron、CMOSIS

2. 核心零部件技术发展

车载摄像头由镜头组、CMOS/CCD芯片、DSP、胶合材料等组成。

（1）车载镜头

车载镜头是指安装在汽车上以实现各种功能的光学镜头，按照镜片材料可分为塑料镜头、玻璃镜头、玻塑混合镜头。车载镜头主要是玻璃镜头和玻塑混合镜头。玻塑混合镜头由部分玻璃镜片和部分塑胶镜片组成，在结合二者特点的同时具有高折射率的光学性能和稳定性，广泛应用于监控摄像头、数码相机、车载摄像头等镜头模组中。

目前，涉足车载镜头行业的企业大多是传统的相机镜头生产商，包括Sekonix、Fujifilm、舜宇光学、大立光电、玉晶光、联合光电、先进光电等。其中，舜宇光学是全球最大的车载镜头供应商，客户包括Mobileye、Gentex、TRW、Valeo、Bosch、Continental、Delphi、Magna等。2015年，舜宇光学出货量达1651.6万件，市场占有率达34.1%。

经过不断探索和研发，舜宇光学的车载镜头具有更高的通光性能和解像程度、更好的杂光及鬼像抑制能力、更强的耐磨防刮和自清洁功能、更严苛的信赖性性能保证、更先进的镜头防水结构设计，从而获得了客户、市场的认可和欢迎，并领先于同行。舜宇光学的车载镜头开始陆续进入欧美和韩日市场，成为奔驰、奥迪等10多家汽车知名品牌的供应商，并坐上全球车载镜头的头把交椅。

（2）CMOS芯片

CMOS芯片为摄像头的核心部件，生产制造技术含量高，从全球市场来看，目前主要被外资企业所占据。随着国际CMOS大厂的不断改进，CMOS还继续在成像的通透性、对实物的色彩还原能力等方面迎头赶上。近年来，在市场需求的推动下，CMOS传感器关键技术不断取得突破。目前CMOS技术突破主要有以下两项。

①背照式CMOS技术。背照式CMOS优化了结构设计，调整了各结构部件之间的相对顺序，从而缩短了光电二极管与透镜之间相对距离，使光线能够畅通无阻地从色彩滤镜到达光电二极管，减少了光线的损失，提升了传感

器的灵敏度，在光线不足的情况下，也能够获得较高的图像质量。

②堆栈式 CMOS。2017 年，索尼公司宣布推出行业内首个配备 DRAM 的三层堆叠式 CMOS 影像传感器，可用于智能手机。其原理是在传统 CMOS 的背照结构像素层和信号处理电路层之间加入动态随机存取存储器（DRAM），但 DRAM 的数据保持时间有限，所以索尼又增加了转换模拟视频信号的电路结构层数从而使数据处理能力得到提升，实现数据的快速读取。因此，该产品仅能在 1/120s 内读取一张 1930 万像素的静止图像（比常规产品快约 4 倍），从而可支持高速图像捕获。

目前拥有"堆栈式 CMOS"技术能力的厂商只有索尼一家，市面上出现的堆栈式 CMOS 实际上都是索尼的"Exmor RS CMOS"，Exmor RS CMOS 的特点是高像素化、高性能化以及小型化。

（3）数字信号处理技术（DSP）

目前数字处理的前沿技术有以下几种。

①经验模态分解。经验模态分解方法（EMD）被认为是 2000 年来以傅立叶变换为基础的线性和稳态频谱分析的一个重大突破，该方法是依据数据自身的时间尺度特征来进行信号分解，无须预先设定任何基函数。正是由于这样的特点，EMD 方法在理论上可以应用于任何类型的信号的分解，因而在处理非平稳及非线性数据上，具有非常明显的优势，适合于分析非线性、非平稳信号序列，具有很高的信噪比。

②模糊计算。模糊逻辑不是二者逻辑——非此即彼的推理，它也不是传统意义的多值逻辑，而是在承认事物隶属真值中间过渡性的同时，还认为事物在形态和类属方面具有亦此亦彼性、模棱两可性的模糊性。正因如此，模糊计算可以处理不精确的模糊输入信息，可以有效降低感官灵敏度和精确度的要求，而且所需要存储空间少，能够抓住信息处理的主要矛盾，保证信息处理的实时性、多功能性和满意性。

3. 车载摄像头发展趋势

（1）双目摄像头加大在车载摄像头中的应用

从技术解决方案角度来看，摄像头系统有单目和双目两种方案。目前，单目摄像头是车载摄像头系统中的主流方案。未来，随着双目摄像头的产品化提升、小型化问题完善，双目摄像头将更广泛地应用于车载摄像头系统中。

（2）环视系统成为标配

除了可以为驾驶员提供泊车辅助功能外，全景环视系统也可以为基于图像的车载电子技术提供基础平台。传统的车辆只能通过驾驶员自主获取外界环境的信息并进行分析，从而作出处理，但由于驾驶员的处理能力有限，往往很难应对错综复杂的外界变化。而全景环视系统可以使车辆获取外界环境信息，为后续各种智能处理提供基础。如车道偏离预警、行人防撞、车外环境三维建模等，都是在车载图像的基础上进行信息提取和处理，使车辆本身具有智能性以辅助驾驶员，保证驾驶员轻松愉快、安全方便地驾驶。

（3）多传感器融合应用

多传感器融合技术作为智能驾驶中的感知中枢，在驾驶辅助中至关重要，其可看作是人的器官，拥有眼、耳、鼻等的特殊功能，达到解放人的效果，是现实环境与汽车交互的桥梁和纽带，是实现智能驾驶不可或缺的条件。传感器包括摄像头、毫米波雷达和激光雷达等，这些传感器相互融合，构成了一套完整的感知系统。近两年越来越多的企业开始探索基于毫米波雷达和摄像头的多传感器融合方案来实现更优秀的 ADAS 功能。

传感器的融合可以提高汽车驾驶的安全性和对周围环境感知的全面性和容错率。这些信息之间可实现相互补充、相互传递，将所有信息集中在一起，再通过控制中心的综合分析。即使各传感器之间发出不同指令，但通过多传感器融合，可以保证汽车运行的安全性。

（二）激光雷达技术发展现状

1. 激光雷达概述

激光雷达通过向目标发射激光束，将接收到的从目标反射回来的信号与发射信号进行比较，作适当处理后获得目标的有关信息，如目标距离、方位、高度、速度、姿态甚至形状等参数，从而实现对目标的探测、跟踪和识别。激光雷达主流的测距原理有三种,即三角法、激光飞行时间法(TOF)以及调幅连续波法(AMCW)。目前绝大多数车载激光雷达采用的是激光飞行时间法(见图6),该方法成熟度比较高,适用于长距离探测。

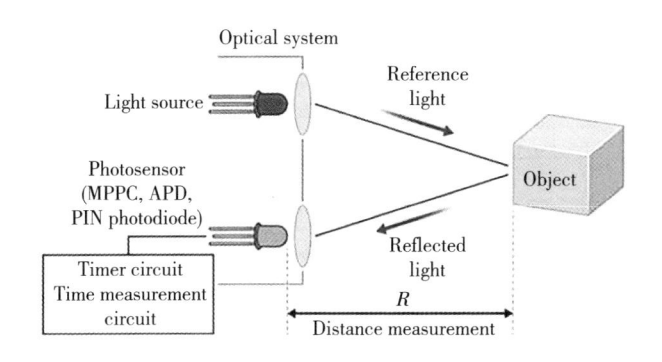

图6 激光飞行时间法测距原理

车载激光雷达按有无机械旋转部件,可分为机械激光雷达和固态激光雷达(见表13)。

表13 机械激光雷达和固态激光雷达优劣对比

项目	机械激光雷达	固态激光雷达
优势	相对测量精度较高,360°视场	尺寸较小,价格低廉,响应速度快,可隐藏于车体内部
劣势	线束越高体积越大,价格昂贵,旋转部件可靠性较低	探测范围固定,技术有待提升
安装位置	汽车外部	汽车车体内

目前固态激光雷达主要有三种:MEMS型激光雷达、Flash型激光雷达、OPA型激光雷达(见表14)。技术较为成熟的是MEMS和Flash,均有厂家推出产品,但都还没有实现量产。OPA是纯芯片级别的,目前产品工艺设计还非常不成熟,距离实现量产还要很长一段时间。但是一旦技术成熟,成本随着芯片工艺技术提升而大幅下降,OPA由于其体积和成本的优势,将有可能替代其他类别的激光雷达。

表 14　MEMS、Flash、OPA 对比分析

项目	MEMS	Flash	OPA
适合测距	中远距离	近距离	中远距离
体积	小	较小	最小
量产成本	较低	低	高
可靠性	可靠	可靠	最可靠
技术成熟度	较成熟	较成熟	不成熟

2. 新产品、新技术发展

（1）非重复式扫描激光雷达（Horizon 和 Tele – 15）

在 2020 年的 CES 大会现场，大疆旗下的 Livox 公司发布了两款可用于 L3 或 L4 级别自动驾驶的激光雷达（LiDAR）新品——Horizon 和 Tele – 15（见图 7）。该两款激光雷达是为了 L3、L4 级自动驾驶而专门设计的，采用的是一种全新的扫描技术——非重复扫描技术。非重复扫描是指随着激光束在视场（FOV）内非重复式扫描，激光雷达扫描的区域面积会随着时间增加不断增大，随着扫描时间增加，Livox 的非重复扫描方式可达到近 100% 的视场覆盖率，与传统激光雷达线性重复式扫描相比，非重复扫描方式有以下三个优势：①扫描轨迹不会重复；②可实现随着扫描时间增加，达到近 100% 的视场覆盖率；③没有电子元器件的旋转磨损，可靠性更高。该技术使 Horizon 和 Tele – 15 具有高性能、低成本、可量产的特点。

图 7　Horizon（左）和 Tele – 15（右）

此外，Horizon 和 Tele－15 可实现量产，还依赖于 Livox 开发的一套 DL－Pack 解决方案。现有的激光雷达之所以无法大规模量产，很大一部分原因就是生产工艺无法突破量产的大关，而 DL－Pack 解决方案是一种多激光器和多雪崩光电二极管（APD）封装技术，它可以消除激光器人工校准过程，实现激光雷达的批量生产，进而提高产能。目前市售的大部分激光雷达，这些校准通常都是由熟练的技术人员手动完成的，这种人工校准方式在单条生产线上一天最多可以生产 15 台激光雷达，而 Livox 在使用 DL－Pack 方案后，量产效率提升了 20 倍，可达到单条生产线生产 300～400 台/天。

（2）短距机械式激光雷达（PandarQT）

禾赛科技于 2020 年 1 月 7 日 CES 大会上正式发布了其自主研发的超广角短距激光雷达——Pandar QT（见图 8）。Pandar QT 是禾赛首次尝试开发的一款性能独特且相对低售价的产品。

图 8　禾赛科技发布的超广角短距激光雷达 Pandar QT

Pandar QT 64 线短距机械式激光雷达最大的优势就是在测近距离能力方面，它的最小可探测距离为 0.1m，能对近距离的物体进行精准测量，这能保证车辆在非巡航状态时，例如，路口、转弯、狭小空间精准行驶等环境下，输出精准的驾驶指令，使近距盲区问题得到更好的解决。Pandar QT 64 还拥有超广视场角，这使车辆在同一时间内的感知范围，能够输入足够大车载计算机的信息量。此外，Pandar QT 64 还具有强大的抗干扰能力，避免因其他雷达干扰而造成的障碍物误判，为车载计算机提供更加稳定可靠的输入数据，减少冗余计算量，提升指令速度，提升自动驾驶时的安全性能。Pandar QT 64 还支持 PTP 时间同步方式，极大地简化了线缆，使得雷达的体积更小、重量更轻。

(3) 125 线 MEMS 固态激光雷达（RS – LiDAR – M1）

2020 年 1 月 2 日，国内激光雷达初创公司速腾聚创（Robo Sense）宣布其固态激光雷达产品 RS – LiDAR – M1 Simple（Simple Sensor Version）正式接受订购，售价 1898 美元。在 2020 年的 CES 大会上，速腾聚创还展出了全球首款基于 MEMS 固态激光雷达方案的智能激光雷达 RS – LiDAR – M1 Smart（Smart Sensor Version）（见图 9），RS – LiDAR – M1 Simple 和 RS – LiDAR – M1 Smart 是 RS – LiDAR – M1 家族的两个版本，其中 M1 Simple 为纯硬件版本，输出原始点云，而 M1 Smart 为智能传感器版本，内置了 AI 感知算法和芯片，输出原始点云与目标数据列表。

RS – LiDAR – M1 家族产品主要面向 L2 级 ADAS 和 L3 ~ L4 级高度自动驾驶。速腾聚创方面表示，M1 系列继承了机械旋转式激光雷达的性能优势，同时又兼顾车规量产的需求，通过一系列先进技术，实现了低成本、车规稳定、小型化、智能化，并可输出语义级的感知结果。为兼顾高性能、低成本、高稳定性、可生产制造性等全方位需求，RS – LiDAR – M1 使用了速腾聚创的 MEMS 专利技术——已经实现高度集成化、只有硬币大小的光学模组，使 M1 整机零件数由传统机械式激光雷达的几百个降至数十个，极大地降低了 M1 的制造成本、装配难度，减少了加工时间，实现激光雷达产品可制造性的突破。在目前已发布的产品中，M1 是全球体积最小、视场角最大、探测距离最远的 MEMS 固态激光雷达。

在此基础上研发的智能传感器版 M1 Smart 是一个软硬一体的智能传感器解决方案，建立了由传感器硬件到 AI 点云算法到芯片的完整系统闭环，能够端到端实现客户环境感知的功能需求，包括适应复杂的交通路况，支持多种驾驶场景；支持稠密交通流，针对人、车等前景，以及阻碍驾驶的未知物体，实现长距离、大范围的全面感知；支持 3D 点云语义级别感知等，大

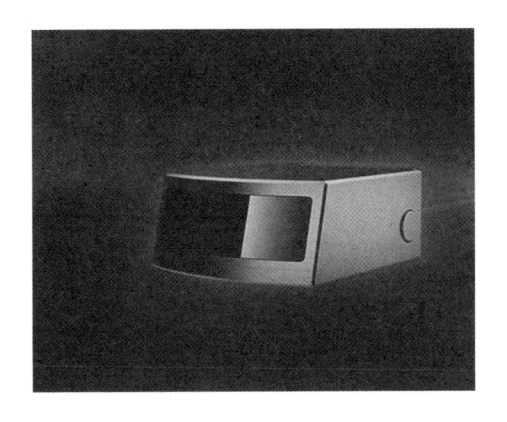

图9 RS – LiDAR – M1 Smart

大提升了自动驾驶的安全性。速腾聚创方面表示，M1 Smart 改变了传统激光雷达"信息收集器"的定义，成为"信息理解者"，可实时处理外部信息并输出目标列表。

3. 核心零部件技术发展

以 MEMS 激光雷达为例（见图10），它主要由激光器、光电探测器、MEMS 微振镜等构成，其中 MEMS 微振镜是其核心元器件。

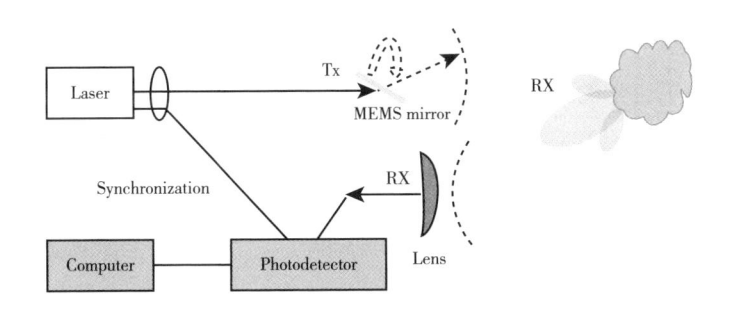

图10 MEMS 激光雷达工作原理

（1）激光器

激光器是激光雷达发射模块的主要元器件，车用激光雷达多采用半导体激光器，相较于昂贵的光纤激光器，具有巨大的成本优势，而且功耗低、体积小。

目前市场上的车载激光雷达的光源大多采用905nm和1550nm的激光器，在Velodyne公司的激光雷达产品中，VLP-16、HDL-32E、HDL-64E等均采用的是905nm的激光器，镭神固态MEMS激光雷达等采用的是1550nm的激光器。

目前激光器市场主要被国外企业占领，国内企业只占据了小部分市场。激光器的主要生产企业为滨松、Lumentum、光讯科技、ams、昂纳科技、Manlight、Finsar、Osram、富士通天、Coherent、华芯科技。

(2) 光电探测器

光电探测器在激光雷达系统中充当"眼睛"的角色，主要有频带宽、灵敏度高、线性输出范围宽、噪声低等要求。目前主要的光电探测器有雪崩光电二极管（APD）、单光子雪崩二极管（SPAD）、硅光电倍增管（SiPM）等。

APD可满足物体探测、光学距离测量、遥感、扫描等需求，适用于高强度环境光照、需计算直接飞行时间的长距离应用。由于ADAS和自动驾驶技术的高速发展，LiDAR在汽车领域的跨越式发展，推动了APD在汽车领域的应用。汽车行业是APD最有前景的应用领域，汽车LiDAR制造商的大批量、高成本效益、高可靠性需求，推动了该领域的创新和发展，为APD制造商带来了巨大的市场机遇。APD是自动驾驶LiDAR系统的首选探测器。而随着ADAS开始向全自动驾驶发展，光电探测器正由雪崩光电二极管向硅光电倍增管发展。

目前大多数领先的APD供应商都将905nm作为自动驾驶激光雷达的标准波长，以实现经济高效且可靠的解决方案。该市场的主要领导者滨松（Hamamatsu Photonics）、埃赛力达（Excelitas Technologies）和First Senor等正在提供905nm APD，而Semi Nex和Voxtel正在为汽车LiDAR开发1550nm APD。其他为汽车LiDAR提供高可靠性APD的厂商还包括SensL、Philips、Advanced Scientific Concepts、Discovery Semiconductors、Spectrolabs、Espros Photonics、Laser Components、Micro Photon Devices、AMS Technologies、Analog Modules、OSI Laser Diode、Pro-Lite Technologies等。

(3) MEMS 微振镜

常见的 MEMS 微振镜驱动方式有四种：静电驱动、电磁驱动、电热驱动、压电驱动。其中前两种技术比较成熟，应用也更广泛。比如得州仪器的 DLP 中的 MEMS 微振镜采用的是静电驱动模式，且在投影领域一家独大；而博世最新推出的全新交互式激光投影微型扫描仪 BML 050 中的 MEMS 微振镜、滨松的 MEMS 微振镜 S12237-03P、意法半导体与美国 Micro Vision 公司合作生产的 MEMS 微振镜，均采用电磁驱动原理；MEMSCAP 和微奥科技的 MEMS 微振镜采用电热驱动原理。而压电驱动的产品还没有大规模量产的企业。静电驱动的 MEMS 微振镜在 3D 视觉领域有着天然的技术优势：实现最小体积、最低功耗，工艺相对简单，可靠性和成品率高，同时成本也最低。

虽然 MEMS 微振镜的引入相比激光雷达有许多优势，且 MEMS 微振镜技术已经成熟，但 MEMS 微振镜从消费级走向车规级还是需要克服许多难题。

①MEMS 微振镜本身技术门槛很高。

②MEMS 微振镜在投影显示等领域的成功无法复制到车载激光雷达领域。

③相比于用于机械式激光雷达的多棱镜和摆镜，MEMS 微振镜虽然尺寸大大减小，但小尺寸限制了 MEMS 激光雷达的光学口径、扫描角度，视场角也会变小。

此前，美国 MEMS 微振镜制造商 Mirrorcle 曾通过键合的方法，在加工完驱动器后，将另外加工的大镜面组装在驱动器上面，提高填充比，因此可提供尺寸大至 7.5mm 的 MEMS 镜面，然而 Mirrorcle 大尺寸镜面的 MEMS 微振镜价格昂贵，无法商用。2017 年，国内 MEMS 光学器件开发商常州创微发布了 MEMS 二维扫描微振镜产品。该产品基于电磁驱动原理，结合半导体工艺设计而成，具有转角大、能耗低、体积小、谐振频率高、单个微镜实现二维扫描、加工工艺成熟等特点。

4. 未来发展趋势分析

激光雷达有三个主要发展方向：固态化、激光雷达与摄像头底层融合、智能化。

(1) 激光雷达固态化、低成本化、小型化

"固态"即基于电子部件、无机械旋转部件的解决方案，机械式激光雷达虽然可以通过360°机械旋转实现环境扫描，但其成本过高、体积大，且只能安装于汽车外部，影响美观。固态激光雷达采用电子部件替代了机械旋转部件实现扫描，缩小了体积，降低了成本，低成本意味着量产成为可能，体积小则可脱离顶装安装方式，隐藏于汽车车体内，不影响汽车的整体美观。此外，由于去除了需要精确光学配准的机械旋转部件，固态激光雷达的使用寿命变得更长，装配难度下降。虽然固态激光雷达分支尚处于研究阶段，技术尚未成熟，但基于其小尺寸、低成本、可量产化等优势，未来将成为车规级激光雷达的主流。总的来说，车载激光雷达的发展时间并不长，为了满足自动驾驶的迫切需求，固态化、低成本化、小型化是未来的总体发展趋势。

(2) 激光雷达与摄像头底层融合

激光雷达与摄像头作为高级驾驶辅助系统的环境感知系统的核心传感器，各自拥有独特的优势，摄像头可以获取真实世界中丰富的二维彩色信息，激光雷达能够获取三维高精度空间信息。对于自动驾驶环境感知需求，一方面，如果仅依靠摄像头获取的二维图像，感知的可靠性和探测的准确度都难以保证驾驶的安全性。另一方面，仅依靠激光雷达又很难对诸如交通路牌、红绿灯等信息做出有效识别，以及对复杂障碍物进行精细化分类。通过底层深度融合激光雷达和摄像头数据，可以发挥出更强大的感知能力。将二维彩色信息覆盖到三维高精度空间数据上，获得时空同步后的彩色点云数据，极大地提高了AI感知算法对目标物体的分割及分类探测距离、准确度、精细度，从而大幅提升自动驾驶车辆安全性。

(3) 激光雷达智能感知系统

基于MEMS固态激光雷达、AI环境感知算法、激光雷达与摄像头融合，多项前沿技术形成闭环，达成智能化激光雷达感知系统。通过AI算法对彩色数据进行预处理，有选择性地对感兴趣区域进行重复探测，能够为自动驾驶带来更远的探测距离与更准确的感知结果，有效降低中央数据处理单元的数据处理压力。

(4) 软硬件结合成为提升竞争力的重要手段

激光雷达主要应用领域在汽车和机器人行业，未来市场广阔。随着激光雷达企业的竞争加剧，软件和硬件技术的有效结合才能更快地推进产品落地应用。尽管眼下大多数厂商还停留在"卖硬件"的阶段，但一些走在前沿的激光雷达厂商已经在研究算法与硬件搭配，形成整体方案出售给客户，避免客户买了产品之后还得进行学习、测试等操作。目前，Ibeo、Velodyne、Quanergy、先锋和速腾聚创等激光雷达厂商都在开发激光雷达算法，研究软硬件结合。

（三）毫米波雷达技术发展现状

1. 毫米波雷达概述

车载毫米波雷达通过天线向外发射毫米波，接收目标反射信号，经后方处理后快速准确地获取汽车车身周围的物理环境信息（如汽车与其他物体之间的相对距离、相对速度、角度、运动方向等），然后根据所探知的物体信息进行目标追踪和识别分类，进而结合车身动态信息进行数据融合，最终通过中央处理单元（ECU）进行智能处理。经合理决策后，以声、光及触觉等多种方式告知或警告驾驶员，或及时对汽车做出主动干预，从而保证驾驶过程的安全性和舒适性，降低事故发生概率（见图11）。

FMCW（调频连续波）雷达由于可测量多个目标，分辨率较高，信号处理复杂度低，成本低廉，技术成熟，成为最常用的车载毫米波雷达，德尔福、电装、博世等 Tier 1 供应商均采用 FMCW 调制方式。

车载毫米波雷达频段主要有 24GHz、77GHz、79GHz 三种形式。24GHz 毫米波雷达可用于近距离测距 SRR（Short Range Radar）和中距离测距 MRR（Medium Range Radar），主要用于车后方以及前侧方，探测距离50m，应用于 BSD（盲点监测）、LCA（变道辅助）、PA（泊车辅助）；77GHz 毫米波雷达是一种远距离雷达，也称为 LRR（Long Range Radar），主要用于车前方，探测距离250m左右，应用于 ACC（自适应巡航）、AEB（自动紧急制动）、FCW（前方碰撞预警）。77GHz 雷达波长不到 24GHz 的 1/3，收发天

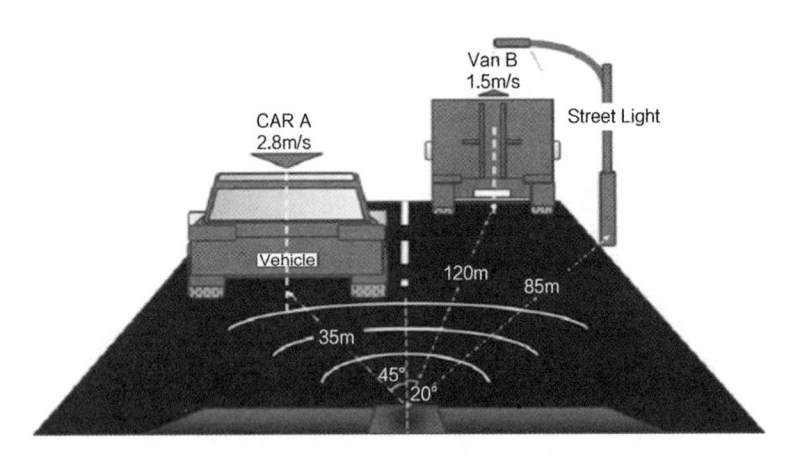

图11 毫米波雷达的测量应用示意

线面积大幅减小，体积更小，可同时满足高传输功率和宽工作带宽，即可同时做到长距离探测和高距离分辨率，但目前77GHz雷达技术成熟度较低，成本较高，天线、射频电路、芯片等的设计和制造难度较大。目前，24GHz SRR和77GHz LRR是国内外各厂商争夺的重点，带宽更高（比77GHz要高出3倍以上）、性能更强（分辨率可达5cm）的79GHz频段雷达尚未有大规模量产的企业。

2. 新产品、新技术发展

（1）近距离毫米波雷达

SSR 308是德国大陆电子的一款30X系列24GHz短距宽角毫米波雷达，主要用于汽车盲区探测、并线辅助等场景近距离、低速度、大角度范围内的相对运动目标的非接触探测和防撞预警。其水平视场角在超过中等距离时高达±75°（±90°）（见表15）。

表15 SSR 308性能参数

性能参数	SSR 308
检测距离	0.30~95m
距离分辨率	点目标1.0m 目标分辨力=2倍的分辨率

续表

性能参数	SSR 308
距离精确度	±0.20m(距离大于2m) ±0.5m(距离小于2m)
方位角	±75°(测量);±75°~±90°(检测)
俯仰角	±12°(-6dB); ±16°(-10dB); ±23°(-20dB)
速度测量范围	-300km/h ~ +300km/h(-远离的目标,+靠近的目标)
速度分辨率	点目标1.2km/h
速度精确度	±0.2km/h
CAN 接口	1个CAN接口500kbit/s
输出目标个数	50
功耗	12V DC,大约3.9W

SSR 308很好地处理了测量性能与高安全性之间的矛盾,可实时检测目标的距离并根据相对速度判断是否存在碰撞风险,具有自动故障检测功能,可识别传感器问题,并自动输出故障码。通过使用相对简单的雷达测量技术,以及在汽车行业的深度研发和批量生产基础,SSR 308可以保证产品鲁棒性和轻量化性能。

此外,此产品具有很强的环境适应性,相对于摄像头和激光雷达,毫米波雷达可以适应雨雾霾雪天气,几乎可以全天候运行。SSR 308雷达的测量水平视场角可以高达150°,探测水平视场角可以高达180°(见图12)。

(2) 中距毫米波雷达

博世第四代中距毫米波雷达MRR 4于2018年9月正式下线,此传感器能基于可扩展模块化原理及阶段函数功能,迎合车企多变的产品要求及电力电子(electrical-electronic,E/E)架构,传感器具有3个发射器和4个接收器通道,工作在76~77GHz频段,可满足标准的汽车雷达系统应用,凭借小型化设计,该雷达系统很容易被集成到汽车中(见图13)。

这款大陆的远程雷达的最大探测距离高达300m,其开启角(opening

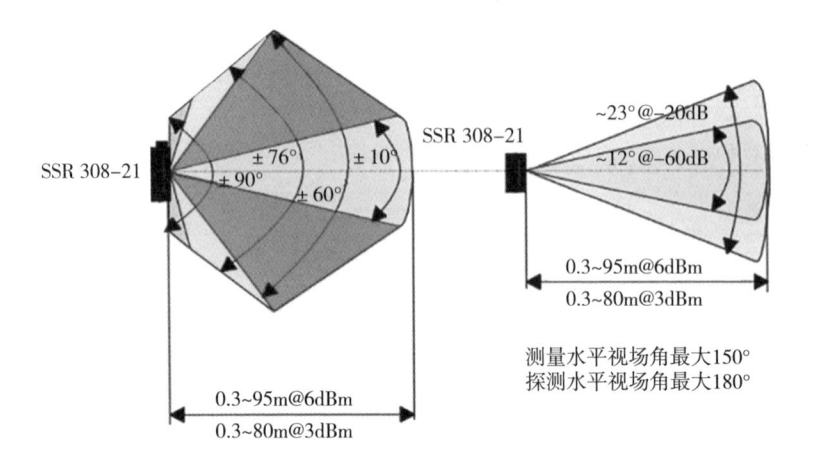

图 12　SSR 308 探测视角

图 13　中距毫米波雷达 MRR 4

angle）为 ±60°，相比于其上一代产品的工作张角 ±45°，能探测 160m 的物体，有很大程度的提高。此 MRR 雷达系统集成了两个电路板，包括博世、飞思卡尔和意法半导体的电路。RF 电路板使用混合 PTFE/FR4 基板制作非对称结构，并配有平面天线。系统采用英飞凌 77GHz 的 SiGe 单片微波集成电路（MMIC）用作高频发射器和接收器。这两个 RF 裸片采用由英飞凌研发的嵌入式晶圆级 BGA（Embedded Wafer Level BGA）、扇出晶圆级封装（Fan-Out Wafer Level Package）。相比传统的 24GHz 雷达传感器，博世 77GHz 雷达传感器功能更加强劲，目标识别率是前者的 3 倍，测速和测距精准率提高了3~5倍。新型77GHz传感器采用SiGe技术,高集成度与简易设计使传感器体积更小、重量更轻,从而可以隐蔽地安装在车辆保险杠或水箱上。新型传感器通过CAN和Flexray界面与汽车电子系统进行连接。和传统24Ghz雷达传感器相比,新型传感器不仅外观更为小巧,而且价格更为经济。

(3)长距毫米波雷达

2017年8月,大陆发布最新长距雷达ARS 408,该产品同时兼顾安全可靠坚固与小型化设计,主要应用于各种车辆的防碰撞保护(特别是自动驾驶车辆)、远距离前进控制(各类车辆,特别是自动驾驶车辆)、远距离区域监控系统,例如有危险的或无法到达的区域、对象分类和对象检测,例如在混乱或复杂区域,通过在其前加上一个保护盖(雷达天线罩)来检测不明显的物体,可以实现ACC、FCW、AEB等ADAS功能。

ARS 408 – 21传感器在一个测量周期内独立测量物体的距离和速度(多普勒原理)(见图14),FMCW(频率调制连续波)具有非常快的斜坡基础,具有每秒17次的实时扫描功能,该设备的一个特点是能够同时测量250m距离、相对速度和两个对象的角度关系;快速和安全性方面,ARS 408 – 21解决了优异的测量性能和高度的操作安全性之间的明显矛盾,ARS 408 – 21雷达传感器能够在实时扫描中确定与物体的距离,并根据行驶速度确定可能的碰撞风险;可靠性方面,ARS 408 – 21雷达传感器具有故障保护功能,能够识别传感器和传感器环境的故障并自动显示;坚固和小型化设计方面,

图14 长距毫米波雷达ARS 408 – 21

通过使用不太复杂的测量原理以及汽车供应行业的开发和批量生产，保持非常强大坚固和小型化的设计（见表16）。

表16 ARS 408-21 产品参数

测距范围	0.20~250m（长距模式），0.20~70m/100m（短距模式，±45°范围内），0.20~20m（短距模式，±60°范围内）
测距分辨率	1.79m（长距模式），0.39m（短距模式，0.2m@ standstill），在满足1.5~2倍分辨率的条件下可对两个物体进行区分
距离测量精度	±0.40m（长距模式），±0.10m（短距模式，±0.05m@ standstill）
水平角分辨率	0.37km/h（长距模式），0.43km/h（短距模式）
速度范围	-400km/h ~ +200km/h（-表示远离目标，+表示靠近目标）
速度分辨率	0.37km/h（长距模式），0.43km/h（短距模式）
速度精度	±0.1km/h
天线通道数	4TX/6RX=24通道=2TX/6RX（长距模式）、2TX/6RX（短距模式），使用数字波束合成技术（DBF）
循环周期	长距和短距均约60ms
雷达发射频率	76~77GHz
传输能力	14.1dBm@77GHz＜35.1dBm 扫频带宽500MHz
电源	+8.0~32V DC
功耗	典型值：6.6W/550mA；峰值：12W/1.0A
操作温度	-40℃ ~ +85℃

（4）基于CMOS工艺的毫米波雷达

最近几年，当CMOS工艺进步到40nm以下，可以工作在超高频率上，才使得用CMOS来做77GHz毫米波设计成为可能。CMOS工艺的应用使得整个毫米波雷达的制造格局大为变化。

首先，CMOS相对于SiGe而言，整体造价又下降了40%，其次，CMOS的集成度非常高，所以RF前端芯片占比也下降了。砷化镓工艺中需要7~8颗芯片，SiGe需要3~4颗，CMOS只需要1颗，因此大大降低了整个雷达模块设计的复杂度和难度，也加速了整个设计开发的时间周期。因为CMOS的工艺集成度高，所以它也使毫米波雷达的小型化成为可能，因此CMOS工艺现在不但可以用于 77GHz 的设计,同时它的低成本和高精度的特性也符合毫米波雷达未来发展的需求(见图 15)。

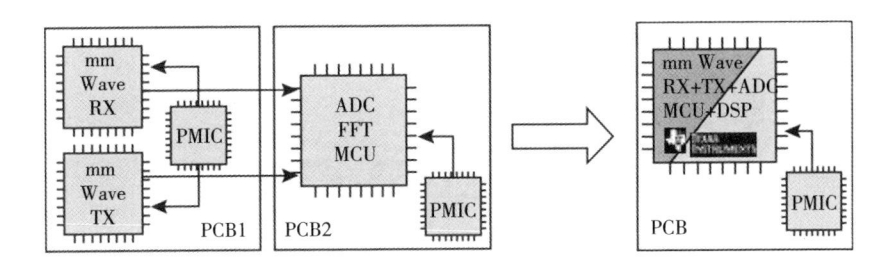

图 15　由 CMOS 实现的单芯片集成

(5) 24GHz 亚毫米波雷达传感器

日本电装公司(DENSO)于 2017 年 8 月宣布其已经开发出了一款新的 24GHz 亚毫米波汽车后方及侧面雷达传感器,以帮助提升车辆的安全性。这款亚毫米波雷达传感器将装配于发布的 2018 款丰田凯美瑞车型。这款传感器策略性地装配于车辆的后保险杠内,以监测可能进入驾驶员后方和侧面盲区的其他车辆,并在车辆倒车时监测从后方左右两侧接近的其他车辆。这款亚毫米波雷达传感器作为整体汽车安全系统的一部分,可以帮助驾驶员在更换车道或者倒车出停车位时识别并躲避其他的车辆,还可以控制自动紧急制动功能以避免即将发生的碰撞。

为了能够在向前行驶以及倒车时可以准确探测,此款亚毫米波雷达传感器采用了一种移相器来转换感应的方向以及感应的范围。此外,无线电波的发射、接收以及移相器功能都是通过单独的集成电路(IC)运行的,以减小传感器的尺寸。这款亚毫米波雷达传感器的单片微波集成电路(MMIC)由半导体晶圆 Tower Juxz 公司制造,用于稳定雷达传感器的输出等级和接收灵敏度。

3. 核心零部件技术发展

以频率调制连续波为例,毫米波雷达系统主要包括天线、前端收发组件、数字信号处理器(DSP)和控制电路(见图 16),其中天线和前端收发组件是毫米波雷达最核心的硬件部分。

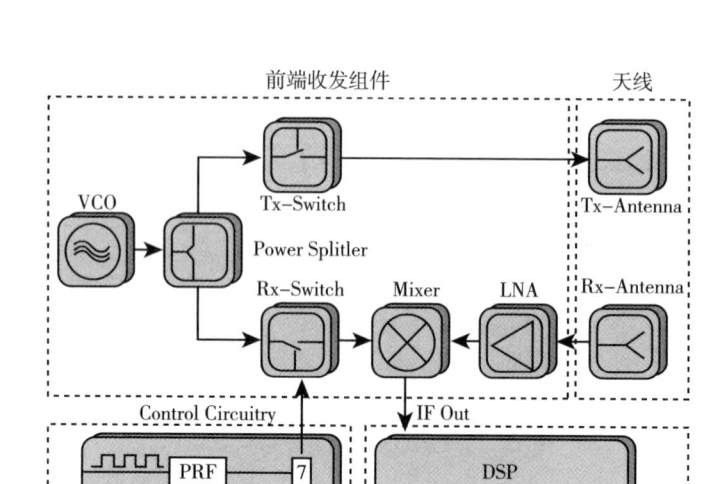

图16 毫米波雷达系统基本结构示意

(1) 天线

天线是毫米波发射和接收的重要部件，毫米波雷达天线的设计首先满足大批量生产且低成本，其次要便于安装在车的头部，且天线须被集成在车内而不能影响汽车的外观。

目前毫米波雷达天线的主流方案是微带阵列，最常见的一种是设计成可集成在PCB板上的"微带贴片天线"。相比一般的微波天线，这种微带天线具有多方面优点：①体积小，重量轻，低剖面，能与载体（如飞行器）共行；②低成本，适合于印刷电路技术大批量生产；③电性能多样化，不同设计的微带元，其最大辐射方向可以从边射到端射范围内调整，易于得到各种极化；④易集成，能和有源器件、电路集成为统一的组件等，极大地满足了车载雷达低成本和体积小的需求。

(2) 前端收发组件

前端收发组件是毫米波雷达的核心射频部分，负责毫米波信号调制、发射、接收以及回波信号的解调。目前，前端收发组件主要有混合微波集成电路（HMIC）和单片微波集成电路（MMIC）两种形式。

HMIC 是采用薄膜或厚膜技术，先将微波电路制作在适合传输微波信号的基片（如蓝宝石、石英等）上，再将分立的有源器件连接、组装起来的集成电路。而 MMIC 则是采用平面技术，将所有的微波功能电路用半导体工艺制造在砷化镓（CaAs）、锗硅（SiGe）或硅（Si）等半导体芯片上的集成电路。相比 HMIC，MMIC 大大简化了雷达系统结构，集成度高，成本低且成品率高，更适合于大规模生产。目前大多数毫米波雷达前端 MMIC 基于 SiGe Bi CMOS 技术，SiGe 高频特性良好，材料安全性佳，导热性好，而且制程成熟，整合度较高，成本较低。利用 CMOS 工艺，不仅可将 MMIC 做得更小，甚至可以与微控制单元（MCU）和数字信号处理（DSP）集成在一起，实现更高的集成度。所以这不仅能显著降低系统尺寸、功率和成本，还能嵌入更多的功能。

目前，MMIC 主要是由国外厂商把控，尤其是 77GHz 的，国内的目前还只是在 24GHz 的 MMIC 上有所突破。国内外主要厂商有英飞凌、ST、NXP、FutTsu Ten、TI、得捷电子、安森美、飞思卡尔、瑞萨电子、意行半导体、清能华波、东南大学毫米波国家重点实验室、加特兰、南京米勒。

（3）数字信号处理器

数字信号处理器也是雷达重要的组成部分，通过嵌入不同的信号处理算法，提取从前端采集得到的中频信号以获得特定类型的目标信息。数字信号处理可以通过 DSP 芯片或 FPGA 芯片来实现。

DSP 是专门的微处理器，适用于条件进程，特别是较复杂的多算法任务。FPGA 包含大量实现组合逻辑的资源，可以完成较大规模的组合逻辑电路设计，同时还包含相当数量的触发器，借助这些触发器，FPGA 又能完成复杂的时序逻辑功能。由于 FPGA 芯片在大数据量的底层算法处理上的优势及 DSP 芯片在复杂算法处理上的优势，融合 DSP 和 FPGA 的实时信号处理系统的应用越来越广泛。

目前高端 DSP 芯片和 FPGA 芯片主要被国外企业垄断，DSP 芯片制造商主要有得州仪器（TI）、亚德诺半导体（ADI）、意法半导体（ST）、英飞凌（Inineon）、恩智浦（NXP）等。FPGA 市场的主要厂商有赛灵思（Xilinx）、阿尔特拉（Alern，被Intel收购）、美高森美（Microsemi）以及莱迪思（Lattice）。

（4）控制电路

控制电路是汽车雷达系统实现汽车主动安全控制执行的最后一环，根据信号处理器获得的目标信息，结合车身动态信息进行数据融合，最终通过主处理器进行智能处理，对车辆前方出现的障碍物进行分析判断，并迅速做出处理和发出指令，及时传输给报警显示系统和制动执行系统。当前方车辆或物体距离过近，超过警戒设置时，报警显示系统能以声、光及触觉等多种方式告知或警告驾驶员，前方有危险需要谨慎驾驶，如遇危险时启动制动系统，迅速根据险情对车辆做出包括减速、重刹、停车等在内的主动干预动作，从而保证驾驶过程的安全性和舒适性，降低事故发生概率。

4. 未来发展趋势分析

毫米波雷达作为影响自动驾驶发展趋势的关键零部件之一，其优势突出，发展潜力巨大，尤其是在汽车产业持续壮大的形势下，国内外各个企业机构都在积极布局，加大研发力度，致力于把车载毫米波雷达推向一个新的高度，创造更大的价值。经过研究分析，目前毫米波雷达主要沿着以下趋势发展。

（1）77GHz、79GHz将替代24GHz成为主流

毫米波雷达精度的需求随着自动驾驶从L1到L5级不断演进逐渐增加。与24GHz毫米波雷达相比，77GHz毫米波雷达具有检测精度更高、体积更小等优势，受到越来越多公司的青睐。目前一些高端车型的雷达系统正在从24GHz向77GHz升级。以ACC为例，雷达升级成77GHz毫米波雷达后，ACC的工作时速由25km/h起，是24GHz雷达系统识别率的3倍，测速和测距的精准率提高了3~5倍，可以更准确快速地监测与前车的距离，在保持距离的情况下随前车的速度进行加减速、刹停和起步。

毫米波雷达芯片CMOS工艺推动77GHz、79GHz毫米波雷达技术进步和成本的降低，为大规模市场化提供了支持。众所周知，芯片的高成本是

77GHz、79GHz 毫米波雷达成本较高的一个因素。在 GaAs 芯片时代，前端芯片成本占整个成本的 40%；到了 SiGe 芯片时代，成本相对于 GaAs 工艺下降了 50%，同时射频芯片部分的比例也降到 36% 左右，目前的 CMOS 工艺时代，相对于 SiGe 工艺整体造价又下降了 40%。其次，相比 RtF 用的 SiGe 技术，CMOS 工艺更精确，功耗更低，集成度更高。

许多国家的政策规划推动了毫米波雷达的升级。根据美国联邦通信委员会（FCC）和欧洲航天技术研究所（ESII）的规划，24GHz 的宽频段（21.65~26.65GHz）将在 2022 年过期，之后汽车在 24GHz 能用的仅剩下 24.05~24.25GHz 的窄带频谱，反之，在 77GHz 频段，汽车雷达将能使用 77~81GHz 高达 4GH 的带宽。

（2）系统功能不断拓宽

毫米波雷达早在 20 世纪 90 年代就被用于汽车领域，主要应用于汽车自适应巡航功能，这主要依赖于毫米波长达 200m 以上的距离探测功能。之后，毫米波雷达陆续发展出防撞、盲区探测等众多功能，但是技术门槛一直很高，价格也一直很贵。直到 2012 年毫米波射频芯片的出现，降低了技术门槛和成本，才为汽车领域的广泛应用打开窗口。

车辆行驶安全与否，最主要的判断依据是两车之间的相对距离和相对速度信息，高速行驶的车辆更甚。凭借出色的测距测速能力及"短程+中程+长程"的结合，毫米波雷达被广泛地应用在自适应巡航控制、自动紧急制动、前方/后方碰撞预警、盲点监测、辅助停车、泊车辅助、倒车辅助、变道辅助等多种 ADAS 功能。另外，毫米波雷达还在无人机、安防、智能交通、工业以及军用领域发挥着非常重要的作用：无人机领域主要应用体现在定高和避障两个方面；安防领域主要应用在一些重要区域的安全警戒；智能交通领域主要应用于车辆检测、交通量调查、交通事件检测、交通诱导、超建监测、电子卡口、电子警察和红绿灯控制等；工业领域主要应用于工业液位计、挖掘机、重型推土机、高压电线塔附近安全施工、生产安全监测等；军用领域主要应用于雷达探测、导弹制导、卫星遥感、电子对抗等。

四 国内外技术差距分析

我国在环境感知传感器行业起步较晚，与国外优势国家相比在技术和市场份额上有一定差距，国内的环境感知传感器市场大部分份额被国外汽车电子巨头公司占领，而且国外在芯片等方面对我国实施技术封锁。例如，高频毫米波雷达芯片对于我国长期处于禁运管制状态，不过近几年我国相关企业也在积极布局，国内外差距正在逐渐减小。通过研究分析，目前国内与国外优势国家相比主要有以下几点差距。

（一）核心技术滞后

我国在环境感知传感器行业起步较晚，失去了技术领先优势。从车载摄像头子行业来看，我国的车载摄像头行业在CMOS图像传感器和模组组装技术方面与国外差距较大。CMOS图像传感器是车载摄像头的核心零部件，而我国CMOS图像传感器技术落后，造成我国图像传感器技术落后的原因主要有以下两点：一是我国半导体技术整体相对落后，二是国内针对车载CMOS图像传感器市场的企业缺乏。目前格科微电子是国内最大的CMOS图像传感器设计公司之一，但其主要针对移动设备及消费电子市场。车载摄像头模组组装工艺复杂，不同于一般的摄像头，汽车摄像头连续工作时间较长、所处环境往往震动较大且一旦失效将会对用户生命安全造成致命威胁，因此对于模组和封装等要求严格，而模组和封装工艺与技术门槛较高，我国在车载摄像头模组组装行业技术相对落后，国外的模组组装技术性能能满足车载摄像头的高要求，因此国外供应商占据了车载摄像头模组组装的绝大部分市场。

（二）成本高，缺乏价格优势

随着自动驾驶级别的快速提高，单车装载的环境感知传感器的数量也逐步增加。但是车企为了控制整车成本，对环境感知传感器的成本要求非常高，并且还要逐步降本。而环境感知传感器的研发周期较长，研发成本高，且我国由于技术相对落后，产品生产设备以及测试设备很多都需要进口，产品还需要支付昂贵的专利费用，导致目前我国虽然一些企业已具备车载摄像头、毫米波雷达等传感器的量产能力，但是成本却是居高不下，与国外汽车零部件巨头公司相比缺乏价格优势，市场占有能力弱。

（三）测试评价体系不完善

随着ADAS由高端车市场向中低端市场渗透，ADAS的作用从提高汽车的驾驶舒适性逐渐转向为汽车的主动安全提供保障，由于涉及汽车的安全，所以作为实现ADAS功能不可或缺的环境感知传感器，作为环境感知系统的关键零部件，其性能测试评价工作尤为重要。

以毫米波雷达产品为例，目前，车载毫米波雷达产品所需进行的测试内容包括单元、集成测试，基本功能测试，电性能测试，可靠性测试，CAN通信网络、诊断测试五个方面。测试评价不仅是针对产品完成后的性能测试，量产前的测试可帮助优化产品，缩短开发周期。目前我国的毫米波雷达测试评价体系不完善，各个公司应用的测试评价方法也不尽相同，主流的雷达测试供应商主要有罗德与施瓦茨（R&S）、dSPACE、东扬精测系统等。

为有效推动环境感知传感器行业发展，应联合中国汽车工程研究院、中国汽车技术研究中心及行业力量等，推动测试评价标准的制定。

五 发展存在的问题及建议

（一）加大产业政策扶持力度，完善法规及测试标准

我国在汽车环境感知传感器行业技术底子薄弱，产品在前期研发测试过程中存在极大的不确定性，产品研发周期长，资金回收慢，而且我国毫米波雷达和激光雷达大多数企业为初创公司，企业在研发新产品时需要面临极大的资本压力。除了高端车智能化带动需求外，更重要的驱动力则是来自法规的推动。美国、欧盟、日本等地区于2016年起陆续将前方碰撞预警、车道

维持系统、自动紧急刹车系统与盲点侦测系统等列为法规强制装载,或列入新车评价标准(NCAP),而中国在2018年版本的NCAP中,才首次列入多项主动安全需求的评价指标。

建议国家层面加大产业政策扶持力度,对汽车环境感知传感器产业发展提供一定的资金支持,设立国家重点研发计划等科研项目。规范和保护相关的技术知识产权,建立健全行业技术创新体系。加大对自主研发项目、自主研发成果市场转化的财税等支持力度。完善ADAS相关标准法规,优化统一各传感器的相关测试评价标准体系,以加快汽车环境感知传感器产业发展进程。

(二)攻关核心技术,培养人才队伍

我国在汽车环境感知传感器核心技术方面还存在许多问题,例如,车载摄像头行业在CMOS图像传感器和模组组装方面无法自主生产,而在毫米波行业方面,虽然国内部分企业对77GHz毫米波雷达技术有了不少突破,但受成本控制、可靠性设计苛刻以及验证过程复杂等因素影响,产品的一致性很难保证,且研发周期长,成本回收困难。由于起步较晚,专业人才储备明显不足。以车载毫米波行业为例,车载毫米波雷达的研发需要丰富的雷达系统和毫米波射频设计经验与能力,而这一领域的人才集中在国内的军工企业和国外企业,传统的汽车电子公司之前很少涉及这一领域,虽然目前国内第一批毫米波雷达企业已经开始逐步发展壮大,但大多数都是在2014~2016年成立的,团队往往具备科研背景、军工背景或商业跳槽背景,这些公司高级人才数量有限,现阶段人才聚集效应不强,制约了毫米波行业的发展进程。

建议培育基础扎实的人才队伍,完善充实我国汽车环境感知传感器行业的知识储备,给予相关人员良好的研发测试发展环境,使其发挥工匠精神,逐步形成对国外优势企业的技术并轨及技术超越。同时加强国际协同,寻找合适的途径开展国际合作,引导相关企业对各阶段制约产业发展的应用技术进行攻关,力争补齐短板,全面掌控核心技术。相关人员应在研发测试过程

中积累经验以及实验数据，提高对基础制造工艺的重视程度，加强工艺研究，攻克车载摄像头模组封装等工艺技术难点。

（三）优化产业环境，促进资源整合

我国的环境感知传感器产业近几年才开始逐渐发展，尚未形成成熟的产业链，技术与市场主要由发达国家所掌握，我国只在产业链的小部分中略有布局，而且掌握先进技术的国家在某些方面对我国实施技术封锁，如77GHz毫米波雷达的技术方面。考虑到单独的车载摄像头、激光雷达或是毫米波雷达并不能有效应用于车载领域，必须配合算法等应用于高级驾驶辅助系统，我国在产业链协同发展方面面临挑战。

建议加强芯片企业、硬件企业、算法企业、整机及整车企业、科研院所等的通力合作，鼓励整机整车企业与零部件企业协同创新，加强车载摄像头、激光雷达等感知传感器全产业链的技术突破，实现感知传感器与主动安全辅助系统联合开发，形成资源整合优势。

B.7
汽车胎压监测系统子行业发展分析

摘　要： 随着 GB 26149 的实施，国内汽车胎压监测系统行业进入快速发展的时期，本文梳理了 TPMS 行业法规要求、市场规模、技术方案、知识产权分布、上下游供应链等方面的现状，指出了国内 TPMS 行业发展的不足；结合整车技术发展的趋势，对 TPMS 未来发展方向做了一些探讨；同时，针对 TPMS 行业发展过程中遇到的问题，提出塑造行业品牌、突破核心技术、运用智能制造、发展产业联盟、加大人才培养力度等建议。

关键词： 胎压监测系统　安全系统　芯片

一　行业发展分析

汽车胎压监测系统（Tire Pressure Monitoring System，缩写 TPMS）是汽车安全电子系统中非常重要的一个组成部分，它能实时监测轮胎的压力、温度等数据，当轮胎气压过高或过低时进行报警从而确保行车安全。汽车胎压监测系统与 ABS 和安全气囊"事后被动"型汽车安全系统不同，是"事前主动"型的第三大汽车安全系统。

2016 年 9 月工业和信息化部装备工业司、国家标准化管理委员会工业一部、全国汽车标准化技术委员会汽车电子与电磁兼容分技术委员会审查通过了《乘用车轮胎气压监测系统的性能要求和试验方法》（GB 26149）的国家强制性标准；2019 年 1 月 1 日起，中国市场所有新认证乘用车必须安装汽车胎压监测系统；2020年1月1日起，所有在产乘用车开始实施强制安装要求。

随着国内强制性标准落地实施，国内汽车胎压监测系统产业发展及市场竞争将迎来新的局面。

（一）汽车胎压监测系统的分类及特征

1. 按照工作原理及安装方式分类

汽车胎压监测系统按照工作原理及安装方式，分为以下三类：直接式胎压监测系统、间接式胎压监测系统以及混合式胎压监测系统。

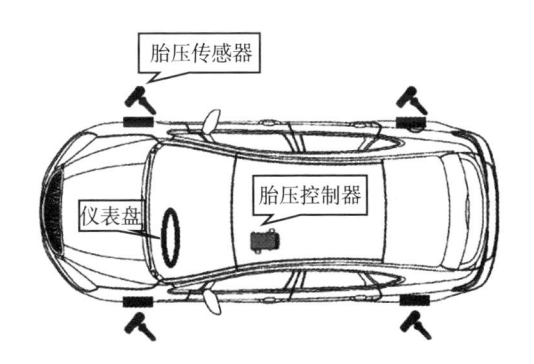

（1）直接式胎压监测系统

直接式胎压监测系统（又称Direction TPMS，简称dTPMS）主要由三部分构成：位于轮胎内的胎压传感器、位于车身的胎压控制器以及位于仪表盘的显示部分。不仅可以实时监测轮胎的压力、温度数据，而且当轮胎气压和温度出现异常时，还可以依据显示部分反映的异常数据准确定位异常轮胎的位置。同时，直接式胎压监测系统更显示人性化设计，车主可以根据实际使用情况自行设定报警的阈值。

图1 直接式胎压监测系统

胎压传感器：实时监测轮胎压力和温度，通过无线方式发送给车辆，由MCU、天线、低频天线、电池、PCB以及固定装置六大部分构成；MCU集成了射频模块、压力传感器、温度传感器和加速度传感器，在对采集的压力、温度、加速度数据做相应的处理后,通过射频模块发送出去;天线能够将 MCU 传输过来的数据发送出去;低频天线能够响应低频信号,并将其传送给 MCU;电池能够为 MCU 供电,电池的电量对发射机的使用寿命有很大的影响;PCB 能够固定元器件并提供可靠的电器连接;固定装置则是通过一定的方式将胎压传感器固定在轮胎上,目前有气门嘴尾部安装、气门嘴外置安装(售后加装)、轮胎内部安装、轮辋绑带式安装等,而当前主流的方式是通过气门嘴尾部安装方式固定在轮辋上。胎压传感器关键指标如表 1 所示。

表 1 胎压传感器关键指标

参数名称	描述	主流指标
气压量程	可以测量的气压范围	100～1400kPa
RF 频率	无线通信的工作频率	433.92MHz/315MHz
工作温度	产品可靠工作的温度范围	-40℃～125℃
RF 发射功率	产品发射的性能指标	<8dBm
低频灵敏度	ID 匹配关键性能指标	0～1700nTp
防护等级	产品可靠性指标	IP67/IP6K9K

资料来源:项目组整理。

胎压控制器:接收胎压传感器发来的无线信号,处理后发送给显示端或者车身数据总线上,由 MCU、射频接收芯片、CAN 芯片以及接收天线四大部分构成。射频接收芯片接收传感器发出的 RF 信号,通过 SPI 将数据传输给 MCU;MCU 处理接收到的数据,并通过 CAN 线发出;CAN 芯片集成了 CAN 收发器、DCDC 模块及硬件复位电路;接收天线用于接收传感器发出的 RF 信号。胎压控制器关键指标如表 2 所示。

表 2 胎压控制器关键指标

参数名称	描述	主流指标
工作电压	工作电压的范围	8～18V
中心频率	无线通信的工作频率	433.92MHz/315MHz
接收灵敏度	产品射频接收的性能指标	-95dBm
工作温度	产品可靠工作的温度范围	-40℃～85℃

续表

参数名称	描述	主流指标
工作电流	产品正常工作的电流消耗	<100mA
休眠电流	产品待机的电流消耗	<1mA
防护等级	产品可靠性指标	IP5K2

资料来源：项目组整理。

显示部分：可采用独立的显示器或者从车辆的数据总线上获取胎压控制器发出的信息，通过车辆的仪表或者多媒体显示屏显示给驾乘人员。

直接式胎压监测系统采取了直接测量的方式实时获取胎压和温度信息，具有性能可靠、灵敏度高的特点。同时直接式胎压监测系统独立成系统，随着工业应用的成熟及核心功能芯片性能提升，产品功能扩展、软件改善迭代都比较快，比如，在实现基本功能基础上扩展充气辅助、自动学习、自动定位、蓝牙通信、无源传感器、测量或估算轮胎花纹深度、估算载重等功能，从而为主机厂带来更多附加价值以及给驾驶者带来更好的驾驶体验。不仅如此，伴随着自动驾驶 L2、L3 级别在实际应用中的逐渐普及，直接式胎压监测系统的可拓展性比较容易满足不同级别自动驾驶对于胎压相关信息提出的更高要求。

正是基于直接式胎压监测系统的这些优点，目前它是主流的产品形式。全球大部分的家用车、豪华车和赛车主机厂多采用此种系统，大众欧洲直接式占比在增多，宝马中国、奔驰中国的主要车型也在 2019 年从标配间接式胎压监测系统逐渐转为标配直接式胎压监测系统。在售后加装市场，相对于其他两种系统，直接式胎压监测系统更便于实现。

不过直接式胎压监测系统也不是完美无缺的，系统的独立性需要 4~5 个专用的传感器（与车辆轮胎数量一样）以及固定装置支撑，产品成本、安装实施成本要高于另外两种系统。

（2）间接式胎压监测系统

间接式胎压监测系统（又称 Indirection TPMS，简称 iTPMS）主要是在对轮速信号采集的基础上，通过与标准气压状态下轮速的对比得出轮胎气压的变化，即利用 ABS 或 EPS 系统已有的角度等信息，通过升级其软件输出适合分析用的信号，配合专用的胎压分析软件来估算轮胎的气压变化，当车轮气压出现异常时则发送信息到车身数据总线，在仪表上显示给驾驶者，间接式胎压监测系统的核心在于软件算法（见图2）。

图 2　间接式胎压监测系统

在产品构成上，间接式胎压监测系统与直接式胎压监测系统相比，并没有额外增加相关的零部件，其主要组成部件有 1 个 ABS/EPS 控制器和 4 个轮速传感器；其故障显示则是通过组合仪表上的报警灯或者文字来呈现。

间接式胎压监测系统主要是基于现有的 ABS/EPS 系统通过特定软件算法的方式来推测可能发生的胎压故障，因此在不考虑前期软件模型开发成本的前提下，其在成本上具有一定优势。间接式胎压监测系统前期软件模型开发成本较高，其主要原因在于软件模型的构建需要大量轮胎、车辆信息及测试数据，而上述数据搜集需要在时间成本基础上花费大量人力物力。由于汽车胎压监测系统是伴随欧美法规而发展起来的，国外起步较早，同时从软件信息产业技术发展方面来看，国外也领先于国内，因此基于特定软件算法的间接式胎压监测系统主流供应商均为国外厂家。而且上述供应商在其软件分析模型中经过大量的实测数据验证，成熟度较高，因此在目前的中国市场，对主机厂而言，如果不额外收取软件模型的开发费用而只考虑标定参数的费用，间接式胎压监测系统的成本远比另外两个系统有优势。不仅如此，就其功能来说，受益于汽车胎压监测系统规模化应用以及软件技术飞速发展，系统开发商积累了丰富的软件模型构建数据，目前间接式胎压监测系统多数已经升级到第二代，甚至第三代，产品的模型成熟度逐渐提高，解决了间接式胎压监测系统不能显示有问题的轮胎位置信息的弊端，新一代产品可以在某些特定情况下显示有问题的轮胎位置信息。

技术的持续进步已经部分地解决了间接式胎压监测系统所固有的技术弊端，使其符合乘用车 GB 26149 - 2019 的测试规范要求，但其技术实现方式在功能上存在不可克服的不足之处。从目前已量产车型的应用来看，其系统在精度、反应时间以及信息完整度等方面，相对于直接式胎压监测系统仍然有差距。比如，其精度在夏季、冬季、不同路面的情况下，且缓慢降低气压，同轴双轮气压同时出现异常情况下的报警阈值和反应时间皆略有不同；当多轮胎位置同时或者分阶段出现异常时，无法提示准确位置，而这种不一致性很容易给非专业的驾驶人员带来困惑。不仅如此，随着自动驾驶技术的逐渐普及，作为车辆终端数据采集系统的构成部分，自动驾驶技术需要胎压监测系统提供精确的轮胎信息，甚至路面信息，而间接式胎压监测系统是通过软件模型计算来判定胎压情况，因此不仅无法为自动驾驶系统提供可靠直接的轮胎信息，更不可能提供路面信息，在系统功能拓展上无法满足汽车智能化发展趋势需要。

（3）混合式胎压监测系统

混合式胎压监测系统是由间接式胎压监测系统和直接式胎压监测系统混合而成，通常该系统配置 1~2 个直接式传感器，车身的 ECU 根据 ABS/EPS 信号并结合直接传感器给出的轮胎信息，通过软件模型对比、分析数据，从而提高信息的精确性、灵敏度，同时确定显示有问题的轮胎位置信息并显示相关信息给驾驶者。

从混合式胎压监测系统构成来看，该系统只需要配置 1~2 个直接式传感器，在成本上远远低于需要 4~5 个（依据轮胎数量）直接式传感器的直接式胎压监测系统,而且混合式胎压监测系统构建的软件模型数据可以部分由配置的直接式传感器获得,软件模型的实测数据收集成本降低、软件模型相较间接式胎压监测系统有所简化,模型构建整体成本降低;从信息数据采集的灵敏度及可靠性方面来看,混合式胎压监测系统远远低于直接式胎压监测系统,但由于部分信息数据采集是通过直接式传感器,所以高于间接式胎压监测系统,而且在确定显示有问题的轮胎位置信息方面更具有技术可行性。

目前混合式胎压监测系统作为胎压监测系统的发展路线之一,尚处于概念阶段,暂无量产应用案例。同时,基于对技术原理和项目开发流程的估算,如直接式胎压监测系统接收机端 CAN 通信的对接开发、胎压信息输出的全新策略、产线的调试成本、间接式胎压监测系统的车型和轮胎参数的标定等,混合式胎压监测系统的开发成本预估要远高于单一系统。此外,主机厂的零部件管理、售后维护保养会远较其他两种方式复杂。比如,轮胎总装厂需要提供两种状态的轮胎给同一个总装线的管理、售后 4 轮换位后的重新学习的步骤、出现报警后判定和更换的要求等。随着直接式胎压成本的逐渐降低,混合式胎压监测系统的发展空间受到局限。

2. 按照产品应用车辆类型分类

汽车胎压监测系统按照应用车辆类型分为以下三类:乘用车胎压监测系统、商用车胎压监测系统以及特种车辆胎压监测系统。

(1) 乘用车胎压监测系统

乘用车是最早应用胎压监测系统的车辆类型。由于法规出台较早且针对的目标车辆是乘用车,乘用车胎压监测系统是应用最广、规模最大的一类胎压监测系统。乘用车胎压监测系统的技术路线包括以下三种:直接式、间接式和目前还没有资料显示已量产应用的混合式。不过,随着法规标准的修订,直接式将成为胎压监测系统技术发展的主导技术路线,其市场占比在全球将进一步大幅上升。

直接式胎压监测系统,通常由 4 个或 5 个车轮内的传感器以及胎压监测控制器组成。胎压控制器可以是独立的硬件,也可以是和 BCM 或者 PEPS

等其他车身射频接收 ECU 集成在一起;从传感器安装方式看,虽然 2010 年前一些厂商,如福特,使用过绑在轮辋上的绑带式,但现在绑带式几乎没有在乘用车上有应用,而当前 OEM 厂家量产项目主要采用气门嘴式(将气门嘴作为固定装置,将胎压传感器固定在气门嘴尾部),不过随着近年来胎压监测系统技术和蓝牙等通信技术的不断发展,和轮胎配合安装的贴片式需求越来越大,TPMS 厂商开始评估和尝试。除此之外,在后装市场上使用较多的为拧在气门嘴末端的外置式(一种说法为帽式);从功能上来看,当前直接式胎压监测系统在使用的便捷性上已经迭代了若干代的产品,目前比较热门的应用技术为充气辅助(快速)显示胎压、轮胎换位或更换传感器后自动学习和定位以及停车熄火胎压监控等。

(2)商用车胎压监测系统

商用车由于其特殊性,胎压监测的技术难度及实施难度比乘用车的胎压监测要大。相比于乘用车,商用车的轮胎数量多、轴距大、胎压压力高、胎压压力变化大、数据传输距离长(需要从挂车传到车头)、数据传输环境复杂且信息干扰明显,这些都加大了商用车胎压监测系统开发难度,提高了技术要求。

商用车胎压监测系统相比于乘用车胎压监测系统的主要技术难度如表 3 所示。

表 3 商用车胎压监测系统与乘用车胎压监测系统比较

序号	对商用车 TPMS 的特殊技术要求	商用车与乘用车相比的不同之处
1	准确的轮胎位置识别	轮胎数量多,10 个或者更多,后轴使用双胎
2	相对高的 RF 信号传输可靠性	轴距大,3~15m
3	高准确率的判定算法	轮胎压力高,4~9Bar;由于载荷变化大和轮胎磨损人,因此胎压变化大
4	不同的车轮模块安装结构	车轮轮毂外形结构不同,充气阀门型式和位置不同
5	相对高的 RF 信号传输可靠性	轮胎结构不同,带有胎侧金属加强结构
6	容易更换车轮模块	车轮和轮胎更换较频繁

续表

序号	对商用车 TPMS 的特殊技术要求	商用车与乘用车相比的不同之处
7	相对高的 RF 信号传输可靠性	车辆结构不同,有大量的金属零部件,承载物不同,承载货物类型和重量变化大
8	连接挂车和主车的数据传输方法	数据传输从挂车到主车

资料来源:项目组整理。

基于商用车自身的特殊性,当前商用车胎压监测系统主要还是采用直接式胎压监测系统的方式来实现。

商用车胎压监测系统主要由以下部件组成:多个胎压传感器(实际的数量根据车辆轮胎的数量决定);1 个主胎压控制器和 1 个或多个从胎压控制器(商用车轴距较长,为了保证 RF 信号接收的可靠性需要设置多个胎压控制器);相关信息通过车辆仪表来显示。

商用车的车轮轮毂外形结构不同、充气阀门型式和位置不同、轮胎结构也不相同,导致商用车胎压监测系统的普适性很重要。当前按照技术路线分,商用车胎压监测系统又可分为绑带式传感器、气门嘴式传感器、外置式传感器和内壁式传感器等四大类。主要技术路线的商用车胎压监测对比如表 4 所示。

表 4 主要技术路线的商用车胎压监测对比

项目	绑带式传感器	气门嘴式传感器	外置式传感器	内壁式传感器
物料管理	一个传感器对应多个轮毂,物料管理成本最低,库存压力小	不同轮毂及气门嘴低孔位置及角度不同,气门嘴也会不同,需要多个料号,物料管理成本高,库存压力大	一个料号对应所有轮胎,物料管理成本最低,库存压力小	一个料号对应所有轮胎,物料管理成本最低,库存压力小
轮毂温度监测功能	可第一时间监测到轮辋异常升温,温度监测精度高(不适用于带防爆装置的轮辋)	适用于所有轮辋,温度监测精度一般	无轮毂温度监测	无轮毂温度监测

TPMS方面借鉴了FMVSS 138和ISO 21750标准的定义方法。

（3）日韩

韩国2012年通报了韩国机动车辆安全标准执行法规Ⅱ修订案，法规的拟批准日期及拟生效日期为2013年10月8日。

日本的汽车标准化组织（JASO）也制定了一项TPMS实车测试方法的技术文件，其技术内容基本上是对美国FMVSS138法规的细化。

（4）国内

除乘用车之外，中国对部分商用车也制定了相应的法规，要求满足条件的车辆安装TPMS，具体如表5所示。

表5 商用车标准

项目	JT/T 1178.1-2018	JT/T 1178.2-2019
法规性质	交通行业-推荐性标准	交通行业-推荐性标准
标准名称	营运货车安全技术条件 第1部分：载货汽车	营运货车安全技术条件 第2部分：牵引车辆与挂车
范围	适用于N1、N2、N3类载货汽车，不适用于牵引车和半挂牵引车	适用于N2、N3类的牵引车辆与O3、O4类的挂车及其组成的汽车列车，不适用于载货汽车
车辆	总质量大于或等于12000kg且最高车速大于90km/h的载货汽车	最高车速大于或等于90km/h的牵引车辆
安装要求	使用单胎的车轮应安装轮胎气压监测系统	使用单胎的车轮应安装轮胎气压监测系统或具有轮胎气压监测功能的装置
实施时间	2020年5月1日起	2020年5月1日起

资料来源：项目组整理。

2. 汽车胎压监测系统知识产权分布状况

全球汽车胎压监测系统相关专利申请量虽然有所起伏，但仍处于较快增长趋势，专利申请增长处于发展期，其中表现最为突出的是中国地区，中国地区专利申请量呈现急剧增长态势，国内具有较大的市场布局潜力。

从图4来看，汽车胎压监测系统专利申请可划分为两个阶段。第一阶段为1969~2008年，这一阶段伴随着美国强制性安装法规的颁布，汽车胎压监测系统技术开发从无到有并呈现井喷式发展，这个阶段的技术开发和储备以美国、日本、德国为代表。第二阶段为2011年至今，这一阶段汽车胎压监测系统的技术开发同样是伴随欧盟、日韩以及中国等不同国家及地区的强制性安装法规的立项及实施，与第一阶段多国均衡发展不同，这个阶段中国在相关专利申请量上呈现一枝独秀的局面。这固然有中国庞大的产品应用市场因素在里面，但更多的是随着汽车智能化、网联化技术的发展，新技术应用以及新功能模块的拓展不断刺激汽车胎压监测系统技术，伴随汽车上述发展趋势以及新的产品定位而不断产生新的裂变。

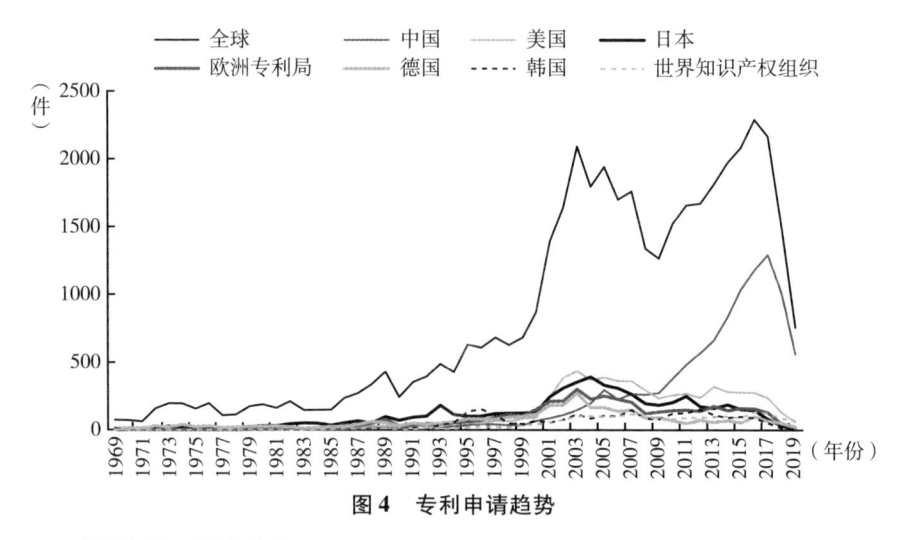

图4 专利申请趋势

资料来源：项目组整理。

从国内申请人分布来看，虽然前两名仍然被国外公司所占据，但从排名前十的申请人布局来看，如果不考虑合资因素及专利质量因素，仅从数量上考虑，国内企业和国外公司呈现平分天下的局面，这说明伴随着汽车胎压监测系统在国内近20年的开发和研究，国内企业在汽车胎压监测系统方面具有了一定的技术积累，并且正在把握当前技术革新的关键时期，从简单组装及模仿走上自主创新之路。国内在专利申请方面表现突出的企业包括铁将军、保隆霍富（上海保隆汽车科技股份有限公司与德国霍富合资公司，由上海保隆汽车科技股份有限公司控股）、上海为彪、吉利等企业（见图5）。

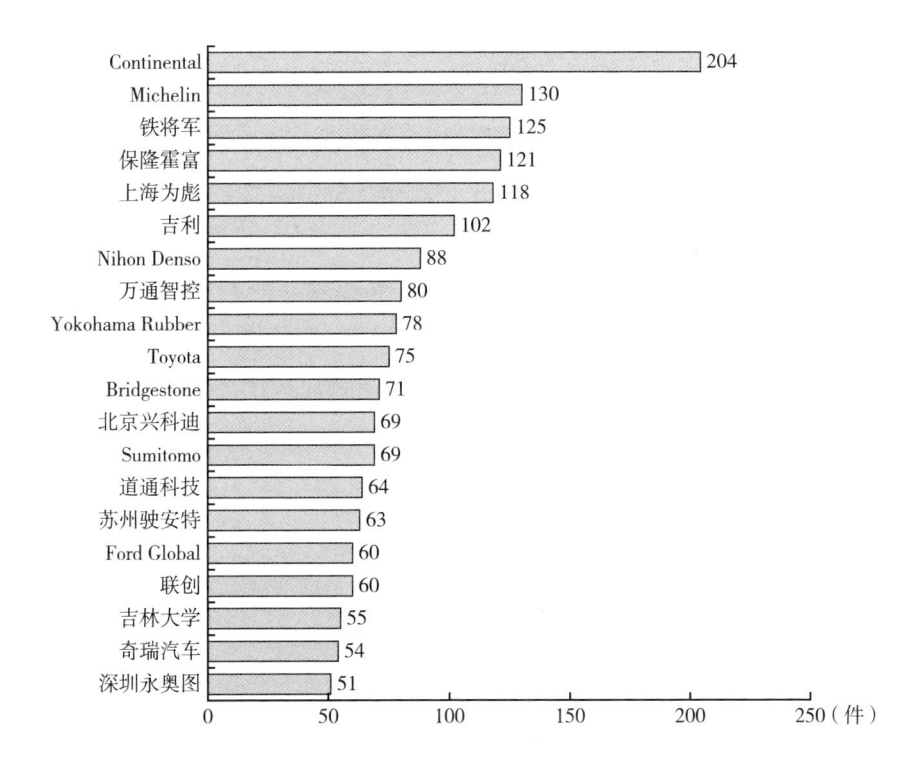

```
Continental       204
Michelin          130
铁将军             125
保隆霍富           121
上海为彪           118
吉利              102
Nihon Denso       88
万通智控           80
Yokohama Rubber   78
Toyota            75
Bridgestone       71
北京兴科迪         69
Sumitomo          69
道通科技           64
苏州驶安特         63
Ford Global       60
联创              60
吉林大学           55
奇瑞汽车           54
深圳永奥图         51
```

图 5　中国专利申请量排名

资料来源：项目组整理。

3. 汽车胎压监测系统市场及产业链环境

（1）汽车胎压监测系统市场环境

汽车胎压监测系统市场推动力主要来源于政策，由于欧美在相关法规方面起步较早，所以需求更为集中，目前汽车胎压监测系统的国际市场基本被森萨塔、大陆等欧美厂商垄断。同时由于汽车胎压监测系统使用寿命大多在5年以上，当前虽然市场主要集中在前装（OEM）市场，但国外售后市场也经过前期的市场沉淀而逐步发展起来。

从国内市场格局来看，国内汽车胎压监测系统行业规模化的公司不多，而且业务也是以配套自主 OEM 品牌厂商为主，很少进入合资厂或者外资品牌汽车厂供应体系。

（2）汽车胎压监测系统产业链环境

汽车胎压监测系统产业链大致可以分为以下三个环节：产业链上游是芯片、电池等各类物料供应商；产业链中游是汽车胎压监测系统产品集成商以及生产商；下游则是各 OEM 整车厂和市场接触消费者。从汽车胎压监测系统以上三个产业链条来看，上游芯片存在技术垄断，芯片供应商掌握着定价权。就汽车胎压监测系统芯片而言，虽然传感器、MCU 等单一组件供应商众多，但能提供完整解决方案的供应商全球仅有英飞凌、恩智浦、Melexis 等少数欧美主流供应商。伴随着汽车电子化和智能化产业的不断发展，国内车载芯片厂商正逐步打破海外垄断，在各个环节逐步落地国产化芯片，国内企业琻捷电子、广东合微以及四维图新旗下的杰发科技已具备 TPMS 芯片量产能力。

中游存在市场壁垒。在新车型推出之前，中下游供应体系内部需要长达一至两年的合作开发，体系内已建立了相对稳定的合作关系；海外市场经过长期竞争，格局相对稳定，以国外胎压供应商为主，国内胎压供应商还需要努力；国内市场则正在快速实现国产替代。

下游主机厂具备议价能力。前装市场客户主要是各大主机厂，在下游行业不景气时会有一定的压价现象，中游利润空间受到挤压。

二　汽车胎压监测系统市场发展状况

（一）汽车胎压监测系统市场规模

汽车胎压监测系统于 20 世纪 90 年代末作为豪华车型的高端配置而被推向市场，虽然其拥有良好的安全性能和节能环保性能，但受限于其高昂的成本因素，当时仅能在中高档车型上得到应用。随着美国、欧盟、韩国、中国等通过强制安装法规，目前汽车胎压监测系统已经成为部分国家或地区的汽车标准配置，市场规模迅速增长。

得益于以下因素，未来汽车胎压监测系统的市场规模将持续增长：全球乘用车销量持续增长；乘用车原配市场 TPMS 渗透率不断提高，带来原配市场需求；乘用车保有量的持续增长，乘用车保有量中原配 TPMS 车型的比例增加，带来售后替换件需求。

预计到 2024 年全球汽车胎压监测系统发射器市场将成长为年销量 3.3 亿支的巨大市场。其中，北美和欧洲原配市场将保持平稳增长，受欧美立法早、TPMS 产品周期等因素影响，售后替换件市场处于爆发期；受 TPMS 强制安装法规的逐步实施因素影响，中国市场也将获得急速增长，同时随着汽车保有量的持续增长以及 TPMS 产品周期影响，售后替换件市场需求也在慢慢崛起，未来将成为汽车胎压监测系统市场增长的又一极。当然汽车胎压监测系受立法政策推动的时间限制，原配市场仍是目前 TPMS 需求的主要来源，未来 5 年内的全球原配市场年平均销量维持在 2 亿支左右，不过随着中国售后替换件需求的逐步提升，全球售后市场也将逐步增长，到 2024 年全球售后市场年销量将达到 1.2 亿支左右（见图 6）。

（二）整车企业配套情况

从汽车胎压监测系统行业发展进程来看，汽车胎压监测系统行业的主要推动力为各国及地区的法规政策，汽车胎压监测系统行业的市场渗透率与各国出台政策息息相关。

美国的 FMVSS138 法规，要求自 2007 年 9 月 1 日起，所有出厂的轻型车必须安装 TPMS。美国 TPMS 立法实施到现在已经超过十年，TPMS 已成为美国轻型车的标准配置，TPMS 美国原配市场渗透率为 100%。

欧盟通过 ECE R64 法规，规定从 2014 年 11 月 1 日起所有新乘用车必须安装 TPMS。欧盟法规实施也已超过五年，TPMS 同样已成为欧盟乘用车的标准配置，TPMS 欧盟原配市场渗透率为 100%。

中国的 GB 26149 国家强制性标准，规定自 2020 年 1 月 1 日起，所有在产乘用车开始实施强制安装要求。受强制性标准实施的时间窗口影响，依据公开资料统计，目前在售车型中只有约 51.3% 的车型装备胎压监测系统，尚有 48.7% 的车型没有安装，同时国内直接式和间接式比例约为 7∶3，预计当前直接式渗透率在35%~40%。随着强制性标准的实施，国内TPMS的市场渗透率将会快速提升到100%。

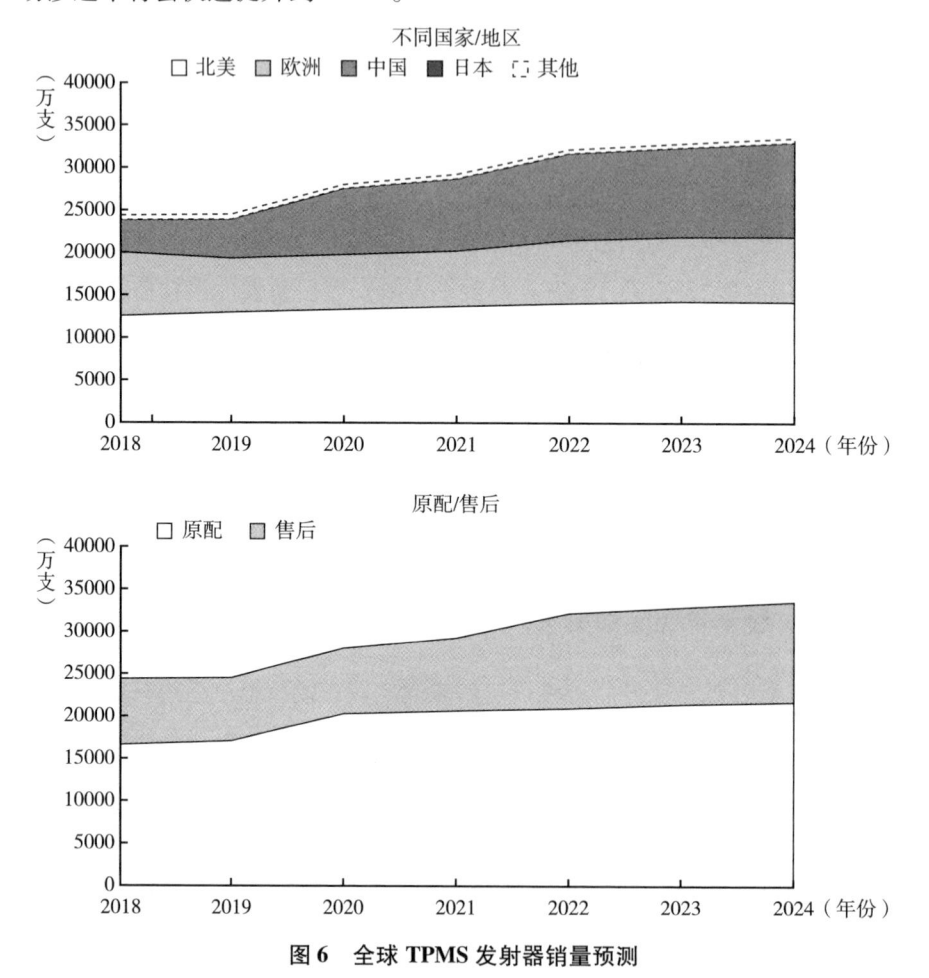

图6 全球TPMS发射器销量预测

资料来源：保隆科技整理。

（三）汽车胎压监测系统国内外市场竞争格局

1. 国内外市场状况

目前，全球汽车胎压监测系统主要由欧洲、美国、日本和中国的汽车胎压监测系统供应商供应。乘用车方面，直接式汽车胎压监测系统的代表企业有Sensata（原Schrader）、Continental、保富电子（BH SENS）、PACIFIC、BCS（原TRW车身控制系统事业部）等，上述企业占据了全球绝大部分乘用车直接式汽车胎压监测系统市场份额，行业集中度较高。在本土乘用车直接式胎压监测系统供应商中，具备批量供应经验的OEM供应商有保富电子、联创、驶安特等企业，聚焦售后业务的供应商有铁将军、道通、万通、为升、橙的等企业（见表6）。

间接式胎压监测系统的代表企业有Nira Dynamic、Continental、Dunlop，上述企业几乎占据了全球所有间接式胎压监测系统市场份额，行业集中度非常高。

商用车方面，汽车胎压监测系统的代表企业有Sensata（原Schrader）、保富电子、驶安特、知轮科技、永奥图、南京泰晟等企业。

（1）国外市场重点企业及市场状况（见表6、表7）

表6 直接式胎压监测系统重点企业及市场状况

重点企业	企业概况及其市场状况
Sensata（原Schrader）	Schrader成立于1844年，自1991年起开始研究和生产无线TPMS。Sensata于2014年收购Schrader。目前，Sensata是全球主要的TPMS供应商，在TPMS技术领域内处于世界领先地位，全球市场占有率近50%。主要客户包括通用、福特、菲亚特克莱斯勒、现代、奔驰、长城、长安、吉利、比亚迪等。Sensata在国内的TPMS工厂位于常州，全球另外两个工厂位于墨西哥与保加利亚，2019年末关闭了其北爱尔兰的工厂
Continental	Continental是全球主要的TPMS供应商，目前，全球市场占有率约为20%。其主要客户包括日产、本田、宝马、特斯拉、菲亚特克莱斯勒、现代、起亚、广汽、奇瑞、吉利等。其TPMS产线位于法国、墨西哥、韩国和中国天津
保富电子（DII SENS）	保隆科技曾是中国最大的本土TPMS供应商，Huf是欧洲和北美主要的TPMS供应商，2019年保隆科技和Huf成立了TPMS领域的中德合资公司保富电子（BH SENS）。目前，保富电子的全球市场占有率近10%，主要客户包括保时捷、法拉利、宝马、奔驰、奥迪、大众、欧宝、雷诺、通用、福特、马自达、吉利、长安、五菱、东风、上汽、一汽等。其TPMS生产线位于中国和德国
PACIFIC	成立于1930年，主要与日系车企配套，如丰田、日野、日产、三菱。此外，合作客户中还包括一些轮胎生产商，如住友橡胶、横滨橡胶、东洋橡胶等，在日本和中国常熟建有工厂
BCS	TRW曾是北美主要的TPMS供应商，2017年8月其全球车身控制系统事业部（包含资产和股权）被香港立讯全资收购，并作为一个独立的新公司BCS投入运营，主要客户包括通用、福特、菲亚特克莱斯勒、本田、丰田、日产等

资料来源：项目组整理。

表7 间接式胎压监测系统重点企业及市场状况

重点企业	企业概况及其市场状况
Nira Dynamic	成立于2001年,总部位于瑞典。主要客户包括奥迪、大众、西雅特、斯柯达、雷诺、长安、奇瑞、北汽、上汽等
Continental	除了dTPMS,Continental也能向原配客户提供更具成本优势的iTPMS方案
Dunlop	作为传统的轮胎供应商,Dunlop旗下的Dunlop Tech研发了iTPMS技术,主要为日系客户供货

资料来源:项目组整理。

（2）国内市场重点企业及市场状况（见表8）

表8 国内市场重点企业及市场状况

重点企业	企业概况及其市场状况
联创	成立于2006年4月,总部位于上海,是上汽集团旗下的全资子公司,是上汽集团专注于"智能网联"核心技术开发和战略发展的核心企业。TPMS作为其汽车电子重点产品,目前已经进入多家自主品牌车企的采购体系,主要客户包括上汽、五菱、东风、长安、吉利等
驶安特	成立于2005年1月,总部位于江苏省苏州市,是专业从事汽车TPMS产品研发、生产、销售和服务的企业,目前主要客户包括吉利、长城、奇瑞等
铁将军	成立于1993年,总部位于广东省中山市,早期从事售后TPMS的产品研发、生产、销售和服务,近年来也开始有少量的原配项目,目前主要客户包括广汽、东风日产、吉利等
道通	成立于2004年,总部位于广东省深圳市,作为TPMS系统诊断匹配工具供应商,道通也向北美、欧洲等TPMS售后替代件市场销售发射器
万通	成立于1993年12月,总部位于浙江省杭州市,2017年深交所创业板上市(代码:300643),其产品主要集中在北美、欧洲等TPMS售后替代件市场,包括TPMS传感器、气门嘴、维护工具等

资料来源:项目组整理。

2. 汽车胎压监测系统竞争趋势

（1）欧美原配市场稳定,竞争格局难有巨变

从国家或地区来看,作为强制安装法规落地多年的成熟市场,未来北美、欧洲的TPMS市场发展将相对平稳,竞争格局难有大的变革,Sensata、Continental、保富电子、PACIFIC等头部企业将继续统治市场。而国内少量TPMS中小供应商,存在通过国内合资车企客户定点项目进入北美、欧洲等海外市场的可能性。

（2）国内原配市场竞争加剧，市场集中度提升

国内 TPMS 原配市场格局仍有整合空间，未来行业出清开始加速，国内 TPMS 原配市场的集中度将进一步提高，头部企业将瓜分大部分原配市场份额。随着中国强制安装法规的落地，国内外 TPMS 供应商为了尽快抢占中国市场份额，价格战成为市场竞争常态，自 2019 年起，TPMS 原配销售价已经大幅下滑，TPMS 供应商毛利率有所下降。由于中小供应商在成本线附近维持，难有突破，而头部企业利用市场规模扩大来提高销量、降低成本，进而继续下探价格，挤兑中小供应商生存空间。

（3）国内售后替换件市场崛起，孕育新的市场机遇

国内原配市场的强制安装，将带动售后替换件市场需求的发展。由于 TPMS 的工作电池更换周期为 4~5 年，预计自 2025 年起国内售后替换件市场的换新需求将迎来集中爆发。

而在该细分市场崛起初期，国内 TPMS 中小供应商将纷纷进入，但随着售后替换件市场逐步成熟，在规模效应影响下，和原配市场一样，售后替换件的市场集中度也将逐步提高，大量企业将会被兼并甚至消亡。

（4）直接式胎压监测系统市场占比提升

从安装方式来看，目前北美汽车胎压监测系统市场中，90%左右是直接式胎压监测系统；在欧洲市场中，60%左右是直接式胎压监测系统；而在中国市场中，70%左右为直接式胎压监测系统（见图 7）。

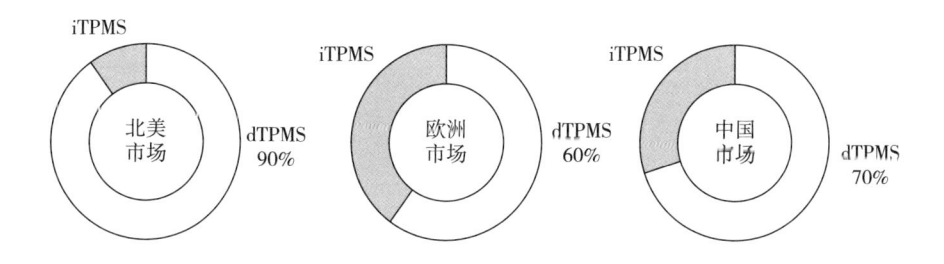

图 7　全球重要市场 dTPMS/iTPMS 的市场份额

资料来源：保隆科技整理。

间接式胎压监测系统受到其技术原理的限制，越来越难以满足日益严苛的 TPMS 安全标准。目前，美国正在研究更新 TPMS 强制安装法规，此次更新的标准将对间接式胎压监测系统产生巨大的挑战，间接式胎压监测系统可能就此退出美国市场。

中国市场方面，随着越来越多消费者对 TPMS 认知的提升，部分车企开始选择从间接式胎压监测系统切换到直接式胎压监测系统，从而提高车型的产品竞争力并改善客户使用体验。如表 9 所示，华晨宝马、北京奔驰、一汽大众－奥迪的多款车型，在升级到最新年代款的时候，全系配置了胎压显示，即直接式胎压监测系统。

表 9 中国部分车企的 TPMS 配置变化

企业	车型	年代款	TPMS 配置情况
华晨宝马	1 系	2020 款	全系胎压显示（dTPMS）
		2019 款	全系胎压报警（iTPMS）
	X1	2020 款	全系胎压显示（dTPMS）
		2019 款	全系胎压报警（iTPMS）
	3 系	2020 款	全系胎压显示（dTPMS）
		2019 款	全系胎压报警（iTPMS）
	X3	2020 款	全系胎压显示（dTPMS）
		2019 款	全系胎压显示（dTPMS）
		2018 款	全系胎压报警（iTPMS）
	5 系	2020 款	全系胎压显示（dTPMS）
		2019 款	全系胎压报警（iTPMS）
北京奔驰	A 级	2020 款	全系胎压显示（dTPMS）
		2019 款	全系胎压报警（iTPMS）
	C 级	2020 款	全系胎压显示（dTPMS）
		2019 款	全系胎压报警（iTPMS）
	GLC	2020 款	全系胎压显示（dTPMS）
		2019 款	全系胎压报警（iTPMS）
	E 级	2020 款	全系胎压显示（dTPMS）
		2019 款	全系胎压报警（iTPMS）
一汽大众－奥迪	A3	2020 款	全系胎压显示（dTPMS）
		2019 款	全系胎压报警（iTPMS）

资料来源：项目组整理。

除此之外，由于目前直接式胎压监测系统的采购成本相比数年前已大幅下降，所以，我们预计，未来直接式胎压监测系统仍然是全球 TPMS 市场中的主流方案，并将不断提高其市场份额。

三 汽车胎压监测系统技术发展

（一）汽车胎压监测系统技术现状

国外在 TPMS 方面起步较早，已经和各个主流车厂合作，完成了多个 TPMS 项目的量产并充分经过了市场的检验，积累了较为丰富的 TPMS 产品研发经验。因此与国外相比，国内在汽车胎压监测系统技术方面存在如下差异。

1. 传感器开发能力差异

在传感器结构设计方面，国外采用可变角度设计、传感器电子部分和气门嘴一次成型等设计方案；国内主要是使用螺钉将传感器电子部分和气门嘴安装在一起。

在硬件设计方面，国内外供应商的设计原理以及采用的元器件材料供应商并无明显差异，关键的差异还是在于射频天线的设计和验证，尤其是产品的鲁棒性，国内供应商考虑不是很全面，目前国外供应商可靠性设计方面略优于国内。

在软件方面，国外已经拥有成熟的软件开发流程，例如，A – Spice 或者 CMMI，并拥有多种软件静态测试和软件逻辑测试的经验，这方面国内还处于落后位置。产品软件工作模式和流程，尤其是关于休眠功耗和自动定位技术的软件算法与国外相比还略有差距。

2. 产品质量差异

TPMS 的产品功能不复杂，应用中的判断逻辑相对于其他汽车零部件来说较为简单，因此产品质量上的国内外差异主要体现在原材料供应链和生产制造这两方面。

原材料供应链：原材料如PCB、结构件等尺寸控制方面，国内供应商存在一定差距，导致产品在组装和测试中一致性不够好，引起产品的质量差异。

生产制造：国内供应商在生产设备如回流焊机、激光密封焊接机、灌胶密封工艺等方面几乎和国外没有差距，但是产线系统集成能力和参数控制方面有一定差距，加之质量控制方法和意识稍有不足，导致最终产品的质量差异。

3. 测试评价差异

TPMS台架测试：国外以台架测试为主，通过前期台架测试覆盖产品功能、射频性能、总线网络等方面，且自动化测试能力较强；国内供应商则以人工测试为主，测试覆盖面较国外少，导致开发后期和量产后投诉较多。

TPMS电磁兼容性能：目前国内TPMS强标虽然对于TPMS电磁兼容方面要求通过ECE R10标准，但是美系、日系和欧系车厂对于电磁兼容方面都有自己的企业标准，且高于ECE R10等普适标准，在这方面国内还存在一些差距。

TPMS系统耐气候和机械负荷：目前国外设计的TPMS产品在环境以及旋转测试标准和方法方面都优于国内。

TPMS系统防护性能：由于密封方式的设计经验差距以及密封设备和工艺的差距，国外在这方面领先于国内。

（二）汽车胎压监测系统技术发展趋势

汽车胎压监测系统是驾车者、乘车人的生命安全保障预警系统，将是一个永恒的主题，因此，TPMS将成为汽车安全保障系统之一。TPMS将向高度集成化、单一化、无源化方向发展。

1. 微型化趋势

随着汽车消费者节能环保意识的提高，车辆制造厂商也不断努力提高整车轻量化的水平，这就要求汽车零部件供应商通过技术研发，将产品变得越来越小，重量变得越来越轻，功耗越来越小。TPMS产品，得益于芯片技术的发展,也不断朝着这个方向在努力,传感器电子模块重量由原先的30~40克发展到现在的10克左右。

2. 智能化趋势

目前主流的TPMS产品仅能获取轮胎的压力和温度数据,随着用户对于轮胎信息的更多诉求,例如车辆载荷信息、胎面磨损信息、轮胎编码信息等,推动着TPMS产品朝着更智能化的方向发展。TPMS轮胎管理方案产品,将产品设计成补胎片的样式,如图8所示,通过胶水粘贴在轮胎的内壁,再辅以软件算法,能够获得更多关于轮胎的信息,目前已经有小批量产品在进行商用,预计未来随着轮胎技术和电池技术的发展,解决传感器的安装可靠性问题,该方案会有较好的使用空间。

图8 安装趋势

3. 平台化趋势

目前一个TPMS项目的开发时间都会在一年左右,会消耗大量的人力、物力和财力,所以在项目的前期调研过程中,倾向于使用一套成熟的TPMS平台化方案。

TPMS平台化的方案指的是使用一套灵活的TPMS解决方案(包括胎压监测传感器和胎压监测控制器)来覆盖全部的车型。当这个平台化的TPMS方案在一个车型上导入量产后,其他的车型可以完成该方案的借用,并在完成必要的验证后,快速导入量产。

TPMS平台化的方案应用,有利于降低供需双方项目的研发成本。目前,该方案已经在部分车辆制造厂商得到应用。不过,TPMS平台化方案的实施本身对于车辆制造厂商的整车构造平台化有一定要求,比如轮辋的气门嘴处的结构尺寸要求相对固定,以及控制器安装位置要求相对固定。

4. 集成化趋势

由于整车无线通信技术的大量应用，TPMS 工作的频段和车载其他设备共用，比如钥匙，而车上基本已经集成有射频接收模块，比如 BCM、PEPS 等。由于这些系统和 TPMS 在射频工作原理上存在共同点，可考虑将二者的无线接收部分共用，减少硬件开销，从而降低成本，但需要考虑两者的应用场景以及射频接收效果。

5. 无源化趋势

胎压监测传感器采用化学能电池供电，如纽扣电池。众所周知，化学能电池存在寿命有限、无法更换等缺点，使得胎压产品消耗巨大的资源，产生电子垃圾。为解决这一问题，需要能量供给技术的发展。微型能量收集技术，比如纳米薄膜发电，将环境中的机械能转换为电能，能实现寿命长且无须更换的微能源供电系统，是解决 TPMS 供电难题的技术之一。未来随着这些技术的研究突破，TPMS 的无源化应用也会得以实现。

6. 蓝牙技术应用

由于通信技术的发展，车辆上使用蓝牙作为常规通信方式的零部件越来越多（见图9），TPMS 通过更换 RF 信号的频段到蓝牙频段，可以使胎压监测传感器和更多的零部件连接，以实现信息的共享，例如手机、汽车多媒体、智能后视镜等设备，产品更加智能化的同时，可以减少 433/315MHz 频段的接收成本。当然，蓝牙技术的应用还取决于整车射频架构的调整、蓝牙低功耗的技术发展以及成本的综合评估。

7. 国产化趋势

TPMS 产品在国内应用的早期，主要还是 Sensata 和大陆集团等国外品牌，国内 TPMS 供应商还处于技术追赶阶段，尚不能有效满足国内车辆制造厂商的需求。

随着国内 TPMS 供应商技术的发展，国外品牌在技术上已经没有绝对的优势，加上汽车行业最近十几年的发展，市场已经由增量市场变为存量市场，车辆制造厂商之前的竞争日益激烈，对于成本和服务有了更高的要求，

图 9 蓝牙技术

国内 TPMS 供应商逐渐被纳入供应商体系。目前国内汽车预装 TPMS 最多的就是 BHSENS（保富电子）。

值得一提的是，目前各个 TPMS 供应商在产品主芯片的选择上还是英飞凌（Infineon）和恩智浦（NXP），并没有完全国产化。不过随着最近几年国内芯片行业的发展，国内涌现出一批 TPMS 产品芯片供应商，如广东合微、宁波琻捷和四维图新等。目前国产芯片已经初步在售后市场形成批量化应用，原配项目预研阶段较多，但是量产还比较少。

同时国产的电池、晶振、电感、电容、电阻等电子元器件也已经得到长足的发展，随着这些元器件的批量验证通过，TPMS 产品有望在未来完全国产化。

8. 制造的智能化趋势

工信部出台的《智能制造发展规划（2016~2020年）》中，将智能制造定义为基于新一代信息通信技术与先进制造技术深度融合，贯穿设计、生产、管理、服务等制造活动的各个环节，具有自感知、自学习、自决策、自执行、自适应等功能的新型生产方式。

随着中国 TPMS 国家标准的强制推广和应用，TPMS 产品在汽车行业的渗透率将在未来 2~3 年达到 100%，这对于 TPMS 供应商的生产制造系统来说也是一个很大的考验，企业需要在研发、生产、管理、服务等方面变得更加灵活和快捷，而智能制造则可能是一套比较好的解决方案。

四　行业存在的问题及建议

（一）塑造行业品牌，提升市场竞争力

当前国内汽车胎压监测系统产品参与行业竞争，主要依靠基于功能增加、性能提高、质量控制等因素而形成的高性价比，但是受限于技术变革、成本等因素，高性价比的提升不是无限的，随着产品市场成熟度的不断提高，以产品高性价比为主要竞争要素的竞争力会逐步减弱，特别是随着直接面向最终用户端的后装市场的兴起与发展，而要在产品市场上继续保持不断的竞争力，并在与外资企业竞争中处于平等地位，随之而来的就是构建并不断强化行业品牌。

国内汽车胎压监测系统企业塑造自身的行业品牌，首先要依据企业自身的产品优势找准市场定位，依据市场定位构建与塑造品牌相匹配的能力，实现产品品质与品牌均衡发展，从而在激烈的市场竞争中塑造独特的产品形象，保持持续不断的市场竞争力。

（二）打通上下游产业链，突破关键技术瓶颈

汽车胎压监测系统约40%的产品成本在芯片上，而当前芯片技术控制在英飞凌、恩智浦等少数欧美主流供应商手里，虽然国内芯片在性能上已经媲美于国外同类产品，但受限于主机厂对于行车安全的要求，汽车胎压监测系统生产商只能采用基于国外成熟芯片的技术方案，国内汽车胎压监测系统产业关键技术始终得不到良性发展，从而导致国内汽车胎压监测系统产业在整个产业链条中始终处于不利的市场地位，难以参与国际市场竞争。

胎压芯片以及元器件技术并不复杂，目前国内半导体技术完全有能力做好这一块的开发，建议主机厂保持开发和包容的心态，发挥整车的引领和带动作用，推动协同合作，构建国产芯片供应商、汽车胎压监测系统供应商以

及整车厂沟通交流平台，推动基于国产芯片技术解决方案的汽车胎压监测系统在主机厂的应用。如果国内自主方案能够顺利商用，不仅可以促进国产胎压技术进步，以目前国内的技术水平能力，非常有希望在未来的胎压技术开发方面实现弯道超车。

（三）运用机器人、5G等新技术，提升智能制造水平

智能制造是全球制造业变革的重要方向，在面临国内整体产品技术和产品质量仍较国际水平有差距的行业现实下，综合运用机器人、5G等先进技术提升汽车胎压监测系统智能制造水平成为缩短差距甚至弥补不足的最有效手段。

（四）发展产业联盟，构建良性市场竞争环境

伴随着国内强标的落地，汽车胎压监测系统产业将面临发展的爆发期，国内产品市场竞争进一步加剧。

当前国内汽车胎压监测系统供应商产品同质化严重，价格战激烈，再加上主机厂成本控制的需要，不断压低汽车胎压监测系统价格，从而造成整个产品市场混乱，处于价格因素考虑劣币驱逐良币现象时有发生，严重影响了国内汽车胎压监测系统产业的健康发展。

因此为了规范行业的发展，避免恶性竞争，促进产业的良性发展，需要行业内部强化管理，形成产业联盟，强化技术创新，提升国内汽车胎压监测系统产业企业的国际市场竞争力。

（五）加大国家产业及人才资金投入，支持企业技术研究和创新能力提升

未来的市场竞争一定是以技术研发为核心的多方面竞争，企业要充分认识到技术研发在品牌构建、市场拓展以及售后技术服务方面所具有的无可替代作用，顺应产品技术发展趋势，自觉加大在新工艺、新技术、新装备方面的研发投入，不断增强自身市场竞争力。

另外，企业还要加快人才培养机制建设，为行业的发展培养适用人才。多年的产业发展证明，技术革新、研发能力提升离不开专业人才团队的协作，而国内企业创新能力不足，技术竞争力弱，在很大程度上是因为没有形成稳定的专业的人才队伍，特别是高端研发人才匮乏。"十年树木，百年树人"，稳定的专业人才队伍的组建以及培养需要时间、大量的物力财力的投入和规划，同样需要对企业管理理念的认同，企业应该摒弃拿来主义，从企业发展以及产业发展的角度出发，构建有效的梯队式的人才培养机制，组建并培养适用本企业发展的具有较强技术开发能力的专业技术团队。

而以企业为主体的技术创新和人才培养需要企业的大量投入，但当前国内企业涉足汽车电子领域时间短、市场规模小，市场竞争力远远落后于外资企业，短时间内产业发展无法实现良性循环。针对现状，国家应该加强统筹规划，提升同等高科技领域享受税收优惠力度，拓宽企业融资渠道并降低融资成本，建立专项资金激励企业构建有效的人才培养体系以及鼓励企业针对行业技术提升自主开展技术研究以及开发前沿产品，同时通过产业专项规划的引领和指导，推动企业向规模化、产业化方向发展。

企 业 篇

Enterprise Reports

B.8 典型跨国零部件公司发展案例

——安波福的创新与发展

摘　要： 近年来，跨国零部件企业在华投资逐渐增加，研究跨国零部件企业案例有助于我国汽车零部件行业在汲取经验的同时谋求更好的发展。安波福的前身是有着百年历史的著名汽车零部件供应商德尔福汽车公司，有过全球最大零部件供应商的光环，也在21世纪初经历过破产保护的严峻考验。安波福经历了全球汽车行业从整车厂大而全到整零分家，到互联网时代汽车技术及产业模式的变革等各个阶段，经受住了各个阶段对公司带来的机遇和严峻挑战，并成为全球最具创新力的公司之一。通过对安波福企业发展的解读，能很好地反映出全球汽车零部件产业的发展趋势。从传统零部件公司到科技公司的创新发展道路，对国内外零部件企业发展有着很好的借鉴意义。

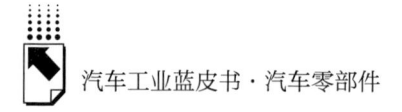

关键词： 零部件　跨国企业　安波福

一　企业基本情况

（一）企业简介

安波福公司（Aptiv PLC）原名德尔福汽车公司（Delphi Automotive），2017年12月5日，德尔福分拆其动力总成业务部后改名为安波福公司。安波福公司总部位于爱尔兰都柏林，是一家致力于在移动出行领域开发技术及解决方案，使移动出行更加安全、环保、互联的全球性科技公司。

安波福在全球44个国家和地区设有126个主要生产基地和15个主要技术中心，拥有14万名员工，其中包括20200名科学家、工程师和技术人员。2019年安波福全球营业额为144亿美元。

（二）在华业务规模及布局

安波福于1993年进入中国市场，是中国改革开放后最早进入中国市场的跨国汽车公司之一，已在中国建立了广泛的生产、研发机构，在上海、苏州建立了三个全球技术中心，在上海、天津、重庆、长春、白城、烟台、苏州、盐城、芜湖、无锡、嘉兴、南通、武汉、荆州、成都、重庆、江门等城市建立了近20个生产基地，拥有25000多名员工。

同时，中国也是安波福亚太区总部所在地，是安波福在亚太区的决策中枢。中国已成为安波福在全球范围内最大的单一市场之一。2019年，安波福在亚太地区的销售额超过39亿美元，约占全球销售额的27%，其中绝大部分业务来自中国市场。安波福是中国市场领先的汽车零部件供应商。在2019年最畅销的20款车型中，15款车型装载了安波福的产品和技术。目前安波福在华投资企业多达20多家，如表1所示。

表1 安波福在华企业名录

序号	企业名称
1	安波福(中国)投资有限公司
2	安波福(中国)科技研发有限公司
3	安波福电子(苏州)有限公司
4	安波福中央电气(上海)有限公司
5	安波福电气系统有限公司(总部)
6	安波福电气系统有限公司白城分公司
7	安波福电气系统有限公司嘉兴分公司
8	安波福电气系统有限公司长春分公司
9	安波福电气系统有限公司烟台分公司
10	安波福电气系统有限公司芜湖分公司
11	安波福电气系统有限公司武汉分公司
12	安波福电子系统有限公司成都分公司
13	安波福电子系统有限公司重庆分公司
14	安波福电子系统有限公司天津分公司
15	安波福电子系统有限公司荆州分公司
16	安波福电子系统有限公司江门分公司
17	安波福零部件(上海)有限公司
18	安波福(上海)国际管理有限公司
19	安波福连接器系统(上海)有限公司
20	安波福连接器系统(南通)有限公司
21	安波福连接器系统香港控股有限公司
22	海尔曼太通(无锡)电器配件有限公司
23	W. F. Global (HK),Ltd
24	大韩电子(烟台)有限公司
25	江苏有珍电子有限公司
26	盐城世明电子器件有限公司

(三)强大的本地研发

强大的本地研发能力是安波福的一个突出优势。相较于一些国际零部件商采取的总部研发、本地应用的模式,导致产品调整困难,更多的是让客户

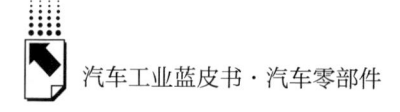

适应现有产品，而不能根据不同客户需求进行产品的快速调整，安波福将大量的产品研发本地化，能快速应对客户的需求。

目前，安波福在中国研发机构的工程技术人员有3400多人，其中90%以上是中国本土人才。由中国团队牵头根据中国市场需求开发的产品和技术，不仅被应用于中国市场，也被应用于其他相关市场，做到了立足中国、走向世界。截至2020年5月，安波福在中国已获得超过1500项专利，有很多项目已经领先全球。如由中国工程团队主导开发的线束疲劳模拟测试软件入围2012年汽车行业的技术奥斯卡大奖——美国汽车新闻PACE技术奖，这也是当年唯一入围的来自亚太区的研发技术成果。中国团队主导开发的高压线束系统，已被应用于中国及美洲、欧洲的多款电动车及混合动力汽车车型上。

二 企业发展及产品布局

（一）企业战略

安波福致力于设计和制造汽车零部件，为全球汽车和商用车市场提供电气、电子和主动安全技术解决方案，为车辆特性和功能奠定软件和硬件基础。安波福支持并提供端到端智能移动解决方案、主动安全和自动驾驶技术以及驾乘体验和互联服务等相关领域技术和解决方案。

公司通过两个事业部开展业务：主动安全及用户体验事业部、信号与动力分配解决方案事业部。前者专注于提供相关软件和高级计算平台，后者专注于提供必要的网络架构，以支持当今汽车复杂的集成系统。安波福同时具有智能网联汽车"大脑"和"神经系统"研发及生产能力。

为了提高平台标准化、降低单位成本、提高资本效率和盈利能力，许多整车厂都采用了全球平台开发的策略，因此，整车厂越来越趋向于选择有能力在全球范围内提供产品生产及供货支持并能够灵活地适应当地市场的供应商展开合作。具有全球规模和强大本地设计、工程和制造能力的供应商，最能受益于这一趋势。为了降低成本，整车厂也越来越多地寻求其供应商能够帮助它们简化车辆设计和简化装配流程。因此，一级供应商承担了更多的设计、工程、研发和装配职能。能够提供全面完整的工程件、预装系统和组件的供应商将能够获得更多采购优势。

为此，安波福采用全球布局＋区域化服务的模式，使安波福能够在全球范围内为整车客户（尤其是那些大型跨国整车客户）进行工程应用开发并提供支持。公司的这种全球＋区域布局模式也使安波福能够根据不同市场的特殊需求开发满足本地市场需求的产品及解决方案，为新兴市场的整车客户提供服务。

安波福还在其终端市场、市场区域、客户、汽车平台和产品等各方面采取多元化的策略。全球最大的 25 家整车制造商中有 23 家是安波福客户。2019 年，公司最大的 10 个业务来自 8 个不同的整车客户，美国市场最畅销的 20 款车型中，19 款车型中有安波福产品；欧洲市场 20 款最畅销车型中，19 款车型有安波福产品；中国市场 20 款最畅销车型中，15 款车型中有安波福产品。

（二）产品布局

消费者对新式出行方式、先进的技术和互联的需求迅速增加，再加上各国政府对汽车安全性、燃油效率及排放日益严格的监管，正在推动汽车行业向"安全""绿色""互联"的方向发展。安波福的产品和业务布局也正是顺应这一市场增长趋势，将技术开发及产品组合定位于有高增长空间，提升汽车安全、绿色和互联性的技术及产品。

1. 信号与动力分配解决方案事业部

该事业部主要提供车辆电气架构的完整设计、制造和装配，产品主要包括连接器、接线组件和线束、电缆管理、电气中心以及混合高压和安全分配系统。这些产品构成关键信号分配和计算电力骨干，助力解决整车日益增加的子系统容量带来的挑战，满足汽车电气化、降低排放量和提高燃油经济性的需求。

2. 主动安全及用户体验事业部

该事业部主要提供保障安全驾驶和汽车网络安全、提升驾乘舒适性和便利性相关的软、硬件技术及产品，为整车客户提供关键组件、系统集成和高级软件开发，产品主要包括传感和感知系统、电子控制单元、多域控制器、车辆连接系统、应用软件和自动驾驶解决方案。

三 企业典型事件分析：安波福如何成为全球最具创新力公司之一

2020年3月，专注产业创新的全球知名媒体《快公司》发布2020年度"全球最具创新力公司"榜单，安波福与特斯拉等公司一起被选为交通行业全球最具创新力的10家公司，安波福是其中唯一一出生于"传统汽车行业"的公司。这是安波福公司继2018年后第二次上榜。

安波福入选《快公司》杂志"全球最具创新力公司"，是对安波福在开发高级驾驶辅助系统L1~L3级以及自动驾驶解决方案L4~L5级技术成果的认可。目前，安波福业内领先的高级主动安全技术已被全球20家汽车制造商采用，助力整车实现L2~L3级自动驾驶功能。安波福还率先在拉斯维加斯推出了全球首个在公共道路上的L4级自动驾驶大规模商业化运营项目，自动驾驶范围覆盖全市和郊区、机场等超过2000个站点，截至2020年2月已为公众提供了超过10万次出租车商业服务，98%的乘客在5星评级中给出了满分评价，极大地增强了行业及公众对自动驾驶商业应用的信心。

安波福的前身是有着百年历史的著名汽车零部件供应商德尔福汽车公司，有过全球最大零部件供应商的光环，也在21世纪初经历过破产保护的严峻考验。安波福经历了全球汽车行业从整车厂大而全到整零分家，到互联网时代汽车技术及产业模式的变革等各个阶段，经受住了各个阶段对公司带来的机遇和严峻挑战。

安波福公司的发展历程，折射了全球汽车零部件行业的发展历程。从一家传统的零部件公司到今天的引领未来移动出行方式变革的科技公司，安波福公司在各个关键时刻不仅善于把握机遇，更勇于自我变革，安波福公司走过了一条堪称企业教科书的发展之路。

（一）远见卓识，勇于自我变革

安波福的前身德尔福曾是通用汽车的一个零部件部门。从20世纪30年代到80年代初，通用汽车进行了高频的兼并收购活动。在兼并收购中产生了巨大的规模效应，使通用汽车在很长的一段时间内，成为全球最大的汽车公司之一，与此同时，通用汽车的零部件部门也被纳入垂直整合的纵向战略中，小到螺丝钉，大到发动机，汽车的所有部件都要求自己制作生产。

随着20世纪80年代初全球汽车产业竞争格局开始发生变化，全球汽车市场受到来自日本汽车产业的强力冲击，加上汽车行业的周期性，当时很多零部件供应商规模较小，整车企业的零部件供应体系问题凸显。在这一市场背景下，1995年，通用汽车零部件集团正式更名德尔福汽车系统，当时的德尔福已经充分认识到，零部件部门脱离整车企业，自主发展必将是一个趋势。

在调整策略扩展客户的同时，德尔福也对产品线做了巨大的改革，精简产品线，确定几大块主营业务后，将非主营业务的产品线剥离，到1996年时已将270多种产品线精简为170多种，这使公司产品结构更有竞争力。1999年5月28日，德尔福汽车公司正式与通用汽车公司分离，成为一家独立的公司，并在纽约证券交易所上市。此时的德尔福产品组合包括除轮胎外的几乎所有汽车零部件系统，年销售额达270亿~280亿美元，是20世纪末全球最大的汽车零部件公司。从2002年开始，北美汽车市场急剧萎缩，汽车销量下滑严重。相对于全球许多其他零部件企业，德尔福承载了整车厂时代带来的高额成本压力，内忧外患之下，当年营收出现大幅亏损，公司面临前所未有的严峻考验。

2005年10月至2009年9月，德尔福主动向政府申请破产保护，面对巨大的压力，德尔福重组了产品线。经过一系列艰难的谈判和重组，德尔福出售了40家工厂，使德尔福的盈利能力增强，并成功渡过2008年的全球金融危机的考验，如凤凰涅槃般重新站起来，于2011年11月在纽约证券交易所重新上市。在改组中，当时的德尔福就敏锐地把握到"安全""绿色""互联"是全球汽车市场的未来发展趋势，逐渐将公司的技术和产品线发展战略聚焦于"安全""绿色""互联"的发展方向。在继续投入开发符合战略方向的技术和产品的同时，通过剥离、收购等，对产品线进行战略调整，一方面剥离底盘、刹车、转向、空调等传统业务，另一方面加强电子/电气系统、安全与娱乐系统和动力总成领域中技术性更强的板块，在取得丰厚回报的同时，也使公司更加瘦身、专注、敏捷。德尔福逐渐建立和巩固了公司在"安全""绿色""互联"领域技术领导者的行业地位。

德尔福远见卓识的"安全""绿色""互联"的发展战略为公司今天在汽车"新四化"（智能化、电气化、自动化、共享化）的市场机遇面前带来了市场先机。以智能网联汽车为例，基于其行业领先的主动安全技术和软件技术，2015年德尔福与宝马汽车合作开发的驾驶座舱3D手势控制系统随宝马汽车成功上市，此技术也获得了PACE大奖。2016年，德尔福推出了车车通信、车与行人通信、车与信号灯通信、共享出行等一系列车联网技术及解决方案，其行业首款车车通信技术也在2017款凯迪拉克CTS车型上率先量产上市。

随着移动出行方式的变化，尤其是在自动驾驶、智能网联相关业务方面的合作伙伴和客户不再仅限于传统的下游零部件供应商和整车客户，在智能网联相关领域，安波福越来越多地开展跨行业合作，与互联网领域、IT公司、移动出行公司开展技术及业务合作，德尔福的客户群体和需求也发生变化。

安波福首席执行官凯文·克拉克指出："展望未来，移动出行将以自动驾驶、电气化以及互联信息娱乐的技术融合进行定义，所有这些都将通过计算能力和智能车辆架构设计的指数级增长而实现。"

为了谋求"新四化"上的长足发展，2017年底，德尔福再次自我变革，决定将传统的动力总成业务拆分出去，成立另一个独立公司，以保证两家公司能够根据各自的技术优势和重点，采取适合的业务模式，专注在各自重点领域进行投资和发展。

2017年12月4日，德尔福又一次分拆业务。将动力总成事业部剥离后成立新的独立上市公司，充分发挥其行业领先的推进技术、动力电子解决方案和售后市场业务的组合，并继承了"德尔福"的品牌，新公司起名为"德尔福科技"，专注于传统内燃机以及汽车电气化相关的动力总成系统及技术开发。

同时，母公司以新的名字——安波福公司重新亮相，凭借其在信号和电力分配、集中式计算平台、主动安全和自动驾驶系统、信息娱乐和用户体验、车辆互联以及电气化和数据服务等领域的强大实力，致力于推动主动安全、自动驾驶、提升驾乘体验和互联服务等领域的技术开发及商业化进程，重点开发相关的软件、计算平台以及汽车架构等汽车的"大脑"和"神经系统"。

从大而全的传统零部件供应商，到成功转型成为引领汽车行业"安全""绿色""互联"趋势发展的技术领导者，再到推动未来出行方式变革的科技公司，安波福公司的每一次成功转型，都体现了远见、对市场和行业趋势的准确把握以及勇于自我变革的精神，使安波福在每一次市场变化带来的机遇和考验面前，经受得住考验，把握得住机遇，保持着行业优势。

（二）百年创新之路

作为具有悠久历史的零部件供应商，当时的德尔福就推出过很多业界"第一"，如1936年开发的第一款车载收音机，1939年开发的机械式按键预置收音机，1951年开发的安全动力转向，1954年发明的汽车空调革命性创新，1959年推出行业首款巡航控制系统，1973年的第一个安全气囊等。德尔福汽车公司从通用汽车分离独立开始，就一直将研发重点放在资金密集型而非劳动力密集型的领域。当年，高科技产品的销售就占到公司全部销售额的1/3。

公司的研发和创新能力从PACE大奖也可窥见一斑。PACE大奖由美国

《汽车新闻》评选颁发，致力于表彰汽车供应商的卓越创新成就、技术进步及业务绩效，被公认为全球行业创新标杆。20多年来，德尔福已经获得多达21项PACE大奖，在业界笑傲群雄。2008年，德尔福汽车公司就提出了"绿色""安全""互联"的大势研判，其中汽车驾驶最重要的问题是安全。过去百余年间，汽车行业在开发被动安全技术方面已经非常成熟，安全带、安全气囊、保险杠、儿童座椅等被动安全技术设备的普及和使用，在有效降低交通事故对人员造成的伤害、降低伤亡率方面起到了很大的作用，但其应用对进一步降低交通伤亡率的作用已接近瓶颈。汽车行业必须依靠开发"主动安全"技术，才能进一步降低交通事故的发生率，甚至杜绝交通事故的发生。

如何让车辆"智能化"是主动安全发展的关键问题，提前预知可能发生的危险，通过提前警告，为驾驶员赢得更多的反应时间，同时协助驾驶员更为快速地采取措施。研究表明，如果驾驶员能够提前1/2分钟做出反应，有60%的汽车碰撞事故可以避免。

2010年，德尔福率先在欧洲推出了第一代融合互联和主动安全技术的解决方案MyFi，实现了20余种创新功能，使驾驶者可以在安全驾驶的同时，享受互联与娱乐功能，打破了消费者日益增加的信息娱乐需求和安全驾驶之间的魔咒。德尔福在"安全""绿色""互联"战略方向上的持续创新，为今天安波福公司在自动驾驶、智能网联汽车、电动汽车相关领域的解决方案夯实了根基，也提供了领先优势。

（三）做智能网联汽车的"大脑"与"神经系统"

在智能网联汽车风口骤起的大潮下，汽车企业也积极应变，要么增加车辆的科技含量，要么干脆另立炉灶直接攻坚。相比于那些仍在延续既有模式、希望通过增加科技配置来达到革新式进步的传统企业来说，安波福公司有点另类。这家有着上百年历史的一级零部件供应商，通过剥离、收购、合作、分拆等举措，大刀阔斧地自我变革，成功华丽转身为一家引领未来移动出行方式变革的科技公司，专注提供智能网联汽车的软件、先进的计算平台和网络架构等汽车的"大脑"和"神经系统"。

当时的德尔福开始更加清晰地将目光关注于主动安全及智能网联技术领域，并且在激光雷达、软件平台架构、软件、算法、数据采集/处理/传输、远程升级与修复等多个领域频频动作，通过注资、收购、合作等多种方式，培养和建立自己的优势，逐步明确了要做智能网联汽车的"大脑"和"神经系统"的战略定位。随后，德尔福持续围绕推进汽车智能化、网联化、自动化，提供汽车的"大脑"和"神经系统"的战略进行业务调整。

2014年和2015年，德尔福先后宣布了三项收购计划：Antaya、Unwire和海尔曼太通。其中，Antaya是业内领先的专利车窗连接器产品供应商，是北美车用玻璃行业最大的车窗连接器制造商，这次收购为当时的德尔福汽车公司本已强大的电子连接器业务带来了重要的新技术，也进一步加强了德尔福在汽车连接器领域的领导地位。Unwire连接器产品能够使消费者在安全驾驶的同时，享受车内信息互联。海尔曼太通是全球领先的高性能、创新线缆管理解决方案厂商，此次收购不仅巩固了德尔福在电气架构市场的领先优势，也扩大了德尔福在互联车辆解决方案市场的产品组合，进一步加强了德尔福提供智能网联汽车"神经系统"的能力。

2017年4月，德尔福同时宣布了三项合作计划——与高频连接技术公司罗森伯格达成战略协议；对领先信号处理技术公司Valens进行战略投资；与技术公司otonomo达成商业合作协议并进行少量股权投资。这些投资合作均和数据技术相关，旨在加强公司的数据处理能力。如otonomo公司是一家互联生态系统的云计算平台的初创公司，旨在利用海量汽车互联数据，为整车厂及车主开创汽车数据市场。在此之前，德尔福已经收购了Control-Tec和Movimento两家数据软件公司，随着otonomo的加入，德尔福综合了旗下Control-Tec的数据采集能力及Movimento的远程升级能力，进一步提升了公司的数据管理能力。

2017年8月，德尔福对Innoviz Technologies公司进行战略投资。Innoviz Technologies是一家专门从事光探测和测距传感器（LiDAR）的高科技公司。与之前那些看似"眼花缭乱"但实则自有章法的收购举措相比，德尔福在

2017年10月以4.5亿美元收购自动驾驶公司nuTonomy引起了业界更大的轰动。nuTonomy公司曾被"世界经济论坛"提名为技术先锋，拥有百余位自动驾驶研发人员，并在新加坡和波士顿运行自动驾驶测试项目。nuTonomy团队的加入使德尔福自动驾驶领域的研发人员一举倍增，并成为当时全球唯一在美洲、欧洲和亚洲进行无人驾驶项目开发的公司。

经过了十年的变革，德尔福具有传统优势的安全与电子业务，即主动安全和智能网联、自动驾驶算法，形成了以"大脑"为主的业务。在这一领域，当时的德尔福收购的Control-Tec、Movimento、Ottomatika、nuTonomy等公司，与其传统的信息娱乐、用户体验等强势业务，共同形成了安全与算法的战略高地。另外，电子/电气架构，包括线束、连接器、传感器等信号与动力传输、分配等涵盖实体与虚拟的连接，成为其"神经系统"业务的基础。

汽车的"大脑"及"神经系统"的定位也使今天的安波福在汽车的"新四化"的浪潮中获得先机，行业内推出的一系列创新应用背后，也频频出现安波福的身影。如与奥迪合作开发行业首个多域控制器zFAS，为长城汽车全新一代哈弗和WEY平台提供智能座舱解决方案，为特斯拉Model 3及大众汽车电动化平台提供线束系统及车载充电枪，等等。

（四）推动未来移动出行

1. 推动自动驾驶技术发展

智能科技在过去几年的汽车行业中应用越来越广泛。以自动驾驶为例，业界对自动驾驶的光明未来的研判几乎是异口同声，但是对于这一技术的拥抱热情却表现得略有径庭。当时的德尔福显然是早期传统车企中最"激进"的追求者；当然，激进是因为德尔福有激进的资本。

主动安全技术一直是安波福的核心业务之一。早在1959年，德尔福就推出了业界首个巡航控制系统，并且是业内首家将雷达技术应用于汽车领域的公司，是行业内雷达、摄像头等感知系统的技术佼佼者。2015年3月，基于德尔福主动安全技术及Ottomatika的自动驾驶软件的德尔福自动驾驶汽车率先完成了行业首次横穿北美大陆东西海岸的自动驾驶测试。德尔福的自动驾驶汽车从旧金山金门大桥启程，横跨全美15个州和哥伦比亚特区，沿途经历了各种实际驾驶环境和天气的考验，包括交通转盘、施工区、桥梁、隧道、其他人类驾驶员不规范的驾驶行为的影响等，最终顺利抵达纽约，全程近5500公里，其中99%的里程采用全自动驾驶模式。此次前无古人的壮举历时9天，一举让当时的德尔福的名字和自动驾驶紧紧联系在了一起。随后德尔福不断迭代技术及解决方案，使自动驾驶解决方案日趋成熟，其完美的自动驾驶性能表现被媒体称为"老司机"。

在推进无人驾驶技术商业化落地方面，当时的德尔福更是积极布局，其在自动驾驶技术开发方面的积累和成就也使德尔福成为致力于开发自动驾驶的整车厂、科技公司，政府部门的首选合作伙伴。2016年8月，德尔福携手Intel和Mobileye打造业内首款一站式自动驾驶解决方案CSLP系统，加入BMW、英特尔、Mobileye自动驾驶联盟，并被新加坡陆路交通管理局选定为新加坡"智慧城市"计划开发自动驾驶"按需出行"项目；同年，德尔福还与法国移动出行服务公司Transdev达成合作并在诺曼底地区启动了一个自动驾驶按需移动出行服务项目。德尔福已成为自动驾驶技术及其商业化应用开发的行业领导者。

2018年5月，已经改名的安波福公司与美国网约车服务商Lyft公司合作，率先推出全球首个自动驾驶商业化运营项目，也是目前全球最大规模的自动驾驶出租车运营项目，截至2020年2月，已载客逾10万次，乘客惊呼"未来已来！"在满分5分的乘客满意度评级中，98%的乘客给出满分的评价，平均获得近乎完美的4.95分，极大地增强了行业及公众对自动驾驶商业化落地的信心。安波福也连年在Navigant Research的全球自动驾驶实力公司排名表上名列前茅。

为了进一步促进L4级和L5级自动驾驶技术的设计、开发和商业化发展，加快实现SAE L4、L5级自动驾驶的量产及商业化落地的步伐。2020年3月，安波福与现代汽车集团成立了自动驾驶合资公司，结合现代汽车集团的设计、工程和制造专业能力以及安波福的自动驾驶解决方案，为自动驾驶出租车运营商、车队运营商和汽车制造商提供自动驾驶系统及解决方案。

2."两条腿"走路策略

在自动驾驶方面，安波福采取的是"两条腿"走路的策略，即同时做 L1～L3 级以及 L4～L5 级自动驾驶。目前，安波福的主动安全及驾驶辅助系统在 L1～L3 级领域正在与全球 20 多家整车客户合作量产，市场上推出的多个具备高级驾驶辅助功能的车型背后都有安波福的身影。如上汽通用最新推出的全新一代 GL8 艾维亚及广汽新能源汽车公司最新推出的 Aion LX 都搭载了安波福新一代卫星式传感及计算平台，不仅实现全新迭代的全车速自适应巡航、碰撞缓解、变道辅助等功能，更助力整车实现车道居中智能巡航、交通拥堵辅助等高级智能驾驶辅助功能。

安波福最新开发的卫星式架构感知及计算系统代表了行业创新，屡获行业大奖。该系统不仅可以轻松实现当下 ADAS L1～L3 级的功能，也可以通过模块化扩展，实现未来 L4 级自动驾驶。该系统集成了安波福先进的毫米波雷达、摄像头、中央域控制器等先进软、硬件技术以及 Mobileye EQ4 视频识别技术，作为全球首款汽车级自动驾驶 ECU，将传统笨重的电子设备箱压缩成一个中央 ECU，系统可以集成多达 24 个独立传感器。

目前，大多数传感器的计算处理是与硬件集成在一起的。安波福创新地将传感器的计算处理从硬件中分离出来，交由算力强大的域控制器集中处理。此举显著提高了系统的可升级性，由于软件集中管理，在需要增加算力的时候可以轻松添加。同时，减小传感器的尺寸（平均减小 30%）不仅极大地提升了在整车上安装的灵活性，解决传感器散热问题，后续应用的开发成本平均降低 50%。传感器的单件成本降低，也为车主减少了可能的维修成本。同时，安波福的低电平传感器融合方法对数据进行集中处理，为决策提供最可靠的数据，同时减少延迟。

同时，随着自动驾驶需求的不断提升，对软件的要求也不断提升，所需的计算能力在不断提高。安波福卫星式自动驾驶感知与计算平台通过急速处理数据，决策速度能达到人类的 34000 倍。目前，已有七家国内外整车厂采用了安波福新一代感知及计算系统，助力整车实现 L2～L3 级自动驾驶。

3. 推出智能汽车架构理念

随着汽车"新四化"的趋势，汽车需要实现的功能越来越多，使汽车要搭载的系统越来越多，给汽车架构提出了新的挑战。在自动驾驶、智能网联汽车应用开发的过程中，安波福深刻地体会到传统的汽车架构日益成为未来汽车功能开发及搭载这些功能的汽车量产的瓶颈。为此，安波福正积极与行业合作，共同探讨突破方法，借鉴智能手机、个人电脑、服务器的开发理念，提出了"智能汽车架构"的理念及设计思路，即汽车的功能主要由软件来实现，提出下一代智能汽车架构需要具备三个重要因素：软件与硬件分离、输入输出端标准化并与计算平台分离、实现中央计算平台"服务器化"的设计理念。

这一设计不仅有助于极大地降低车身架构的复杂程度，打破汽车在向"新四化"发展过程中的架构瓶颈，并且能够使汽车在其使用期间以较低的成本保证汽车的功能升级，并解决高级自动驾驶需要达到的安全冗余。目前，安波福已开发出一系列相关产品及解决方案，并且正在与国内外主要主机厂合作，共同打造下一代汽车架构，为自动驾驶、智能网联汽车的量产奠定基础。

B.9
国内典型零部件企业转型升级案例
——三环锻造的转型与升级

摘　要： 面对日益激烈的市场竞争，以及不断变化的外部环境，汽车零部件企业面临巨大的经营压力。在当前信息技术快速发展的时代，传统制造型企业如何实现转型升级，步入高质量发展的轨道，是摆在众多企业面前的一道难题。本文通过对湖北三环锻造有限公司的基本情况、创新发展以及典型事件等内容的阐述和分析，了解三环锻造公司如何在发展战略、技术创新、管理创新、技改升级等方面进行转型升级，对我国汽车零部件企业的未来发展道路有着很好的借鉴和参考意义。

关键词： 零部件　转向节　三环锻造

一　企业基本情况

（一）企业简介

湖北三环锻造有限公司是采用模锻工艺生产钢质、铝合金汽车转向节的专业化企业，是中国最大的中重型汽车转向节生产基地，主导制定了汽车转向节国家标准，是国家级高新技术企业，三环锻造是中国驰名商标。2015年公司承担了首批国家智能制造专项，并建立了首个国内数字化汽车复杂锻件工厂，率先在行业内集成基于物联网的信息化系统，运行锻造行业智能化制造新模式，形成技术研发、生产制造、品牌客户、运营管理四大发展优势。2017年，公司荣获国家制造业与互联网融合发展试点示范企业，荣获湖北省第七届长江质量奖。2018年，公司承担国家强基工程项目，自主研发的汽车转向节近净成型新工艺，填补国内空白。2019年中重型商用车转向节荣获第四批国家制造业单项冠军产品。

公司拥有以德国进口8000T、6300T电动螺旋压力机为代表的智能锻造生产线17条，15条以网带式可控气氛热处理炉的热处理生产线，26条以德国进口多主轴加工中心为代表的智能机生产线，19条以3D打印增材再制造智能装备为代表的模具加工生产线，锻件年产能达到12万吨，汽车转向节产能达到300万件。

公司与东风、陕汽、重汽、郑州宇通等形成战略合作伙伴关系，产品出口到美国、德国、荷兰、印度、韩国、墨西哥等国家，与戴姆勒奔驰、采埃孚、达夫、利兰等国际知名汽车及零部件总成制造商配套合作。

（二）历史沿革

公司的前身是"国营谷城县拖拉机站"，组建于1961年，主要业务是机耕服务及农机具的维修。1985年，随着工业化进程加快，汽车工业欣欣向荣，公司开始涉足国内汽车零部件市场，并更名为"谷城汽车零配件厂"。1992年，东风汽车集团成为湖北汽车产业的支柱，公司制定了"依托东风、面向全国"的发展战略，将EQ153转向节生产作为合作契机，为东风汽车定向配套13个产品，逐步打开国内市场。2000年，产业集群逐渐成为各行各业发展方向，公司果断加入湖北三环集团，进入发展的快车道。随后公司于2002年更名为"湖北三环锻造有限公司"，实现产销双过亿元，利税过千万元。2013年三环（谷城）精密锻造中心全面开工建设。2015年国际化战略发展全面见效，公司出口产品过亿元。2016年三环（谷城）精密锻造中心一期工程竣工投产。目前，公司已成为国内最大的中重型汽车转向节生产基地，国内市场占有率第一，国际品牌影响力不断提升。

二 企业发展及产品布局

（一）发展战略

公司致力于提供安全、优质、绿色的锻件产品，以"调结构、上水平、国际化，坚持创新、绿色发展"的战略发展思路，将产品结构、市场结构以及人才结构作为调整基础；重点提升技术研发水平、产品制造水平和公司治理水平；积极开发国际知名客户，参与国际化竞争，扩大国际业务，不断提升国际知名度；坚持自主创新，推动转型升级，提升核心竞争力；建立锻造工艺过程绿色设计体系，选用节能环保、安全高效的新型工艺装备，逐步淘汰落后产能产线，实现制造过程绿色化。不断做大做强汽车转向节产品，全面提升锻造公司核心竞争力和品牌影响力，积极向"锻造全球转向节行业领导品牌"的愿景迈进。

（二）产品布局

公司现有产品主要包括汽车转向节、转向臂、突缘、工程机械等（见图1）。转向节作为公司主导产品，其销售额占总销售收入的70%以上，共

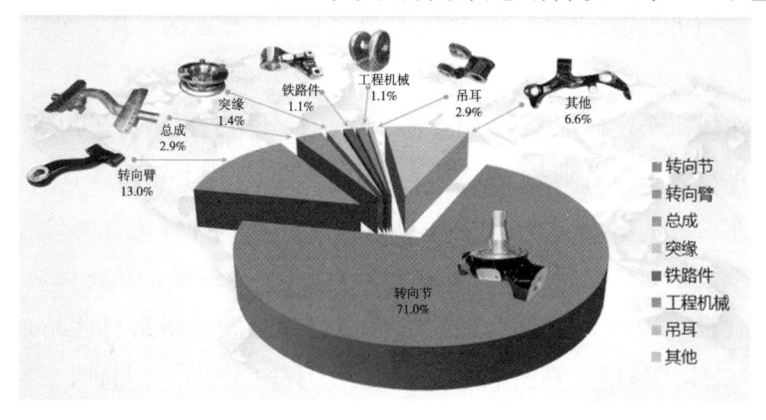

图1 产品布局

资料来源：企业提供数据。

有201种系列。除了常规转向节外，公司还生产商用车带臂转向节和乘用车铝合金转向节，以满足汽车轻量化的趋势和需求。

（三）市场布局

公司利用SCM（供应链管理系统）构建完善的市场销售体系，与客户建立了良好的沟通机制，及时了解市场需求及变化情况，提供更符合市场需求的产品以及高水平的售后服务，提高客户的满意度和忠诚度。

公司与东风集团、重汽集团、陕汽集团、包头北奔、郑州宇通、戴姆勒集团、荷兰达夫等国内外中重型商用车知名品牌达成战略合作关系；与一汽集团、采埃孚集团、美国阿文美驰等建立良好的合作关系，形成国内中重型商用车前十名全覆盖的市场格局，国际知名度显著提升。

三 企业创新发展经验总结

（一）技术创新

1. 注重人才培养，营造创新环境

企业的竞争，归根结底是人才的竞争。公司长期立足以人为本战略，将经营人才放在首要地位，统筹规划人力资源，不断完善关键技术人员的激励、考核以及量能管理等制度，根据不同个体的特点，打造个性化定向人才培养方案，协助技术人员制订职业规划，加快成长速度，缩短培养周期；与此同时，积极引进高端技术人才，形成以内部培养为主、以甄选引进为辅的人才储备策略，不断壮大公司的创新人才团队。

加强创新人才培养。公司的技术管理团队以产、学、研一体化为原则组建，设立了院士专家工作站和华中科技大学国家重点实验室，引进和培育人才通过湖北省精密锻造工程技术研究中心、湖北省企业技术中心、博士后创新实践基地等创新平台。目前，公司形成了由院士、专家顾问11人，正高

级工程师21人、高级工程师37人、工程师142人、省市工匠人才31人组成的核心研发团队。

建立创新激励机制。目前,公司已将研发经费纳入企业年度预算中,并直接划拨给技术中心使用,从而保障科研项目正常运行。连续多年三环锻造的研发费用均达到当年销售收入的3.5%以上。同时企业鼓励创新,先后出台了《研发人员绩效考核管理制度》《精益改善项目化管理办法》《创新工作室专项资金管理办法》等激励政策,对有突出贡献的研发人员给予专项奖励。从2017年到2019年,公司累计支出激励资金超过1000万元。

2. 坚持技术创新,实现四大跨越

围绕"调结构、上水平、国际化,坚持创新、绿色发展"的战略思想,公司通过坚持不懈的技术创新实现了"四大跨越"。一是从谷城县拖拉机站到中重型商用车转向节行业龙头的产业大跨越。即从1987年第一支EQ153汽车转向节试制成功,到如今年产转向节300万件的配套能力,产销规模中国第一。二是从来图加工到自主研发的技术大跨越。在企业战略、使命(致力于提供安全、优质、绿色的锻件产品)推动下,公司与东风、陕汽、宇通客车、戴姆勒奔驰等国内外高端汽车制造商保持着"同步设计、同步研发、同步量产"的共享发展节拍。三是从传统设备到现代智能的装备大跨越。联合研发了转向节智能化锻造生产线,自主研发了转向节智能化柔性机加生产线,具备产品质量在线检测、在线分析、自动预警、智能修正等功能。四是从"土专家"到"洋博士"的人才大跨越。公司与海外知名专业机构——德国弗劳恩霍夫研究所合作,通过内培外引、海外轮岗等形式为产业升级提供外域技术支撑。近年来,企业在技术创新工作中出现了多个第一或首创。

国内首件盘式制动转向节:2006年,公司在"生产一代、研发一代、储备一代"工作思路引导下,立足于鼓式制动转向节,科学研判新时期转向节产品发展趋势,果断进军盘式制动转向节领域,历时一年六个月,成功开发了尼奥普兰豪华客车盘式制动转向节。公司成为国内第一家自主研发成功并取代产品进口（德国）的企业。企业经营业绩借此实现弯道超越，盘式系列产品在国内市场供不应求。

国内首件商用车带臂转向节：随着国家节能减排标准的不断提升，轻量化成为汽车行业创新发展的主要方向。为寻求技术突破，2016年公司在消化吸收美国相关锻造技术的基础上，历经11轮模拟验证和近百次现场试验，成功研发出国内首件商用车带臂转向节。带臂转向节替代传统螺栓连接的分体式结构，转向节与转向节臂通过一体化锻造，总成部件减重4公斤以上。研发成果先后获得华中科技大学、中国锻压协会、湖北省政府等一致好评。

转向节行业首台锥孔加工专用设备：锥孔加工在汽车零部件行业十分常见，但常规机床设备加工深锥孔极其困难，不仅考验操作人员技术水平，而且加工工艺烦琐。公司联合院士（专家）工作团队，成功研发了转向节锥孔数控精密车镗复合工艺及设备，加工效率大幅提升，制造成本显著下降。2015年"转向节锥孔数控精密车镗复合工艺及设备"荣获湖北省院士（专家）站优秀技术创新项目。目前，锥孔专用设备已在转向节加工领域全面推广应用，成为特定领域的通用设备。

3. 技术创新出成果，助力竞争建优势

公司现拥有国家专利82项，其中发明专利28项，"转向节闭式锻造工艺"发明专利被中国发明协会授予"第八届国际发明展览会金奖"；参与制定或修订国际标准1项、国家标准18项、行业标准3项；2019年"汽车复杂锻件智能化锻造系统关键技术及应用"项目荣获湖北省科技进步一等奖，"多种材料电弧熔丝增材制造技术及在热锻模制造/再制造中的应用"项目获中国机械工业科学技术发明二等奖。

公司长期以来坚持自主创新，努力打造了与客户同步设计研发的研发优势、具备自主知识产权的核心技术优势、依托智能制造新模式的生产优势、单项冠军产品生产基地的规模优势等，为企业在激烈的市场竞争中抢占了制高点。

（二）管理创新

1. 导入卓越绩效，提升管理水平

2009年，公司导入卓越绩效管理模式，全面开始管理创新的探索。通过对领导、战略、顾客和市场、测量分析改进、人力资源、过程管理、经营结果七个方面进行评价、改进、提升、再评价，从而达到企业管理水平全面提升的目的。将"质量第一、效益优先"的发展理念，贯穿到整个企业管理运营的过程中去，努力使产品及服务实现"双零"即产品零缺陷、服务零距离，有效推动了企业的质量变革。

（1）战略引领

2012年以后，总经理抓战略编制工作，采用上下结合的W形策划方式，顺应商用车市场和锻造技术的新发展，为响应国家发展新理念，将三年战略升格为"调结构、上水平、国际化，坚持创新、绿色发展"的五年战略，确立了"聚焦主业，稳固中重型商用车转向节领导地位；发展轻量化锻件产品"的两大战略任务和"1234"战略目标体系。在战略规划方面确立了"2+3"即2年具体行动计划和3年行动方向规划的整体战略规划，并每年进行滚动修订，更好地用战略引领企业迈向高质量发展。

（2）技改升级

2013年3月，公司成立以总经理为首的精密锻造中心项目技改专班，开启"装备升级行动"前期调研。经过反复的市场调研、政策研究、专家咨询、实地考察、行业研讨等系列可行性研究活动，于同年10月，公司确立了"精益+信息技术+先进制造"融合融通发展的转型方向，制定了"数字化、绿色化"技术改革策略，以"整体规划，分步实施"为路径，打造"亚洲最大精密锻造中心"和"亚洲最大商用车转向节生产基地"。2014~2017年，通过改进生产线，提升生产制造装备，利用物联网技术，对生产工艺改进和创新，建立数字化工厂，完成了企业整体的智能制造改革。

(3) 创新驱动

公司搭建了院士（专家）工作站、武汉理工大学研究生工作站、湖北省企业技术中心、湖北省精密锻造工程技术研究中心四大创新平台，与专家团队就企业管理、工艺设备改进、新产品研发等12个方面进行沟通、交流、合作，开展研发人员培训、产学研合作、科技成果转化和应用、知识产权管理等项目活动。公司还吸取了精益生产的管理思想，实施了精益改善项目化管理，出台多项奖励政策，鼓励员工"大众创业、万众创新"，积极参与内部创业、创新活动，为企业寻求节能减排、提高效率、降低成本的措施和方法。2016~2018年共提案1500余项，成功立项1000余个，经统计，2016~2018年共创造5000余万元的效益。

(4) 质量夯实

公司先后导入IATF16949、QCDD、精益生产、六西格玛等先进管理方法；2012年完成了质量、环保、职业健康三大体系的整合，持续不断地开展内审和管理评审活动；2015年，将戴姆勒模式与一体化质量管理再度整合，重点推进落实戴姆勒模式的现场审核评分机制和竞赛机制。公司累计投资2000多万元，引进德产金相显微镜、探伤机、日产直读光谱仪等国际先进的检测设备80多台套，培养了2名高级材料分析师、2名高级物理金相分析师、20多名无损检测人员、14位六西格玛绿带。

公司通过长期秉承卓越绩效管理模式，不仅实现了愿景引领和战略引领，营销管理、技术管理、生产管理、质量管理都得到全面提升，制造逐步趋于自动化、智能化，管理实现与国际接轨，研发设计趋于前沿。公司还在学习借鉴先进管理模式的基础上，根据自身实际情况寻求差异化创新，不断总结创新成果。目前，以"传统锻造企业实现工艺全流程整合的智能化生产方式构建"为代表的4项管理创新成果荣获国家授予的奖项，以"汽车锻件设计制造流程数字化管理"为代表的6项管理创新成果荣获湖北省授予的奖项，充分体现了公司有良好的管理基础、强烈的创新意识以及稳定的可持续发展能力。

2. 数据驱动运营，智慧管理升级

2017年，公司以SAP、MES、PLM信息化建设和两化融合管理体系贯标为切入点，融入企业生产管理的全过程，梳理、整合了业务流程，并健全、完善了相应规范制度，逐步形成了现代化、规范化、精细化的管理制度体系，强化了企业基础管理，缩小了同国际先进管理水平之间的差距，逐步同国际接轨。

（1）研发设计优化

通过引入PLM产品全生命周期管理系统，实现研发设计全流程智能化管理和在线研发平台质量信息化管控，产品设计研发数字化率达到100%，新产品研发周期缩短50%以上。在技术交流阶段，实现与客户的协同研发和设计。在研发设计阶段，实现基于有限元分析的研发质量先期验证，提升了新产品开发一次合格率。在产品调试阶段，建立了产品经验教训知识库，从而有效防止过去问题的重复发生，实现基于数据的研发质量保证。

（2）生产制造智能化

公司利用MES系统进行生产决策智能管理。在生产过程中，智能在线感知各类工艺参数，通过锻件位置监测传感器、锻件温度监测传感器、锻造设备力能监测传感器等，将监测数据上传至实时数据库进行存储，并通过显示界面进行展示。系统将实时监测数据与各个知识单元中的规则相匹配，最终推理得到案例结果。例如，锻件充不满、锻件折叠等，对应不同规则组成的案例系统会决策出不同的解决方案反馈到设备显示界面，指导操作人员对设备进行维护。

（3）运营管理智慧化

公司云平台通过工业控制系统、智能传感器、智能网关等技术，采集了设备、工艺、产品、质量等方面的数据。基于工业互联网平台将云计算、大数据等技术与工业生产实际经验相结合，形成海量工业数据基础分析能力；把技术、知识、经验等资源固化为可移植、可复用的软件工具和开发工具，构建云端开放共享开发环境；为公司工艺流程优化、生产制造协同、资产优化管理等提供各类智能运用及服务。

四 企业典型事件分析

(一) 技改升级，打造智造新模式

2011年后，公司面临三大难题：一是客户订单"多品种、小批量、个性化"趋势越来越明显，生产线切换频繁，这使生产组织难度加大，传统的离散型制造方式导致规模效益无法释放；二是原材料成本快速上涨，必须找到降低成本的新方式；三是2012年后，国内重卡市场受宏观经济影响销售量相对低迷，主机厂纷纷将产品降价的压力转移到下游的零部件厂商，汽车零部件企业产品陷入低价格同质竞争中，公司的盈利能力开始下降。除此之外，公司确立的"调结构、上水平、国际化"战略，也需要企业寻求新的制造模式，提升生产效率，提高产品质量。

为了解决面临的三大难题，以及满足国际高端客户需求，公司进行了大量前期调研和讨论。2013年，公司成立以总经理为首的精密锻造中心项目技改专班，以国际视野、高起点、严标准，开始布局智能制造新模式。经过反复的市场调研、政策研究、专家咨询、实地考察、行业研讨等一系列可行性研究活动，公司确立了"精益+信息技术+先进制造"融合融通发展的转型方向，制定了"数字化、绿色化"技改策略，以"整体规划、分步实施"为路径，拟新建三环（谷城）精密制造中心，打造亚洲最大的精密锻造中心及商用车转向节生产基地。

2019年，公司完成三环（谷城）精密制造中心一期和二期的基础建设、新生产线的建设、老生产线的搬迁以及关键工序设备的提档升级。在技术改造的过程中，公司不断淘汰高能耗锻造设备及传统机床，新建多条智能锻造线和转向节智能机加线。新建生产线配置了机器人、智能传感器、快速换模等设施；并完成PLM、MES等各单元信息系统的纵横集成、互联互通，实现信息系统与智能装备间的两化深度融合。达到"两减两提高"的目标，建成了"国内首个锻造行业全流程数字化样板工厂"。智能转型尝到甜头

后，公司铆足了劲，对传统生产线进行自动化改造，持续推进制造能力上水平。

在工艺布局上，公司转变传统锻造行业分散式生产布局观念，采用一流的工艺流程，实施工信部首批智能制造专项——汽车复杂锻件智能化制造新模式项目，实现了汽车复杂锻件精益化生产和敏捷制造。在制品流转时间，由原来的5天缩短至1天。

通过构建全流程工艺整合的智能制造新模式，彻底改变了锻造企业工人作业劳动强度大、人工成本高、生产效率低、能耗高、品质低的状况，缩短了换产周期，降低了产品不良率，提高了生产线自动化和智能化的程度，奠定了向智慧工厂发展的基础，引领了国内锻造业的发展，为我国锻造业的绿色化和智能化转型升级提供了示范样板。

（二）以质取胜，攻克戴姆勒市场

国际化战略是公司确立的"调结构、上水平、国际化"三大战略之一，能否进入国际高端市场是该战略能否真正落实的核心标志。早在2005年前后，公司就响应国家出口创汇的政策进入国际市场。限于当时的能力和经验，公司开始进军中低端的印度市场。2012年后，国内汽车零部件企业陷入低价同质竞争，加之我国汽车产品出口规模不断扩大，面临的贸易摩擦形势越来越严峻，导致我国汽车及零部件企业制造成本不断攀升。公司为了在市场领域寻求新的突破，从原来的国际中低端客户瞄向欧美等国际高端客户。

戴姆勒公司作为全球最大的商用车制造商，很快就被选定为公司打入国际高端市场的突破口。在与戴姆勒长达两年的学习和交流过程中，公司就确立了"提质增效"的质量发展战略，经过多年的质量体系建设、检测设备提升、质检人才培养、质量难关攻克、塑造质量文化、开展员工质量培训，以产品提档升级和创牌争优为突破口，着力追求零缺陷，公司的产品质量和服务质量不断提升，成为戴姆勒奔驰卡车的供应商。2019年公司第100万件戴姆勒奔驰转向节成功下线，继续保持产品质量0ppm的骄人成绩。一直以来，公司稳定的产品质量和优质的服务得到了戴姆勒的认可，被戴姆勒评为全球优秀供应商。

在与戴姆勒合作的过程中，公司学习并运用了戴姆勒等公司的先进管理模式，吸收了"过程管控的强弱决定结果导向的好坏"等先进管理理念，加强了生产制造的过程管控，提升了产品质量，降低了制造成本，完善了营销机制，丰富了攻克国际市场的经验，增强了国际市场开拓能力，提高了国际品牌影响力。公司依靠与戴姆勒合作所吸取的经验，以及积累的品牌效应，逐步开拓了荷兰达夫、采埃孚、美国阿文美驰等高端客户，重塑了国际市场的竞争格局，加速了公司国际化进程，距离"锻造全球转向节行业领导品牌"的宏伟愿景更近一步。

专题篇
Special Report

B.10 汽车零部件产品的全过程质量管理

摘　要： 从中消协受理的汽车相关投诉情况看，汽车产品质量越来越受到消费者及社会的关注，尤其是汽车零部件的产品质量问题，经常成为社会热点话题。加强汽车零部件产品的全过程质量管理，对推动我国汽车产业发展、促进汽车消费需求增加有着重要的作用。本文通过对2019年汽车产品投诉和召回事件的分析，引出汽车零部件全过程质量管理的概念，对其现状和管理措施进行分析，并预测了汽车零部件产品全过程质量管理的未来趋势。

关键词： 汽车零部件　质量管理　汽车召回

一　汽车召回事件分析

中国消费者协会（简称"中消协"）发布的《2019年全国消协组织受

理投诉情况分析》报告显示,汽车及零部件产品投诉量高居榜单第一名,总量达到34335件,占消费者总投诉案件的42%,同比增长25.1%。汽车类投诉涉及汽车销售各个环节,质量问题、购车合同争议、售后服务问题、检测举证维权难、二手车维修记录及车况信息不实、销售过程中捆绑车险强制销售和诱骗消费者申请车贷购买等问题都是消费者热点投诉的问题。另外,电动汽车自燃事件也成为消费者关心的话题,伴随国家大力推动新能源汽车的发展,我国新能源汽车产销量近几年位居世界第一,新能源汽车保有量达到380万辆。在新能源汽车销量增长的同时,自燃事件在全国各地频发,动力电池产品质量问题也成为社会各界人士关注和讨论的话题。可以看出,汽车零部件质量问题越来越受到消费者的关注,而汽车零部件质量已经成为消费者选择车辆品牌的一个重要标准。

2019年国家市场监督管理总局共发布汽车相关召回公告170个(包含工程车辆及轮胎召回),与2018年相比减少10个,其中,涉及65家车企的230余款车型,召回总量6417167辆,召回总量较2018年下降48.3%(见图1)。在经历2016年和2017年国内召回高增长的态势后,2018~2019年汽车召回无论品牌数量还是召回总量均呈现下降。

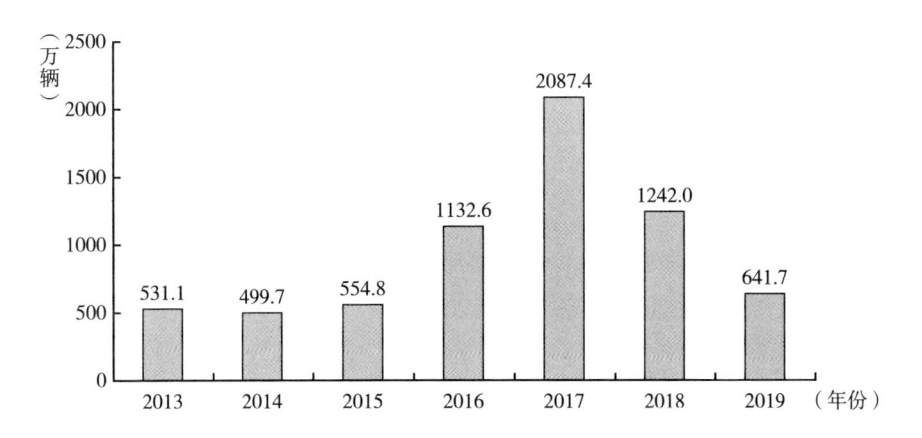

图1 2013~2019年国内汽车召回数量

资料来源:国家市场监督管理总局。

从2019年的汽车召回总体情况来看，汽车缺陷问题相对集中，并以发动机、气囊和安全带总成召回的次数居多。其中，涉及发动机相关问题的召回达到49次，占召回总数的21%；因气囊和安全带总成问题共召回47次，占召回总数的20%。另有关传动系统、电气设备总成、车身总成这几部分的召回次数也占召回总次数的35%（见图2）。

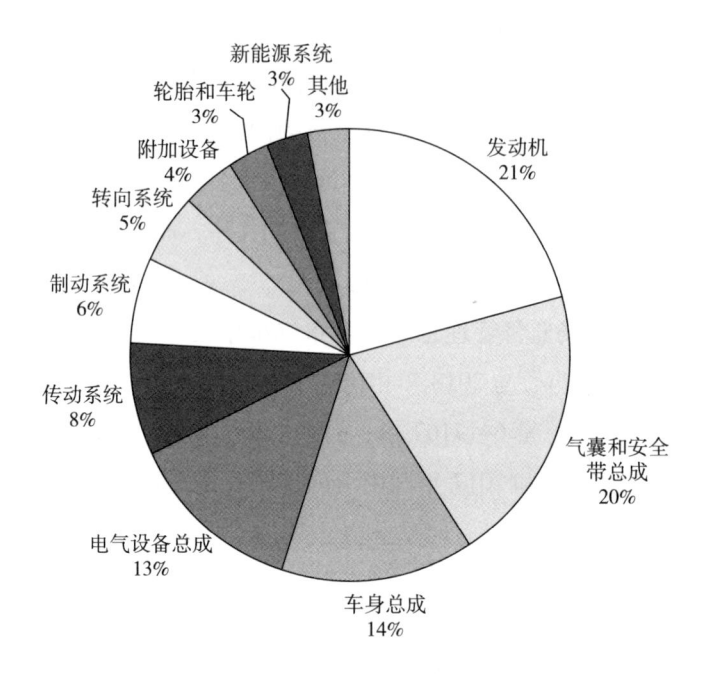

图2 2019年缺陷汽车召回原因分布

资料来源：市场监督管理总局。

此外，随着新能源汽车保有量的增加，新能源汽车安全问题也逐渐增多，新能源汽车的召回量增势显著。2019年，国家市场监督管理总局已要求召回33281辆新能源汽车，占召回总量的0.5%。涉及企业有特斯拉、北汽新能源、蔚来汽车、奇瑞汽车、郑州宇通客车、南京金龙客车等多家整车企业。其中，占比最高的主要是由动力电池问题而召回的新能源汽车数量，数量高达有6217辆，占新能源汽车总召回量的18.68%。

汽车已经成为大众重要的代步工具之一，汽车质量直接关乎消费者的人身安全。消费者希望购买到质量好的汽车产品，经销商希望整车企业生产出的车辆都是合格的车辆产品，而整车企业又希望其零部件供应商提供的产品一致性好，零部件企业则希望通过与整车企业合作共同提高产品质量。因而，若想最大限度地提高汽车零部件的整体质量，就必须要高度重视汽车零部件制造的全过程质量管理控制，从而为汽车领域的健康发展提供保障。

二 全过程质量管理概述

（一）汽车零部件全过程质量管理的概念

对于零部件企业来说，质量管理理念对企业发展战略有着深远的意义。良好的质量管理体系可以帮助企业对产品生产、销售、售后等全生命周期过程进行质量控制，从而提升品牌价值，提高客户满意度。全过程质量管理能使企业更好地分析客户要求，了解市场状况，从而生产出客户更为满意的产品。质量管理同时也为企业提供了持续改进产品的源泉，通过各种质量管理方法使企业加强自身质量管理。

目前，国内的质量管理理念还多停留在统计质量控制或者片面的质量管理上。统计质量管理是在制造过程中的定期抽查和组织管理，用测量实际的质量结果与质量标准要求进行对比，出现质量偏差时针对具体问题进行单一调节，使产品的生产标准达标。然而全过程质量管理不仅要求在生产阶段，是针对产品在市场调查、设计生产、检验、销售、服务等全方位的过程中的质量问题进行管理，尤其是在当前信息化和数字化时代的背景下，任何一个过程中暴露出的产品质量问题都有可能对企业品牌价值产生严重的打击。因此当今现代化的企业，更应该注重进行全面、全过程的质量管理和创新。

汽车零部件行业的全过程质量管理是指从汽车零部件研发到生产直到报废再利用的全过程中对汽车零部件的质量进行监控管理。如图3所示，汽车零部件全过程大致分为零部件产品研发、产品生产、整车企业零部件采购、总装整车下线、车辆出厂检验、经销商销售、消费者使用以及汽车报废零部件拆解再利用等过程。在这一系列过程中，产品研发和生产的零部件质量管理主体是零部件企业；采购、总装、出厂检验的零部件质量管理主体是整车生产企业，销售、使用中零部件质量管理主体为汽车经销商；报废零部件拆解再利用过程的零部件质量管理主体是再制造生产企业。

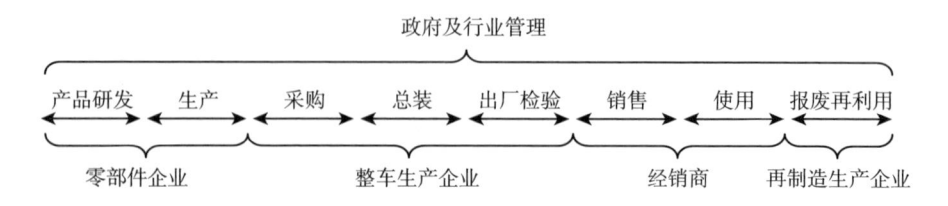

图 3　汽车零部件全过程质量管理

全过程质量管理的研究可以针对不同的质量管理主体所面临的现状及问题进行有效的分析，探讨不同主体在全过程质量管理中承担的责任和管理策略，通过制度、体制、科学管理等多种内容的相互促进，发挥各方所长，实现多方全面的协同发展，并且不断优化更新质量管理体系，全面提高质量管理的效果，共同推动汽车零部件质量的提高，对汽车零部件行业乃至整车行业的发展有着重要的意义。

（二）汽车零部件质量管理意义与价值

品牌质量是消费者对企业、产品价值的认可，而提升品牌价值的关键在于产品力（产品品质）的提升，符合质量要求的产品是产品品质的保障（见图4）。

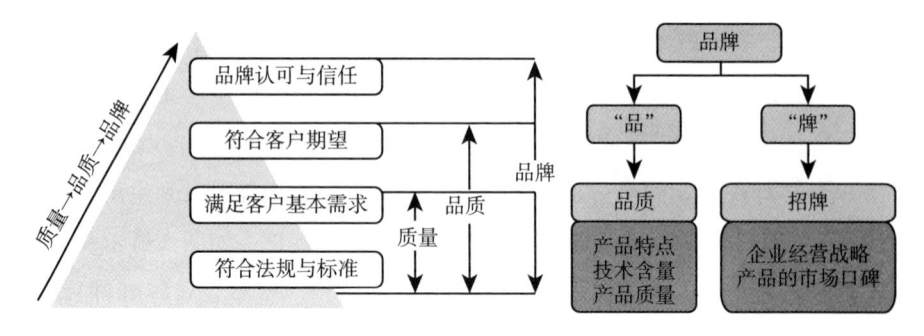

图 4　汽车零部件质量管理的意义

1. 产品质量影响市场竞争力

造成产品市场表现不佳的因素多种多样,但归根结底是产品质量不过关。产品质量已经成为企业生死存亡的生命线。

2. 产品质量影响制造成本

未来,影响汽车零部件制造成本的有两大主要因素,一是能源成本,二是质量成本。其中质量成本包括显性成本与隐形成本,显性成本是指产品的废品率高,导致的返修成本高;隐形成本是指产品质量差导致产品的溢价率低。

提高汽车零部件质量管理水平可从根本上提升产品的质量水平,从而提升产品竞争力、降低制造成本、提高产品溢价率。

(三)汽车零部件全过程质量管理的现状及问题

我国是以制造业为主的发展中国家,虽然产量已经跃居世界领先行列,但不少企业仅仅以加工为主,核心技术仍然掌握在外国公司的手中。汽车零部件行业作为汽车工业的重要支柱,其高端配套产品均为国际头部零部件公司生产,我国汽车零部件企业在技术投入偏低情况下,生产工艺缺少创新性,同时为了追求短期利益,在产品的质量上也存在不足,品牌形象受到影响。汽车零部件对产品的精密性要求较高,小小的偏差就会使整车的性能受到影响,每年的产品召回事件中很多都是因为小的误差而被迫召回,因此对质量管理提出了更高的要求。

1. 政府及行业机构质量管理现状及问题

我国政府及行业机构对汽车零部件质量管理主要从标准制定、法规认证和监督检查等方面进行。通过对各类汽车零部件制定国标、地标、行标、团标等标准,要求企业在生产该类产品时按照相应标准对产品生产、安全、质量等方面进行管理,保证了产品的最低质量要求。同时在零部件配套给整车后,对整车质量进行认证和监督检查间接地对汽车零部件质量进行管理。

我国的汽车产品认证实行的是强制性认证制度,认证主管部门由国家发改委、工业和信息化部、国家市场监督管理总局及国家认证认可监督管理委员会和环境保护部四大政府机构构成。国家发改委主要负责汽车产业相关的特大项目的审批，例如新申请汽车企业的审批等；工业和信息化部主要负责《车辆生产企业及产品公告》的管理；国家市场监督管理总局及下属机构任监委主要负责强制产品认证的相关工作；环境保护部及地方环保局负责汽车排放标准的制定及汽车环保信息的管理和发布；交通部主要负责燃料消耗量的申报和"道路营运证"的办理。

监督检查主要由国家市场监督管理总局实行统一的市场监管，依据有关法律、法规、政策和质量标准对厂商进行监督、检查、检验、鉴定、评价，必要时采取紧急控制措施。对产品质量进行监督检查，一般采用抽查的手段并以抽查结果为依据做出行政处理。通过监管制度规范企业质量管理、提高产品整体质量，完善市场监管的质量措施，主要包括国家监督抽查制度、社会监管以及治劣扶优的评选监管制度等。《产品质量监督试行办法》于1985年出台，是我国第一次针对产品质量政府出台的监督办法，到1986年，国家经济委员会随即出台了《国家监督抽查产品质量的若干规定》，2011年开始施行国家质检总局令133号《产品质量国家监督抽查管理办法》。

目前，我国针对汽车产品缺陷有相应的召回要求，我国首次尝试是在2002年10月上海市通过《上海市消费者保护条例》，该条例为我国产品召回制度提供了实践基础；2004年我国制定了《缺陷汽车产品召回管理规定》，该规定是我国首次发布并顺利实施的产品召回制度；该工作由国家市场监督管理总局缺陷产品管理中心承担，对不合格产品进行召回。产品召回制度增强了企业对产品质量的管理意识，把提升产品质量管理逐步列入企业发展战略中来。

此外，在后市场方面，国家于2015年发布了《汽车维修技术信息公开实施管理办法》，该办法要求汽车生产企业公开维修技术信息，由交通运输部对公开信息进行指导和监督。该政策的实施有利于国家建立汽车电子健康档案系统平台，可以更好地追溯产品质量，有利于及时发现问题，改正问题，对汽车零部件的全过程质量管理是一个很好的补充。

2. 零部件供应商质量管理现状及问题

在汽车工业全球化发展背景下,汽车零部件供应商为了满足整车企业的产品要求,都逐渐加大了企业质量管理的投入。我国汽车零部件行业虽然历经多年的发展,质量管理水平有所提升,但与国际企业相比依然偏弱,质量管理主要存在以下几个问题。

(1) 质量管理理念还停留在传统模式

我国汽车零部件供应商的质量管理理念还停留在质量检验阶段和统计质量控制阶段,属于比较传统的质量管理模式。现代化零部件企业质量管理理念应当把重心放在产品质量上,进行全面质量管理。从其他方面优化,提升产品质量,进而提升品牌价值。目前,我国零部件企业多引入 ISO/TS16949、ISO9001 等质量准则,生产现场实施 6S 管理等措施,这些准则和措施主要针对企业产品自身的质量控制,零部件企业没有系统性的管理方案,并且对全面的质量控制没有更好地把控,也限制了企业的长远发展。

(2) 企业质量管理没有很好地落实全员参与原则

企业更好地提升质量管理,需要全员有质量管理意识,并积极参与企业质量管理的过程,从领导层到企业中层管理者,再到基层员工,都应当落实全员参与原则。受我国企业传统观念的影响,认为管理是领导的责任,因此真正能实现全员参与的企业很少,企业员工观念的转变还需要较长时间的培养。同时,企业也缺少对不同层次的员工进行质量管理培训方面的投入,员工积极性不强,不能对质量问题提出意见和建议。

(3) 对客户产品的参与度不足

汽车零部件是汽车产业链的前端产业,汽车零部件供应商多根据主机厂对产品提出的具体设计要求来生产,并没有有效分析上下游客户产品真正的需求,从汽车生产的全过程来看,汽车零部件供应商参与度不够,从而更易导致产品质量出现问题,导致投诉、退货等现象,使质量成本剧增。

(4) 质量信息不对称

产品信息在整个质量管理的全过程均会产生,质量信息主要包括外部信息和内部质量。信息的收集、分析和传递是信息价值产生和体现的过程。其中外部信息是企业进行质量管理的主要依据,它可以帮助企业更好地了解市场,与顾客建立更多的联系。内部产品信息则是企业在进行质量管理过程中产生的可提升企业竞争力的关键内容。目前,我国大部分零部件供应商对质量信息的分析较少,利用率不高,并且信息传递工具比较落后。我国大部分零部件企业没有建立起合理有效的信息传递与反馈制度,从而无法使企业内外部质量信息有效地传递到公司各层级员工手中,质量信息不对称问题尤为凸显。

(5)质量管理体系不健全

目前,零部件供应商的质量管理体系不健全,企业整体的管理过程主要依赖于管理层人员的质量管理的工作经验。企业全面的质量管理体系应当包括各个方面的内容,如人员、设施、工作环境等。但是我国的零部件供应商多为中小企业,该类型的企业对质量管理的投入往往不足,无法形成良好的质量管理体系。无论是管理制度上的质量要求、生产标准上的质量要求还是工作日常上的质量要求,都不能很好地形成质量管理体系。

3. 整车生产企业质量管理现状及问题

当前,汽车生产所需零部件80%均由零部件供应商生产供应。随着经济全球化和消费者需求的个体化发展,质量管理已成为企业建立品牌、增强企业竞争力的关键策略之一。而整车企业质量管理主要有供应商的质量管理和自身生产过程中的质量管理两个重要组成部分。

(1)对供应商的质量管理

随着工业4.0概念在全球范围内的普及,我国也出台了《中国制造2025》,我国汽车工业在工业4.0的浪潮下,迎来了转型升级的机会。在汽车行业对质量标准要求越来越高的趋势下,整车企业对零部件供应商产品质量要求、科研技术能力与企业管理能力的要求也越来越高。整车企业的质量管理体系与零部件供应商的质量管理体系已经紧密地联系在一起,汽车零部件供应商的质量管理体系水平将直接影响整车企业的质量管理水平,也影响汽车产品的质量水平和产品可靠性。整车企业对汽车零部件供应商的质量管理成为整个汽车行业都在关注和推进的话题,未来这将对整车生产企业的战略管理产生重大影响。目前，整车企业对零部件供应商的质量管理存在以下几个问题。

①没有全面的调查供应商及潜在供应商。整车企业在确定其零部件供应商前，首先应当对该供应商进行全面且系统的调查和市场评估。通常，整车企业会向零部件供应商索取产品技术资料，待供应商样件完成后再进行零部件产品质量的第一次验收，从而确定供应商。为了保护企业商业秘密等，一般情况下汽车制造企业会选择2~3家零部件供应商进行零部件产品供应洽谈，这也造成了企业对供应商及潜在供应商调查不够系统全面的现象，尤其是对样件质量的验收不能真实反映零部件供应商质量管理能力，是否可以在全过程中提供质量管理服务，整车企业没有细致而全面的调查。

②涉及的质量管理部门较多，分工不明。整车企业对供应商的质量管理工作涉及的部门较多，在进行全面质量管理监督过程中，各部门之间缺少沟通，从而影响零部件产品质量的验收工作。目前，整车企业中存在部分企业在供应商质量管理方面没有明确管理部门和管理职责的现象，也存在部分企业将管理职责和管理部分分工过细，导致重复管理的现象，这两种现象对整车企业来说均会产生负面影响，影响企业质量管理效率，因此，对供应商质量管理工作的合理分工，是整车企业需要重点改进的一个方向。

③产品质量和成本控制的博弈。随着汽车市场的日渐成熟，价格竞争也越来越激烈，整车企业通过控制成本来换取更大的利润空间，是目前所有整车企业都在研究的一个课题。在控制成本的过程中，降低零部件产品的供货成本则是一个必不可少的方式。然而零部件产品价格下降，对零部件企业来说，则是成本的进一步压缩和利润的进一步减少。在当前条件下，依然保持产品质量，整车企业如何很好地监督管理零部件供应商的质量管理体系，则成为一个难题。因此在选择供应商的同时，平衡好产品质量和成本控制的问题，才能使整车企业产品价值得到最大的提升。

（2）整车企业自身的质量管理

由于我国汽车工业发展时间较短，基础技术研发实力不强，质量管理水平还相对较低，因此，我国自主品牌汽车的竞争优势不强，给了合资品牌汽车抓住中国市场的先机。在质量管理系统建设中，合资品牌按照国外的质量管理模式与中国汽车实际状况相结合，建立了合资品牌汽车企业的质量管理系统，而自主品牌汽车企业则从零开始建设，模仿和学习先进的管理系统模式，但由于积淀不够没有形成独特的、有效的企业质量管理模式。

我国自主品牌质量管理意识薄弱。我国虽然在新中国成立初期就开始发展汽车工业，但在改革开放以后才真正走向快速发展的道路，通过不断地引进国外先进技术，逐步推动国内自主品牌的建立，提升产品质量的保障能力，但企业全员的质量意识依然薄弱，尤其是基层员工，在自身工作岗位上缺少发现质量问题的意识。其次，在部分核心技术领域我国产品的自主研发能力不足，生产工艺精度不高，无法保证设计质量和产品的生产精度。最后，我国自主品牌质量管理体系和方法应用水平不高，没有形成循环的质量改进机制。对先进的、科学的质量管理手段掌握不足，没有通过对质量信息的客观分析认识质量问题的存在，从而作为决策。

4. 汽车经销商质量管理现状及问题

通常一辆新车从进入4S店的库房到交付到客户手中是要经历两次严格检测的，第一次就是新车入库，库管一般对车辆进行第一次检查，但是目前新车到店一般都是半夜，库管多是将车辆停好，并未进行认真检查。第二次就是客户买车提车时的PDI检查，即乘用车新车售前检查服务，是指经销商按照整车企业的规定和要求，对消费者购买的新车进行销售前的检查和校正的检测服务，包括对预销售的新车进行内外饰和随车工具的静态检查，对功能性汽车零部件、机械构造进行动态检查，通过检查并向消费者提供售前检查服务的相关内容。比如，灯光的确认，轮胎气压调整到正常状态，检查机油、防冻液、玻璃水、转向液等。然而实际销售中却经常出现如西安奔驰车未出4S店就发生发动机漏油的类似现象，PDI检查很多时候只停留在表面检查。此外，在售后维修过程中也经常存在质量管理的问题，主要包括以下几点。

（1）质量管理意识不强

检查人员的质量管理意识不强，没用真正应用到服务的工作中，缺乏积极性和主动性，对质量管理的目标不理解，对质量问题产生的后果及责任没有正确的认识，仅将其作为一种工作程序和流程对待，检查经常仅浮于表面，没有始终把客户的利益放在心上，忽视质量问题对消费者安全产生的影响。

（2）PDI检查流程管理存在缺陷

目前各个经销商使用的PDI检查流程存在一定的缺陷，同时该检查流程管理也没有对经销商的员工的服务行为做正确的引导，从基本服务流程环节看，经销商目前使用的PDI检查流程管理中存在一定的问题，部分流程被忽略，一些环节被遗漏，负责执行的工作人员也没有经过检查流程管理培训，并且部门间缺乏有效的沟通，相关流程环节上的检查内容还有一定的提升和改进的空间。

（3）没有统一的新车售前检查行业标准

由于汽车行业没有统一的乘用车新车售前检查行业标准，涉及汽车销售前PDI检查不到的案件日益增多，一套规范的售前检查服务指引不仅有助于提高经销商保护自身合法权益的能力，同时也让汽车消费者对于新车PDI的重要性有更清晰的认识，杜绝新车存在的隐患。

（4）维修质量无法得到保证

不少汽车经销商的维修人员，没有接受过质量管理培训，没有及时培养并转变质量管理理念，缺少对消费者负责的责任和意识，并且行业内信息反馈、调查机制没有及时完善，消费者缺乏对维修质量的跟踪和自己购买的汽车质量的了解。很大一部分维修人员并没有迎合时代的发展提升自身的技术水平，相关的维修人员也没有定期更新维修知识，导致遇到新问题时无法及时解决，汽车维修后的产品质量无法得到保证。此外还有少数经销商为了获得更多的利润空间，采购质量不符合标准的配件，在售后服务环节同质配件问题也受到行业的逐渐重视。

5. 再制造企业质量管理现状及问题

为了更好地推动产业可持续发展和节约能源，零部件再制造产业自从问世以来，就受到社会的广泛关注，主要是因为其具有节省生产原料、减少工业排放、延长产品寿命的循环经济属性，可以充分实现产品的利用价值。随着中国汽车市场近几十年的高速发展，汽车保有量逐年增加，每年报废的汽车数量也在增加，因此可回收再利用零部件的数量也随之增多，2019年全国回收报废车辆229.5万辆，同比增长15.3%。中国的再制造产品已经超过10万件，市场价值超过11亿元。我国汽车零部件再制造起步较晚，与欧美等发达国家OES市场80%的再制造零部件相比，我国汽车零部件的回收再利用率并不高，报废汽车数量和再制造零部件规模都有很大的增长空间。

汽车整车企业是汽车零部件再制造产品重要的供给方之一，主要因为大部分整车企业拥有整车开发的知识产权，了解产品的设计参数和性能认证要求，方便对产品自主生产再制造。主要再制造的零部件产品有发动机、变速箱及其他非动力总成系统的零部件等，整车企业也会考虑经济效益，与零部件供应商共同开展再制造产品生产。

另一个再制造生产主体是非OEM零部件供应商。此类零部件供应商有着产品的自主知识产权和高标准的质量管理体系，一般多为大型零部件企业。其产品有一定的市场占有率和品牌知名度。它们进行再制造主要源于自身能力积累的成本优势和零部件的规模经济预期。有两个方面会导致其再制造产品的生产知识产权问题和配套能力问题。部分零部件企业在零部件产品生产初期会和整车企业签署知识产权排他性协议，如受到该协议限制，该类零部件供应商就必须与整车企业合作才能进行产品的再制造和销售。配套能力的约束来自旧件的回收和物流能力，零部件供应商不具备旧件回收物流体系，回收体系需要依赖整车企业的经销商管理体系。

此外，第三类再制造主体为独立再制造厂商，它们不受知识产权约束，但在没有知识产权的情况下无法获得产品的设计参数和性能要求，对产品的再生产质量管控难度加大，再制造产品性能一般仅能满足汽车最低的基本要求；在回收体系方面，只能通过市场化的逆向物流体系获取旧件，回收成本较高，利润空间较小。因此，再制造市场有可能出现厂商以降低质量为代价来获得利润，如果该类产品没有受到良好的市场监督，会严重损害消费者权益。

再制造零部件产品的质量与再制造企业能力有着直接的联系，汽车主机厂对再制造零部件的质量管理可以与其新车零部件质量管理体系进行共用，而市场中独立的再制造生产者的生产设备和质量管理流程相对来说并不完善，保证产品质量的难度加大；在旧件原料的回收储存方面，存在包装不规范、旧件易受到二次损坏的风险，增加原材料成本；并且由于旧件回收数量不足，在没有一定规模的情况下，再制造企业无法进行自动化大批量生产，为降低生产成本而采用半自动化或手工生产，将导致产品质量一致性极差，没有竞争力。

（四）产业变革下汽车零部件质量诉求与挑战

在电动化、智能化、网联化及共享化的产业变革中，中国汽车零部件产业面临复杂产业格局与技术变化。

1. 零部件产业"2.0"时代全面开启

经过几十年的快速发展，中国零部件产业在消化吸收国外先进技术和制造经验后，基本可满足国内整车需求。中国汽车零部件产业已经由过去单纯的模仿发展到现在具备一定的自主创新能力。零部件产业发展格局已经由"从无到有"逐渐转变为"从有到优"的发展阶段。

2. 新技术与零部件快速融合

在产业变革下，各种全新技术，如自动驾驶、网联技术、电控技术、芯片、通信、微电子、操作系统、软件等既有全新的零部件，又有与传统零部件融合形成新的产品，各种技术的融合使汽车零部件复杂度倍增，良好的品质成为未来零部件发展的核心诉求。

3. 来自客户端的质量挑战

客户端作为汽车的终端使用者，汽车的质量问题直接关系到消费者对汽车品牌的认可度。在新时期下，来自消费者的质量挑战包括如下几个。①现场调查困难。中国幅员辽阔，整车厂/零部件制造商现场调查难度大。②问题再现难。部分问题为偶发性，问题复现难。③质量改进难。零部件整改周期长、成本高。④零部件更换成本高。部分零部件的问题导致需要更换整个总成。

4. 来自整车厂的质量挑战

虽然整车企业在汽车研发制造中积累了丰富的质量经验，但在新时期下，整车企业的质量体系同样受到极大挑战，具体表现在如下方面。①检测、控制手段有限。在智能化趋势下，整车企业不具备诸如芯片、软件的检测分析能力。②再现缺陷难度高。零部件的质量问题存在偶发性。③零部件供应商关系复杂。未来将会有更多的企业成为汽车零部件供应商，将彻底打破传统的零整关系，导致各级供应商之间错综复杂，出现问题难以解决。

三 全过程质量管理的措施分析

汽车零部件产品质量提升将以全过程质量管理体系为行业抓手，以监管、研发制造、使用消费及回收报废为质量提升节点形成全新质量闭环。各个提升节点在全过程质量管理与相应管理工具的辅助下，形成产品流与产品质量信息流。产品流与产品质量信息流为：在监管端一定的政策法规、标准、一致性等要求下，研发制造端利用企业技术标准、设计手段、验证策略、检测方法等生产出质量合格的产品和相关产品信息，使用消费端按照合理的使用方法使用汽车产品并反馈产品质量信息，报废回收端对达到报废条件的产品依靠程序执行回收并反馈产品的回收信息（见图5）。

四大产品质量节点产生的产品流与产品质量信息流相互影响、相互促进，最终形成完善、统一的全过程质量管理系统，不断提升汽车零部件的产品质量。

汽车零部件产品质量要求无轻重，但执行次序应有先后。汽车零部件产品按使用需求可以分为性能件、功能件和一般装饰件。性能件为保证汽车安全、操控性能的零部件，如动力电池、发动机、变速箱、悬置、悬架等；功能件为可实现特定产品功能，不涉及安全、操控性能的汽车零部件，如导航、方向盘、照明系统等；一般装饰件为装饰汽车的零部件，如遮阳板、顶棚地毯等。

汽车零部件全过程质量管理应该按照性能件、功能件再到一般装饰件的质量提升次序分批次开展，以保证零部件产品质量有序合理推进。

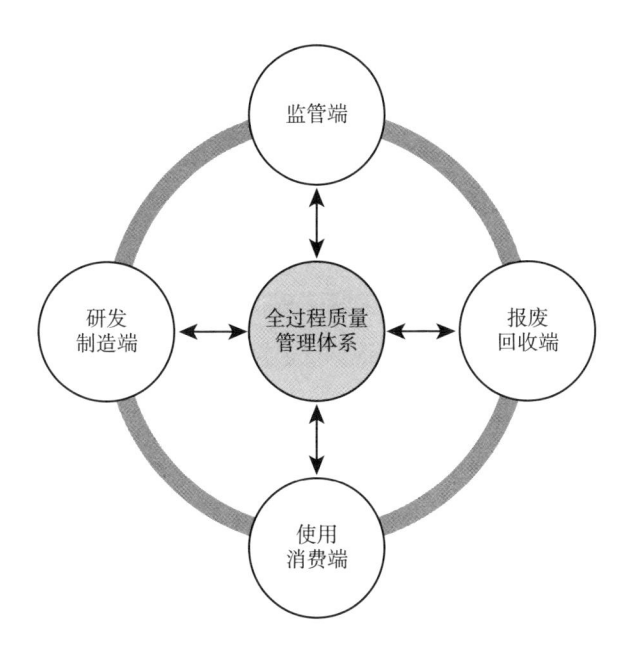

图 5　全过程质量管理体系

（一）政府及行业机构质量管理措施

当前，我国政府及行业机构在汽车零部件产品质量管理问题上还存在一些不足之处，需要增加或改进措施，提升汽车零部件整个行业的质量管理水平。

1. 加强质量管理意识

针对消费者，政府部门积极培养其产品质量意识，提升其对产品质量的重视，通过消费者对产品质量的监督作用和反馈，推动汽车零部件产品质量提升。针对零部件企业，政府部门应当针对企业管理层及员工，加强质量管理意识的培训和宣传，使零部件企业对质量管理有更深刻的认识，并积极改进企业质量管理体系。

2. 加大质量违规事件的处罚力度

加大对汽车零部件企业及产品质量不合格问题的处罚力度，可根据情节严重程度及违规次数进行倍数递增式的处罚，通过对质量违规事件的重罚，使有关企业真正重视汽车产品质量，积极改善企业内部质量管理体系，降低产品质量违规事件的发生率。

3. 积极发挥行业机构的协同管理

积极发挥行业机构如中国汽车工业协会、汽车工程学会、汽车流通协会等行业机构的作用，与政府部门协同管理，建立数字化、平台化的协同监管平台，利用大数据、区块链技术手段实现信息互通共享、风险预警等功能，并在此基础上建立全产业链的产品质量追溯平台，共同监督管理汽车及汽车零部件行业的产品质量问题。

4. 建立更加完善的召回体系

目前，我国实行的汽车产品召回制度存在立法等级较低、内容不够完善、缺乏独立的缺陷检测机构等问题，因此需要建立更加完善的产品召回制度体系，如制定符合我国国情的《缺陷汽车产品召回法》等。同时，需要拓宽缺陷车辆的信息获取渠道，提高车辆信息获取能力。

5. 深化落实同质配件政策引导

在2014年交通部等部门发布的《关于促进汽车维修业转型升级提升服务质量的指导意见》中，首次定义了同质配件的概念，即为产品质量等同或者高于装车零部件标准要求，且具有良好装车性能的配件。同质配件的推动可以为消费者降低一定的维修成本，但由于维修配件并非原厂件，消费者对其缺乏信任，因此应积极落实同质配件的政策引导，建立完善的高品质维修配件流通网络和监督管理体系，明确产品质量责任制度，从而真正实现汽车维修配件放开和多渠道流通。

（二）零部件供应商质量管理措施

新零部件生产企业和零部件再制造企业统称为零部件供应商，这两类企业在实施质量管理措施的过程中有着很多相同之处。

1. 建立健全的质量管理体系

完善的质量体系能够确保从最初的材料选定到最终销售的过程中每一个环节的质量稳定。汽车零部件管理流程和制度的完善，零部件生产工作可操作性的保证可以推进质量管理行为并促进零部件生产的顺利开展。应以完成工作量的质量为主要原则，同时确保制度的可行性来进行制定。不仅要对工作人员的工作内容进行约定，还应要求员工态度端正，规范且及时地完成各自工作。此外，制度中需明确责任主体，明确划分各岗位员工的职责，避免责任与权力的重叠，并且要将责任从部门到个人逐一落实。为发挥体制的积极作用，防止制度流于形式，应自上而下、系统全面地逐层推动制度的实施。

2. 提高零部件设计质量要求

汽车零部件的设计质量会对后续的生产制造产生直接影响，因此，提高汽车零部件设计质量是保障生产质量的重要基础。国际标准中有关设计的定义是：设计和开发是将要求转化为产品、过程或体系规定的特性或规范的一组过程。在产品的质量控制中，设计质量是一切产品质量的根源，对设计过程的质量控制是高效的控制手段。优质的设计在节省产品生产成本的同时，可以保证零部件的科学性能和质量要求。

3. 明确零部件制造的过程目标

汽车零部件的制造过程是指从原材料的采购、生产到出厂的所有步骤和环节。现代的生产工艺发展越来越多样化，但铸造、冲压、焊接、锻造、电镀、铆接等依旧为主要应用工艺，制造工艺的选择不同，对制造零部件的参数和质量的影响也不尽相同，例如，在铸造过程中浇筑金属的温度和速度会直接影响零部件的成型效果，温度过高或过低都会导致浇筑的不充分，速度过快或过慢也都不利于零部件成型，这些因素都不利于汽车零部件制造过程中的质量把控。为有效控制汽车零部件的制造质量，要设立明确的目标并制定实现目标的进度表，设立的目标不能够模糊不清，必须是可确定、可检查的。目标确立之后，就需层层落实，责任到人。

4. 加强零部件产品的质量检验

投资、采购、生产、销售及售后服务等每个环节都会对汽车零部件的整体质量产生影响。而对实物产品的检测工作则是保证汽车零部件产品质量的关键点。汽车零部件生产需要耗费大量的人力、物力，质量管理人员更是需要投入十足的耐心和精力。在质量管理过程中如稍有不慎，就会给汽车零部件的生产造成不必要的损失，如果实物质量不能满足客户的要求，那么原有的质量体系和标准都将失去意义。因此，在实际的汽车零部件生产质量管理中，应将实物质量控制作为重点。从强化产品检验的角度出发，应根据生产企业产品的实际生产情况，对产品进行全工序检验，以确保检验范畴不留死角。在产品生产完成后，还要对产品进行系统的质量检测。

5. 强化员工的质量管理意识

员工是汽车零部件生产制造的重要参与者，汽车零部件生产的效率和质量在很大程度上取决于员工的专业水平。因此，企业保证汽车零部件质量的根本是做好员工的专业素质管理和培训。针对企业的所有员工，根据岗位以及工作内容的不同，分别对员工进行专业知识培训和操作技能训练是必不可少的。首先要保证一线员工熟悉和掌握自己所操作汽车零部件的性能以及操作流程，使员工在具备一定理论知识的基础上，规范科学地进行操作。对于质量管理人员而言，应对包括汽车零部件性能、质量、材料性能在内的汽车零部件专业知识以及生产流程和制度进行课程培训并考核，在不断丰富其知识储备的同时采取理论与实践并行的实训方法实现培训多样化，进而提高管理人员的水平。

6. 制定统一质量规范及标准

随着我国汽车行业的发展，汽车零部件生产企业的数量也逐步增加，为确保汽车零部件的制造质量，需加强对汽车零部件制造企业的规划管理，制定统一的质量规范和标准，促进汽车零部件制造企业向产业化、规模化方向发展。加强对制造企业的质量管理培训，确保零部件使用的材料和生产工艺都能严格按照规范标准中的要求执行，全面落实对制造企业的质量管理政策，提升全体人员的质量管理意识。定期或不定期对制造企业进行检查，尤其是对于再制造零部件产品的质量检测，严禁将不合格产品投入使用。只有制定统一的质量规范和标准，才能对制造企业形成约束，并且为其生产提供科学的参考依据。

此外，在汽车零部件的质量控制中，对生产过程的控制为重中之重。加强汽车零部件的整体质量控制，首先应认识到质量管理与产品安全性、使用寿命的密切关系。其次应明确质量控制的要求和标准，对汽车零部件制造的成本、创新、优化等具有清晰的规划，预防发生质量问题。在生产中，汽车零部件关键控制点的设置十分必要，在汽车零部件制造的质量管理中，对一些关键部件和重点工序着重进行检测和监控，使每一个零部件以及各个生产环节均达到质量标准和要求，提高产品的合格率。在制造完成后，根据设计标准对产品进行检验，科学处理不合格产品。

（三）整车企业质量管理措施

1. 建立零部件供应商评价体系

供应商评价体系是对现有供应商在过去合作过程中的表现和对新开发的供应商的资格进行全面的评价和认定，一般侧重于对技术、质量、交货、服务、成本结构和管理水平等方面的能力进行综合评定。供应商评价体系首先应是建立在一定的评价准则之上，针对多方面的内容进行评价，需要全面衡量各种影响因素，并且评价标准随着影响因素变化而变化。

零部件供应商的选择直接关系到汽车企业之间的生产经营合作是否融洽，良好的零部件供应商评价体系的建立，能够帮助整车企业选择信誉较高、质量上乘的零部件供应商，对于汽车企业来说，不仅可以有效避免产品质量不达标造成的投诉事件，还能及时规避风险，保证零部件按时到货，为汽车企业生产销售活动提供保障。

2. 通过市场化采购提高零部件质量

设计要求及汽车质量都会对零部件质量有所要求，而零部件质量又与市场关系息息相关。因此，在采购时汽车生产企业会根据自身的需求结合市场情况来对质量符合要求、性价比高的零部件进行选购。所以，需要以满足汽车配件需求为基本原则，建立零部件采购制度，通过市场化的运作方式及时调节零部件生产的质量，以此来确保汽车配件的整体配合，满足顾客的需求。

采购件的质量管理重点在于供应商的技术能力和质量管理体系，由符合质量管理要求的供应商进行供货，由质量、研发及采购等部门联合对供应商定期进行严格审核，优胜劣汰。

3. 加强生产质量的管理控制

在生产及出厂时，采取的一系列技术检查及有关活动以确保产品的质量达标。将测量的实际质量结果与标准进行对比，并对其差异采取措施的调节管理过程即为质量控制。质量控制的重点是对活动过程的控制，从时间控制入手，对整车生产企业的生产质量管理战略进行事前、事中以及事后的控制。战略实施之前要设计正确有效的战略计划，并得到批准。在实施过程中，对公司关键性的业务流程进行实时控制，随时采取纠偏措施。事后把战略活动的结果与控制标准相比较，由公司领导决定是否有必要采取纠偏措施。

4. 提升员工质量管理技能

通过开展具有特色的、多层次的质量管理培训，特别是质量标准和缺陷处理流程的相关培训来提高员工的专业技能及质量意识。充分发挥自检、互检、终检的作用，通过开展特色活动，如质量管理技能比武来提升员工的工作热情，对于质量管理相关的人员，完善绩效考核机制，针对工作的具体内容和特点，将各考核项目细化、内容数据化，提高员工质量检查的积极性。

5. 持续开展质量改进

质量改进是质量管理中极其重要的一环，主要用于消除现有的系统性问题，使质量水平在现有的、可控的基础上得以提高。随着近年来新材料、新工艺以及新技术的不断研发与应用，汽车行业的竞争日益激烈，这不仅需要对原有的技术进行改进，也对质量控制提出了更为严苛的要求。因此，持续不断的质量改进就成为整车企业生存和发展的关键。为了研究汽车产品的寿命周期，需在现有基础上对产品的质量进行改进，但必须将质量改进确立为长期的、持续的过程。

（四）经销商质量管理措施

1. 提升员工质量管理水平

经销商的质量管理制度需要包含销售前、销售后的每一个环节，并将定制、工艺等方面按照相关标准融入日常工作中，在提升质量管理水平的同时，也使顾客体验到良好的服务。经销商还应制定更加完善的人员管理制度，对检测和维修人员定期进行培训，对相关人员进行激励，在不断更新自身的检测维修技术的同时建立更加完善的阶段质量检验标准，提高整体质量管理水平，以此来适应汽车行业不断发展的要求。

2. 建立完善的质量管理制度

通过质量管理制度的完善，充分发挥经销商自身管理体系的优势。完善每个经销商的相关信息，记录好新车的售前检测、售后维修等相关信息，以保证汽车质量。

相关部门也需对乘用车新车售前检查制定统一的行业标准，指引服务规范化，这不仅使汽车消费者对于新车 PDI 有更加清晰的认识，也有助于经销商保护自身的合法权益。通过相应政策的制定来解决当前零部件市场中存在的秩序问题，与各部门相协调，出台相应的管理制度，减少质量不合格的产品出现。

3. 规范汽车维修质量管理制度

对于我国汽车维修行业来说，汽车维修企业中大部分缺失相应的管理计划，质量管理规范不及时，汽车维修质量水平并不高。还有一部分维修企业虽然有着严格的质量管理制度，但未落到实处，缺少实践，最终导致维修的不规范。规范的质量管理制度的缺失，也造成很多维修企业没有相对应的部门对已完成维修的车辆进行最后的质检，无法及时发现和解决维修过程中的问题，导致很多维修人员在维修过程中不认真，意识不到维修质量的重要性。

汽车维修管理制度的缺失也使大多数汽车维修企业不了解用户的想法，只能为用户提供相应供应商的配件，而无法满足用户的个性化需求。还有一些企业自身的维修标准较低，维修技术已达不到时代的发展要求。目前，我国汽车维修行业已建立的相应标准，无法全面严格保证汽车维修质量，仍有待完善。

四 汽车零部件全过程质量管理的未来趋势

随着市场经济水平的不断提升，汽车零部件全过程质量管理将越来越受到行业的重视。以前的质量管理体系以"局部化""固态化""事后监管""信息孤岛"等为特征，这种质量管理体系模式下产品一旦出现质量问题都是批量化，且产品质量改进难度大、周期长。

在新时期下，在工业软件、大数据、数据信息交换、柔性制造、中央处理平台等技术不断成熟并运用的情况下，结合汽车产业变革需求，以用户需求为导向的全过程质量管理体系应运而生。总体来说，汽车零部件全过程质量管理的未来趋势主要体现在以下几方面。

（一）自动化和信息化将成为未来主要的质量管理手段

近年来，人工智能技术的发展使工业机器人在制造业企业中应用越来越普遍，也使汽车零部件的制造工艺越来越向自动化和信息化的方向发展，在制造过程中质量控制人员将逐渐减少，而自动化使零部件制造的质量控制水平得到了显著提升。而质量管理的检验方法方面，也由单一的检验方法发展为多种技术和方法共同应用的检验手段。在质量管理活动中，引入更多的计算机辅助软件和智能化设备与机器人等。未来汽车零部件全过程质量管理将向全面的自动化方向发展，该趋势是不可避免的。

此外，信息化发展也将成为未来汽车零部件全过程质量管理的重要手段，当前我国汽车零部件制造在质量评价方面已经率先向信息化和网络化方向发展。比如，针对汽车零部件制造的质量控制所产生的大众化评价体系等。随着汽车产品的不断增加，消费者在选择汽车产品时所面临的汽车零部件供应商也将会愈发繁杂，消费者将很难轻松地选择到满足自己实际需求的相关产品。此时，信息化技术的评价体系将发挥出巨大的作用，简单清晰地查询到每辆汽车结构中的零部件是否符合购买要求，从而帮助消费者购买符合自身要求的汽车产品。同时，在售后服务的过程中，也可以利用信息化的手段，了解到车辆维修、交易、生产的各环节的质量内容。

（二）全流程零部件质量管理追溯体系将被普遍应用

汽车是直接关乎人身安全的特殊消费品。但作为消费者，目前还无法了解汽车零部件的质量、来源，甚至相关监管部门对于一款汽车零部件从哪里来、运输途中经历了什么、质量如何，也很难做到十分清楚。随着互联网以及云计算和物联网等技术的发展，全流程的追溯体系的建立将使关乎人们安全的汽车零部件从生产制造到流通运输再到维修保养等，都变得透明起来。对于普通消费者而言，全流程的汽车零部件追溯体系，可以带来以下三点好处。

1. 清楚产品源头

以往因为汽车零部件的流通过程不可控，不能追溯，在生产、流通等环节出现的诸多问题都无法察觉。汽车零部件的来源、真伪一向是消费者最想知道却又无法了解的，如今，随着追溯系统的建立，消费者从追溯平台上可以查到每一个零部件的来龙去脉。

2. 风险控制更有效

追溯系统的另一大好处是有了问题可以及时扫码向制造商、监管部门反映情况，避免更大的问题出现。有了追溯系统后，所有零部件的去向都会被采集、记录和共享，从而能够以最快的速度召回，将风险降到最低，使消费者免受伤害。

3. 避免假冒伪劣产品

此前由于没有良好的源头追溯渠道，消费者无法分辨买到的是不是正品，假冒伪劣产品以次充好，有专项调查发现，近半数零部件销售商使用假冒伪劣配件。汽车零部件追溯平台的建立，可以有效防止假冒伪劣，并在消费者买到假货或者打假的过程中，帮助消费者查到真正的责任人。

（三）质量管理监督主体将不只是企业和相关质检部门

当前，我国质量管理监督的主体主要是制造企业及其供应商和相关监督管理部门，并且在产品全流程质量管理上各自建立自己的质量管理体系，没有形成相互的联系，无法很好地实现对零部件质量的全过程监督和控制。同时，作为最终用户的消费者，也没有对产品质量监督的权利，无法在购买或使用中对产品质量做出正确的评价和管理。

随着科学技术的飞速发展，未来质量监督的主体、形式都将更加丰富。质量监督主体不仅限于企业内部的所有参与制造或提供服务的人员，而应该形成涵盖制造商、监督部门（政府或商会）、消费者或用户等多方面的多维度的质量管理监督主体，使得汽车零部件产品的全过程质量管理更加完善，实现真正意义的全社会参与的全过程质量管理模式。

（四）质量管理将朝着国际化发展

当前，以信息技术为纽带的世界一体化正在迅速发展，各国经济的依存度日益加强。其中生产过程和资本流通的国际化，是企业组织形态的国际化的前提；技术法规、标准及合格评定程序等，是质量管理的基础性、实质性的内容，采用国际通用的标准和准则，传统的质量管理必然跨越企业和国家的范畴而国际化。全球出现的 ISO 9000 热以及种类繁多、内容广泛的质量认证制度得到市场的普遍认同，也从一个侧面展现了质量管理的国际化。

近两年，我国汽车企业及零部件企业国际化发展较快，产品出口贸易稳步增长，企业海外投资积极理性，新兴领域的龙头企业表现优异，在全球范围内的影响力得以提升。但在企业向着国际化发展的过程中，不仅在品牌、技术等方面要向全球化发展，其质量管理也需要向全球化发展。目前，中外双方在管理理念和方式上存在差异，中外文化及价值观的不同导致企业在实现国内外资源的有效整合上存在难题，通过质量管理的国际化发展，可以统一国内外对产品质量的管理标准，减少企业国际化发展道路上的阻碍。

附 录

Appendices

B.11
附录一 汽车零部件产业相关统计数据

表1 2019年全国汽车工业统计

单位：万辆，%

总计	产量	同比增长	销量	同比增长
	2572.1	-7.5	2576.9	-8.2
乘用车	2136.0	-9.2	2144.4	-9.6
基本型乘用车(轿车)	1023.3	-10.9	1030.8	-10.7
多功能乘用车(MPV)	138.1	-18.1	138.4	-20.2
运动型多用途乘用车(SUV)	934.4	-6.0	935.3	-6.3
交叉型乘用车	40.2	-4.3	40.0	-11.7
商用车	436.0	1.9	432.4	-1.1
客车	47.2	-3.5	47.4	-2.2
其中:客车非完整车辆	3.0	-14.0	3.0	-13.2
货车	388.8	2.6	385.0	-0.9
其中:半挂牵引车	58.1	23.6	56.5	16.9
货车非完整车辆	58.2	10.7	56.5	6.3

资料来源：中国汽车工业协会。

表 2　2019 年全国新能源汽车统计

单位：万辆，%

总计	产量	同比增长	销量	同比增长
	124.2	-2.3	120.6	-4.0
新能源乘用车	109.1	2.0	106.0	0.7
其中：纯电动	87.7	10.8	83.4	5.9
插电式混合动力	21.4	-22.9	22.6	-14.7
新能源商用车	15.0	-25.1	14.6	-28.3
其中：纯电动	14.2	-26.7	13.7	-29.9
插电式混合动力	0.5	-3.2	0.5	-4.7

资料来源：中国汽车工业协会。

表 3　2004~2019 年全国汽车保有量

单位：万辆

年份	2004	2005	2006	2007	2008	2009	2010	2011
汽车保有量	2694	3160	3697	4358	5100	6281	7802	9356
年份	2012	2013	2014	2015	2016	2017	2018	2019
汽车保有量	10933	12670	14598	16284	19400	20500	24028	26150

资料来源：国家统计局。

表 4　2019 年四大类汽车零部件进出口数量及金额增长情况

	项目	数量（万台）	同比增长（%）	金额（亿美元）	同比增长（%）
进口	总计	—	—	353.10	-12.81
	1. 发动机	89.23	1.51	23.31	-6.69
	2. 汽车零部件、附件及车身	—	—	287.48	-14.25
	3. 汽车、摩托车轮胎	—	—	6.47	-0.97
	4. 其他汽车相关商品	—	—	35.84	-6.11
出口	总计	—	—	665.59	-4.43
	1. 发动机	344.35	-14.71	21.28	-14.55
	2. 汽车零部件、附件及车身	—	—	411.18	-3.92
	3. 汽车、摩托车轮胎	—	—	134.67	-2.11
	4. 其他汽车相关商品	—	—	98.46	-7.15

附录一 汽车零部件产业相关统计数据

表5 2020年全球最有价值的20大汽车零部件品牌

2020年排名	2019年排名	企业	国家
1	1	电装(Denso)	日本
2	2	现代摩比斯(HYUNDAI MOBIS)	韩国
3	3	麦格纳(Magna)	加拿大
4	—	丰田自动织机(Toyota Industries)	日本
5	4	法雷奥(Valeo)	法国
6	6	弗吉亚(Faurecia)	法国
7	5	舍弗勒(Schaeffler)	德国
8	7	安波福(APTIV)	爱尔兰
9	—	马瑞利(Marelli)	意大利
10	10	均胜电子(Joyson Electronic)	中国
11	9	NAPA	美国
12	12	海斯坦普(Gestamp)	西班牙
13	—	奥托立夫(AUTOLIV INC)	瑞典
14	9	海拉(Hella)	德国
15	—	翰昂系统(Hanon Systems)	韩国
16	16	Motion Industries	美国
17	13	美国车桥(American Axle&Mfg)	美国
18	—	Alliance Automotive Group	美国
19	17	艾里逊变速箱(Allison Transmission)	美国
20	14	耐世特汽车系统(Nexteer Automotive)	美国

资料来源：Brand Finance。

表6 安波福在华企业名录

序号	企业名称
1	安波福(中国)投资有限公司
2	安波福(中国)科技研发有限公司
3	安波福电子(苏州)有限公司
4	安波福中央电气(上海)有限公司
5	安波福电气系统有限公司(总部)
6	安波福电气系统有限公司白城分公司
7	安波福电气系统有限公司广州分公司
8	安波福电气系统有限公司长春分公司
9	安波福电气系统有限公司烟台分公司

续表

序号	企业名称
10	安波福电气系统有限公司芜湖分公司
11	安波福电气系统有限公司武汉分公司
12	安波福电子系统有限公司成都分公司
13	安波福电子系统有限公司重庆分公司
14	安波福电子系统有限公司天津分公司
15	安波福电子系统有限公司荆州分公司
16	安波福电子系统有限公司江门分公司
17	安波福电子系统有限公司沈阳分公司
18	安波福零部件(上海)有限公司
19	安波福(上海)国际管理有限公司
20	安波福连接器系统(上海)有限公司
21	安波福连接器系统(南通)有限公司
22	安波福连接器系统香港控股有限公司
23	海尔曼太通(无锡)电器配件有限公司
24	W. F. Global (HK),Ltd
25	大韩电子(烟台)有限公司
26	江苏有珍电子有限公司
27	盐城世明电子器件有限公司

表7 中国部分车企的TPMS配置变化

企业	车型	年代款	TPMS配置情况
华晨宝马	1系	2020款	全系胎压显示(dTPMS)
		2019款	全系胎压报警(iTPMS)
	X1	2020款	全系胎压显示(dTPMS)
		2019款	全系胎压报警(iTPMS)
	3系	2020款	全系胎压显示(dTPMS)
		2019款	全系胎压报警(iTPMS)
	X3	2020款	全系胎压显示(dTPMS)
		2019款	全系胎压显示(dTPMS)
		2018款	全系胎压报警(iTPMS)
	5系	2020款	全系胎压显示(dTPMS)
		2019款	全系胎压报警(iTPMS)

续表

企业	车型	年代款	TPMS 配置情况
北京奔驰	A 级	2020 款	全系胎压显示（dTPMS）
		2019 款	全系胎压报警（iTPMS）
	C 级	2020 款	全系胎压显示（dTPMS）
		2019 款	全系胎压报警（iTPMS）
	GLC	2020 款	全系胎压显示（dTPMS）
		2019 款	全系胎压报警（iTPMS）
	E 级	2020 款	全系胎压显示（dTPMS）
		2019 款	全系胎压报警（iTPMS）
一汽大众 - 奥迪	A3	2020 款	全系胎压显示（dTPMS）
		2019 款	全系胎压报警（iTPMS）

表8　国内车载摄像头供应商与主机厂配套关系

供应商	相关产品	配套客户
博世（中国）	车载摄像头、360 度环视系统	上汽通用五菱、广汽乘用车、长安等
维宁尔（中国）	单目视觉系统、立体视觉系统、夜视系统	奔驰、吉利等
大陆泰密克（上海）	车载电子系统（摄像头）	上汽大众、福特、通用、马自达等
安波福电子（苏州）	环视摄像头系统	沃尔沃、领克、长安汽车、福特、日产、广汽、吉利汽车、长城汽车、现代汽车、上汽通用、上海汽车等
东莞歌乐	汽车音像系统、汽车导航系统、摄像头	上汽通用、长城汽车、东风日产、东风本田、广汽本田、广汽三菱
法雷奥（深圳）	控制器、摄像头等	长春一汽、上海大众、长春一轿、神龙、长安福特、马自达、奇瑞、雷诺等
法雷奥（深圳）	驾驶辅助产品技术（显示器、摄像头、雷达、影像识别）	Jeep 等
晟泰克（合肥）	车载摄像头	奇瑞、江淮、东风、北汽福田、东风日产、昌河等
麦格纳电子（张家港）	车载摄像头	上汽通用、上汽大众、一汽大众、北京奔驰、华晨宝马、长安福特、马自达、广州本田、北京现代等
均胜电子	前视摄像头	蔚来
联创电子	360 度全景成像系统	特斯拉

续表

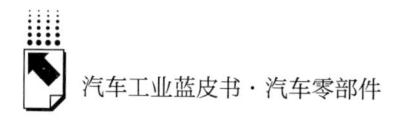

供应商	相关产品	配套客户
苏州智华	130°、160°、195°模拟摄像头组,40°高动态模拟摄像头模组,138°高清摄像头模组,智能摄像头模组,匹5°高清摄像头模组,195°高清模拟输出摄像头模组,2D全景泊车辅助系统,3D全景泊车辅助系统,乘用车前视安全辅助系统,商用车前视安全辅助系统,WiFi行车记录系统	金龙客车、宇通客车、长安汽车、日产、东风乘用车等
名宗科技	车用摄像头等	宇通、中通、奇瑞等
经纬恒润科技	360度全景泊车系统、单目前视主动安全摄像头	通用、上汽通用、福特、捷豹、路虎、一汽、上汽、长安、广汽乘用车、北汽乘用车、力帆、一汽解放、重汽、包头奔驰等
中科正方	彩色CCD摄像头	苏州金龙、青年客车、上汽申沃、北汽福田、东风襄旅、五洲龙等
优创电子	行车记录仪、360°环视、可视倒车雷达系列、摄像头等	通用、吉利、现代、大发、起亚、福特、雷诺、菲亚特、众泰、三菱、日产、丰田等
宇鸿电子	汽车后视系统、无线倒车后视系统、倒车监视器、车载摄像头、专车专用摄像头、汽车夜视仪系统、车载监控录像机系统	宇通、金龙、尼奥普兰、安凯、五征、三一重工等
华阳数码特	车载摄像头、前装全景摄像头、行车记录仪	日立等
奇科电子	汽车摄像头、全景可视系统、行车记录仪	日产、广汽、福特
南海长齐	流媒体智能后视镜、360°全景泊车影像系统、倒车后视系统、车载摄像头、行车记录仪等	上汽大众
道可视	360°全景行车系统	广汽、上汽大众、一汽,重汽
一谷电子	行车记录仪、车载摄像头、半自动泊车、全景泊车影像系统等	东风日产、丰田通商、法国雷诺、福特、华晨、广汽本田、广汽丰田、美国Autovox、印尼现代、合众、江淮、北汽等
鑫洋泉	环视自动泊车系统(360°全景摄像头)、远程监控环视系统、自动泊车	运通集团、百得利集团、庆洋集团、庞大集团、新丰泰集团等
玖洲光学	车载全景摄像头、行车记录仪	航盛、德赛西威、比亚迪、大众、丰田、广汽、上汽通用五菱、马自达、PSA、日产、北汽、中泰、吉利等

表9　各品牌配置毫米波雷达车型情况

品牌		车型
德系	奔驰	标配
	宝马	高配
	大众	帕萨特高配
美系	别克	君威、昂科威中配以上
欧系	沃尔沃	标配
日系	丰田	8代凯美瑞低配以上
	日产	天籁中配以上、奇骏高配
法系	标致、雪铁龙	高配
国产	长安	CS75等高配
	吉利	博瑞、博越等标配
	领克	标配

B.12 附录二 2019年度汽车零部件产业政策法规

政策法规名称	颁布或实施时间	颁布单位	内容要点
《锂离子电池行业规范条件（2018年本）》和《锂离子电池行业规范公告管理暂行办法（2018年本）》	2019年1月16日	工信部	为进一步加强锂离子电池行业管理，推动产业加快转型升级，工信部对《锂离子电池行业规范条件》和《锂离子电池行业规范公告管理暂行办法》进行了修订
《废铅蓄电池污染防治行动方案》	2019年1月22日	生态环境部、国家发改委、工信部、公安部、司法部、财政部、交通运输部、国家税务总局、国家市场监督管理总局	方案要求到2020年要实现废铅蓄电池的回收率达到40%，到了2025年要实现回收率达到70%的水平，同时规范收集的废铅蓄电池全部安全利用的处置
《进一步优化供给推动消费平稳增长，促进形成强大国内市场的实施方案》	2019年1月29日	国家发展改革委、工业和信息化部、民政部、财政部、住房和城乡建设部、交通运输部、农业农村部、商务部、国家卫生健康委、市场监管总局	按规定放开报废汽车"五大总成"再制造再利用。有条件的地方可依托市场交易平台，对报废国三及以下排放标准汽车同时购买新车的车主，给予适当补助；坚持扶优扶强的导向，将更多补贴用于支持综合性能先进的新能源汽车销售，鼓励发展高技术水平新能源汽车；促进农村汽车更新换代，带动农村汽车消费；稳步推进放宽皮卡车进城限制范围，加快繁荣二手车市场，进一步优化地方政府机动车管理措施等
《报废机动车回收管理办法（修订草案）》	2019年1月30日	国务院	修改允许具备条件的"五大总成"再制造、再利用

续表

政策法规名称	颁布或实施时间	颁布单位	内容要点
《鼓励外商投资产业目录（征求意见稿）》	2019年2月2日	国家发展改革委	涉及储能、氢能、锂电池等多个领域。其中所涉部分目录包含"高技术绿色电池制造：动力镍氢电池、锌镍蓄电池、钠盐电池、锌银蓄电池、锂离子电池、太阳能电池、燃料电池等"，"机动车充电站、电池更换站建设、经营"，"加氢站建设、经营"，"汽车关键零部件及关键技术研发：发动机、动力电池、燃料电池、智能汽车关键零部件等"，"新能源汽车关键零部件制造：电池隔膜（厚度 15~40μm，孔隙率 40%~60%）；电池管理系统，电机管理系统，电动汽车电控集成；电动汽车驱动电机（峰值功率密度≥2.5kW/kg，高效区：65%工作区效率≥80%），车用DC/DC"等多项
《绿色产业指导目录（2019年版）》	2019年3月6日	国家发展改革委、工信部、自然资源部、生态环境部、住房和城乡建设部、人民银行、国家能源局	新能源汽车关键零部件制造和产业化、充换电和加氢设施制造等均出现在目录里
《关于进一步加强新能源汽车产品召回管理的通知》	2019年3月18日	市场监管总局	动力电池、电机和电控系统等零部件生产者获知新能源汽车可能存在缺陷的，应按照《实施办法》第十三条规定，向市场监管总局（质量发展局）报告，并通报生产者。同时，配合缺陷调查、召回实施等相关工作
《关于进一步完善新能源汽车推广应用财政补贴政策的通知》	2019年3月26日	财政部、工信部、科技部、国家发展改革委	2019年新能源补贴政策加大了补贴退坡力度，为2020年底完全退出做好铺垫。同时，在政策细则制定上也更加灵活化、市场化。以新能源乘用车补贴为例，在单车补贴金额方面最大降幅超过50%，同时，对续航里程和电池能量密度门槛进一步提升，并放缓了对高能量密度电池的鼓励力度

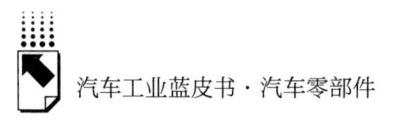

续表

政策法规名称	颁布或实施时间	颁布单位	内容要点
《对原产于美国的汽车及零部件继续暂停加征关税的公告》	2019年3月31日	财政部	从2019年4月1日起，对原产于美国的汽车及零部件继续暂停加征关税。暂停加征关税措施截止时间另行通知
《关于加快推进工业节能与绿色发展的通知》	2019年3月31日	工业和信息化部办公厅和国家开发银行办公厅	突出重点领域，发挥绿色金融手段对工业节能与绿色发展的支撑作用，重点支持开展退役新能源汽车动力蓄电池梯次利用和再利用
《推动重点消费品更新升级畅通资源循环利用实施方案（2019~2020）》	2019年6月3日	国家发展改革委、生态环境部、商务部	提升电池能量密度和安全性，逐步实现电池平台化、标准化，降低电池成本。加强汽车制造、信息通信、互联网等领域骨干企业深度合作，组织实施智能汽车关键技术攻关，重点开展车载传感器、芯片、中央处理器、操作系统等研发与产业化。坚持自主式和网联式相结合的发展模式，不断提升整车智能化水平，培育具有国际竞争力的智能汽车品牌
废止《汽车动力蓄电池行业规范条件》	2019年6月21日	工信部	"白名单"的废除，意味着国内动力电池行业将面临进入"自由竞争"时代，仍将面临严峻的挑战，市场未来会更加开放
《鼓励外商投资产业目录（2019年版）》	2019年6月30日	国家发展改革委、商务部	包括（1）汽车车身覆盖件冲压模具，汽车仪表板、保险杠等大型注塑模具，汽车及摩托车夹具、检具设计与制造。（2）汽车动力电池专用生产设备的设计与制造
《关于征求〈机动车环境保护召回管理规定（征求意见稿）〉意见的函》	2019年7月16日	市场监管总局办公厅、生态环境部办公厅	生产这应当通过信息系统备案并报告以下环保质保信息：（一）质保零部件名称和质保期信息；（二）质保零部件异常索赔信息；（三）异常索赔质保零部件故障原因分析报告。由零部件原因导致环保缺陷的，市场监管部门可以会同生态环境部门组织技术机构对零部件生产者开展调查

附录二 2019年度汽车零部件产业政策法规

续表

政策法规名称	颁布或实施时间	颁布单位	内容要点
《铅蓄电池回收利用管理暂行办法（征求意见稿）》	2019年8月14日	国家发改委	国家将实行铅蓄电池回收目标责任制，制定发布铅蓄电池规范回收率目标。到2025年底，规范回收率要达到60%以上，国家根据行业发展情况适时调整回收目标
《关于对十三届全国人大二次会议第2667号建议》	2019年8月28日	工信部	将协调全国汽车标准委加快梯次利用要求、电池拆卸、包装运输、材料回收4项国标发布进程，以及放电规范、梯次利用产品标识等国家、行业标准的研制工作。在规范行业管理方面，工信部表示，将进一步加强政策法规保障，加快研究制定强制性回收利用管理法规，修订《新能源汽车废旧动力蓄电池综合利用行业规范条件》，研究制定梯次利用电池产品管理制度，适时开展梯次利用电池产品认定和标识工作，规范行业发展
《关于对十三届全国人大二次会议第3239号建议》	2019年8月28日	工信部	汽车生产企业积极履行回收主体责任，已建设回收服务网点4145个。工信部组织建设了新能源汽车国家监测与动力蓄电池回收利用溯源综合管理平台，构建来源可查、去向可追、节点可控、责任可究的溯源管理机制
《新能源汽车动力蓄电池回收服务网点建设和运营指南》	2019年9月10日	工信部	新能源汽车生产及梯次利用等企业应依托回收服务网点加强对本地区废旧动力蓄电池的跟踪。回收服务网点负责收集、分类、储存及包装废旧动力蓄电池，不得擅自对收集的废旧动力蓄电池进行安全检查外的拆解处理。废旧动力蓄电池应规范移交至综合利用企业进行梯次利用或再生利用

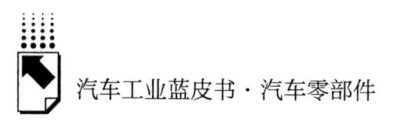

续表

政策法规名称	颁布或实施时间	颁布单位	内容要点
《产业结构调整指导目录(2019年本)》	2019年10月30日	国家发展改革委	鼓励新能源有色金属材料的生产,鼓励发展锂离子电池用三元和多元、磷酸铁锂等正极材料、中间相炭微球和硅碳等负极材料、单层与三层复合锂离子电池隔膜、氟代碳酸乙烯酯(FEC)等电解质与添加剂;鼓励铅蓄电池全自动、智能化装配流水线;锂离子电池自动化、智能化生产成套制造装备;碱性锌锰电池600只/分钟以上自动化、智能化生产成套制造装备共同发展。在新能源汽车关键零部件方面,鼓励发展能量型动力电池单体;电动汽车废旧动力蓄电池回收利用方面,鼓励梯级利用、再生利用等,废旧动力蓄电池回收利用技术装备;此外,还对当前关注度较高的氢燃料电池作出了发展方向的指导
《机动车零部件再制造管理暂行办法(征求意见稿)》	2019年12月2日	国家发展改革委	鼓励机动车整车生产企业通过售后服务体系回收旧机动车零部件用于再制造,但是重点强调再制造企业生产规范,制造质量要符合规范,相关产品符合国家标准
《对〈新能源汽车产业发展规划(2021~2035年)〉(征求意见稿)公开征求意见》	2019年12月3日	工信部	突破关键零部件技术。以动力电池与管理系统、驱动电机与电力电子、网联化与智能化技术为"三横",构建关键零部件技术供给体系。开展先进模块化动力电池与燃料电池系统技术攻关,探索新一代车用电机驱动系统解决方案,加强智能网联汽车关键零部件及系统开发,突破计算和控制基础平台等技术瓶颈,提升基础关键技术、先进基础工艺、基础核心零部件和关键基础材料等产业基础能力

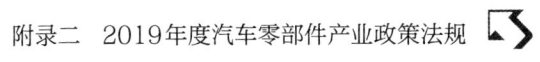

续表

政策法规名称	颁布或实施时间	颁布单位	内容要点
《关于2020年进口暂定税率等调整方案的通知》	2019年12月23日	国务院关税税则委员会	自2020年1月1日起对859项商品实施进口暂定税率。其中，为扩大先进技术、设备和零部件进口，支持高新技术产业发展，新增或降低半导体检测分选编带机、高压涡轮间隙控制阀门、自动变速箱用液力变矩器和铝阀芯、铌铁、多元件集成电路存储器等商品进口暂定税率，其中"新增或降低"分别是指新增相关商品到暂定税率目录中和降低了去年已实行的暂定税率。自2020年7月1日起，将取消7项信息技术产品进口暂定税率，对176项信息技术产品的最惠国税率实施第五步降税

B.13
附录三 2019年中国汽车零部件行业大事记

序号	事件名称	事件内容
1	文远知行A轮再获数千万美元融资	1月4日,文远知行WeRide A轮融资再获两家重要机构跟投,分别是商汤科技SenseTime和农银国际ABC International,本次跟投的融资金额达数千万美元
2	瓦尔塔与车享家达成战略合作	1月8日,全球知名汽车蓄电池品牌瓦尔塔与国内领先的一站式汽车在线生活服务平台车享家宣布达成深度战略合作。未来,双方会建立长期、稳定、互信、互惠的战略合作伙伴关系,将车享家目前覆盖全国的超2500家门店渠道资源与瓦尔塔品牌的优质蓄电池产品与专业蓄电池服务能力充分结合,发挥各自所长,让更多终端车主受益
3	LG化学再投73亿元扩大南京工厂 应对全球电池需求激增	1月10日,LG化学表示,将再投资1.2万亿韩元(73亿元)以扩大其在南京的工厂。LG化学计划将南京电池厂培育为其在华电池业务的基地。该公司将对其南京电池厂进行大规模投资,以扩大该厂在中国电动车电池市场以及无线家电电池市场的影响力
4	麦格纳与北汽新能源合资公司挂牌成立	1月15日,麦格纳与北汽新能源合资公司——麦格纳卫蓝新能源汽车技术(镇江)有限公司(简称"麦格纳卫蓝")在江苏镇江正式揭牌,麦格纳卫蓝新能源汽车试验中心的建设也同步启动
5	博世投资中国四维智联公司 支持车联网集成解决方案发展	博世集团(Bosch Group)旗下博世创业投资公司(RBVC)参与了中国四维智联(AutoAI)公司的A轮融资。四维智联公司此次欲筹集1.04亿美元(约合7亿元),致力于提供基于大数据及其智能云平台的车联网(IOV)集成解决方案
6	埃贝赫在上海开设亚洲试验中心	1月18日作为全球领先的排气技术一级供应商,埃贝赫正不断提升其试验能力。埃贝赫管理团队在上海新的亚洲试验中心正式开业。新试验中心为亚洲客户不仅提供在排气测试领域内的专业知识和技能,同时启用新的样件车间
7	宁德时代与本田合作电动汽车产品	2月5日,也就是中国农历春节的第一天,宁德时代官宣,近日已与本田在东京签订合作协议,正式携手共同打造面向未来市场的电动汽车产品

附录三 2019年中国汽车零部件行业大事记

续表

序号	事件名称	事件内容
8	博泰获上海银行15亿授信	2月12日上午,上海银行股份有限公司与上海博泰悦臻电子设备制造有限公司举行《银企战略合作协议》签约仪式
9	图森未来完成9500万美元D轮融资 由新浪资本领投	2月13日,无人驾驶初创公司图森未来宣布成功完成9500万美元的D轮融资,此轮融资后图森未来的估值超过10亿美元。新一轮资本的注入,将进一步助力图森未来的商业化落地与技术研发
10	CATL/北汽新能源/普莱德签署5年动力电池合作协议	2月25日,宁德时代公告称,已与北汽新能源、北京普莱德对2019年起始后续5年的业务深化合作签署了《中长期(2019~2023年)深化战略合作协议》,三方约定自2019年起后续5年的合作期内,在新能源电池包的采购额度、价格、新型动力电池包等方面深化合作
11	地平线B轮融资6亿美元	2月27日,地平线官宣,由半导体巨头SK中国、SK Hynix以及数家中国一线汽车集团(与旗下基金)联合领投的B轮融资,获得6亿美元左右的投资,估值达30亿美元
12	远景AESC年产20GWh动力电池项目正式开工	远景AESC动力高储能高安全软包装智能电池项目在江阴举行开工仪式,总投资达220亿元,拟将年产20GWh三元动力电池和电极材料
13	采埃孚与中国汽车技术研究中心有限公司签署战略合作协议	3月6日,采埃孚与中国汽车技术研究中心有限公司(简称中汽中心)正式签署战略合作协议。双方同意建立更密切的全面战略合作伙伴关系,在汽车行业标准与技术法规研究、C-NCAP安全标准评估、产品检测试验与认证、管理培训、信息服务、科研项目等领域进行战略合作,双方将利用各自优势支持对方自主创新项目。这次合作将是采埃孚实现其"零愿景"的助推器,也有助于完善中国行业标准化的进程,推动中国汽车行业的发展
14	德赛西威收购德国知名天线技术公司ATBB	3月13日,惠州市德赛西威汽车电子股份有限公司宣布,已经完成德国先进天线技术公司Antennentechnik ABB Bad Blankenburg GmbH(以下简称"ATBB公司")的收购交割。至此,ATBB公司正式成为德赛西威全资子公司,将继续致力于定制化的高性能天线系统的解决方案
15	现代摩比斯投资格灵深瞳获车载人脸识别分析技术	韩国现代摩比斯(Hyundai Mobis)公司向中国初创公司格灵深瞳(Deep Glint)投资了500万美元(约合3353万元),该家中国公司致力于使用人工智能研发计算机视觉技术
16	投资3400万欧元 巴斯夫新建亚太研发中心	全球第二大化工企业巴斯夫在本地化研发方面再加砝码,投资3400万欧元新建其亚太研发中心。该研发中心位于上海创新园,新设施包括亚太区汽车应用和工艺催化两大研发中心

255

续表

序号	事件名称	事件内容
17	博世南京 iBooster 工厂投产 助力电气化、智能化推进	3月21日,全球领先的技术与服务供应商博世宣布,亚太地区首个博世智能助力器(iBooster)生产基地于南京正式落成启用
18	投资680亿元万向动力电池/储能项目开工	3月25日,浙江省萧山区扩大有效投资重大项目集中开工仪式在万向创新聚能城项目现场举行,本次参加集中开工的重大项目共20个,总投资867亿元。其中,包括总投资680亿元的万向创新聚能城电池和储能项目
19	MINIEYE 完成 B 轮融资,四维图新基金战略领投	专注于研发自动驾驶感知系统的 MINIEYE 宣布完成 B 轮融资,同时获得数亿元授信额度。该轮投资由四维图新通过旗下四维互联并购基金(简称四维图新基金)战略领投,浙商创投等跟投,原投资方继续增持,半年内 MINIEYE 累计完成1.5亿元融资
20	高德宣布以成本价格提供标准化高精地图	高德地图在北京举行"高精宣言"媒体沟通会,表示将对高精地图服务进行升级,并以成本价格提供标准化高精地图,与合作伙伴分享研发和商业化的成果,加速自动驾驶进程
21	继峰股份拟39.56亿元收购格拉默公司	4月4日,汽车零部件上市公司继峰股份发布重组草案,对此前披露的拟购买宁波继烨投资有限公司100%股权的意向性预案进行调整。新方案中,交易价格确定为39.56亿元,交易完成后,标的公司继烨投资将成为继峰股份子公司,这意味着,继峰股份将通过持有继烨投资100%股份从而间接持有目标公司格拉默84.23%股权,实现对于目标公司格拉默的控制并将其纳入自身合并报表范围
22	AutoX 完成数千万美元的 A3 轮融资,东风汽车领投	4月10日,自动驾驶公司 AutoX 宣布已在几个月前完成了数千万美元的A3轮融资,由东风汽车领投。AutoX 创始人兼 CEO 肖健雄表示,此轮融资也标志着 AutoX 在为前装战略做准备,未来将进一步在中国市场扩张
23	宁德时代与华为签署合作协议 助力推动汽车行业电动化	4月17日,宁德时代新能源科技股份有限公司与华为技术有限公司在上海签订合作协议。双方将展开深度合作,实现优势互补、合作共赢,迎接智能化发展新机遇
24	安波福自动驾驶技术中心落户中国	2019上海车展上,全球领先的移动出行和自动驾驶解决方案提供商安波福公司,正式宣布在中国建立自动驾驶技术中心
25	佛吉亚与 Plug And Play 将双方合作拓展至中国市场	全球领先的汽车零部件科技公司佛吉亚与国际化创新平台 Plug and Play 今日在上海签署战略合作协议。该协议是 Plug and Play (美国)与佛吉亚集团长期合作的进一步延伸,致力于加速佛吉亚在中国搜寻、投资初创公司的进程,并与当地创新生态圈建立更加紧密的联系

附录三　2019年中国汽车零部件行业大事记

续表

序号	事件名称	事件内容
26	安霸合作Momenta为自动驾驶汽车研发高精地图平台	4月16日,美国安霸半导体(Ambarella, Inc.)公司和中国Momenta公司宣布,将合作为自动驾驶汽车研发一个高精地图协作平台
27	伟世通联手同济、商汤、宽凳解锁未来出行	2019上海车展期间,全球汽车座舱电子技术领导者伟世通为进一步扩容"朋友圈",打造汽车行业可持续发展生态圈,与全球领先人工智能平台公司商汤科技、中国首家专注于高精地图研发的创新科技公司宽凳科技和中国著名高校同济大学分别签署了战略合作协议
28	舍弗勒与上海国汽车城就产业深度合作项目签约	4月17日,2019上海车展期间,舍弗勒与上海国际汽车城达成合作,舍弗勒大中华区首席执行官张艺林博士与上海国际汽车城(集团)有限公司总经理陈钢先生共同签署了框架合作协议
29	恩智浦投资中国自动驾驶科技公司南京隼眼科技合研77GHz汽车雷达	4月17日,荷兰芯片制造商恩智浦半导体(NXP Semiconductors NV)宣布,已经对中国自动驾驶科技公司南京隼眼电子科技有限公司(Hawkeye Technology Co., Ltd)进行了投资,旨在扩大其在中国汽车雷达市场的影响力
30	远东福斯特12GWh动力电池项目一期正式投产	5月10日,远东智慧能源股份有限公司(简称:智慧能源　股票代码:600869)全资子公司远东福斯特新能源江苏有限公司(简称:远东福斯特)12GWh动力电池项目一期投产仪式在江苏宜兴隆重举行
31	投资4.9亿美元　SK创新计划在华组建第二座电池工厂	韩国SK创新(SK Innovation)5月14日表示计划投资5799亿韩元(约合4.883亿美元)在中国组建第二座电动车电池工厂,而其此举也是下注中国将对韩国电池生产商打开市场
32	星恒电源获得Pre-IPO融资首批资金9.22亿元	国内领先的动力锂电池厂商星恒电源启动Pre-IPO融资,获得了盈科资本、国家电投产业基金、海通新能源、海通创新证券、博信基金及其管理的多只基金共计9.22亿元的战略投资,投前估值40.5亿元
33	电装投资20亿元在华建新能源汽车零部件工厂	日本电装将在中国建设新能源汽车零部件新工厂。电装(广州南沙)有限公司近日与广州南沙经济技术开发区管理委员会正式签订《关于电装(广州南沙)有限公司华南新厂区项目投资合作协议书》。根据协议,电装(广州南沙)有限公司将分两期投资不少于20亿元人民币,在黄阁镇新建用地规模约为10万平方米的华南新厂区,提前布局新能源汽车相关产业。项目将于6月28日动工,预计2021年开始投产,2022年实现量产

续表

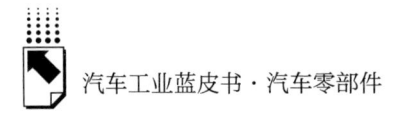

序号	事件名称	事件内容
34	千寻位置与一汽红旗达成合作,高精度定位助力V2X与自动驾驶	精准位置服务公司千寻位置网络有限公司(以下简称"千寻位置")表示,与中国第一汽车集团股份有限公司(以下简称"一汽集团")展开合作,为一汽集团红旗品牌2020年的量产车型提供高精度定位服务,助力其V2X与自动驾驶的实现
35	博世与蜂巢互联签署战略合作备忘录	博世与深圳蜂巢互联科技有限公司签署了关于"联合创新提供数字化解决方案服务于中国制造企业转型升级"的合作备忘录,双方希望就此达成合作并开启联合创新之旅,为中国工业4.0市场提供培训以及数字产品和服务
36	斥资1500万欧元 巨浪集团太仓"未来"工厂开业	5月28日,巨浪集团(CHIRON Group)太仓"未来"工厂正式开业,这是巨浪集团全球战略中的一个全新工厂,也是巨浪集团旗下唯一涵盖所有品牌的代表性新工厂
37	德赛西威牵手四维图新	6月12日,亚洲消费电子展(CES Asia 2019)期间,德赛西威与四维图新正式签署战略合作框架协议,双方将在自动驾驶地图及智能网联等领域进行深入合作,充分发挥双方优势,共同推动汽车智能网联化发展
38	四维图新与lbeo、亮道智能签署合作协议	6月12日,亚洲消费电子展(CES Asia 2019)期间,四维图新、世界领先的汽车激光雷达系统开发商lbeo汽车系统有限公司(以下简称"lbeo")与亮道智能三方宣布签署战略合作协议,将围绕自动驾驶在"激光雷达+自动驾驶地图"研发及相关应用领域建立合作伙伴关系
39	宁德时代携手哈啰出行、蚂蚁金服推出两轮换电业务	6月12日,宁德时代与哈啰出行及蚂蚁金服在上海举行战略合作发布会,宣布首期共同出资10亿元人民币成立合资公司,推出定位两轮电动车基础能源网络的换电业务
40	德赛西威与奇瑞雄狮达成战略联盟	6月20日,"智·合未来,奇瑞雄狮生态联盟大会"在安徽芜湖举行,德赛西威与多家知名科技企业、车载端资源平台以奇瑞雄狮为核心达成协议,共同攻克在未来出行、智慧城市、5G应用、车联网用户服务、智能汽车网络信息安全等领域上的难题
41	延锋与京东方签署合作协议 加速打造智能座舱科技生态圈	6月21日,延锋汽车饰件系统有限公司与京东方科技集团股份有限公司在上海签署战略合作协议。双方将充分发挥各自在行业中积累的产品及技术优势,全方位资源互补并形成合力
42	亿咖通科技与腾讯车联达成战略合作,共建智趣共享出行生态	6月25日,亿咖通科技(ECARX)与腾讯车联在深圳签署战略合作协议,双方将围绕智能网联服务、联合用户运营、AI及云技术等领域展开深度合作,全面助力推动吉利控股集团加快"电动化、智能化、网联化、共享化"转型升级以及线上能力建设进程

附录三　2019年中国汽车零部件行业大事记

续表

序号	事件名称	事件内容
43	德赛西威与一汽集团战略合作全新升级	7月13日,中国一汽供应商战略合作伙伴签约仪式在长春一汽集团总部举行。根据协议内容,德赛西威将围绕智能驾驶、智能驾驶舱两大业务板块,提供创新、智能、具有竞争力的产品和服务,为红旗品牌持续布局全球顶级资源、有效落实新红旗品牌战略提供产品支持,助力一汽集团、一汽红旗打造更具竞争力的优势产品
44	宝马携手四维图新布局自动驾驶　开启高精度地图合作	7月15日,宝马(中国)汽车贸易有限公司宣布,已经与北京四维图新科技股份有限公司达成合作。四维图新将为宝马中国提供用于自动驾驶的高精度地图服务,这标志着宝马中国在自动驾驶领域的发展又向前迈进了一大步
45	广汽牵手电产　成立牵引电机合资公司	日本电机专家电产株式会社(Nidec)宣布与中国汽车制造商广汽(GAC)成立一家牵引电机合资公司
46	巴斯夫与重庆延锋安道拓开展新材料合作	化工巨头巴斯夫和重庆延锋安道拓汽车部件系统有限公司共同宣布,双方已经就进一步拓展合作达成了协议。根据双方的协议内容显示,巴斯夫将提供材料开发方面的技术专利,而重庆延锋安道拓将负责为生产运营提供支持,并进行市场调研和材料测试。双方将共同打造包括座椅解决方案在内的创新型汽车应用
47	宁德时代拟与广东邦普36亿元成立合资公司	9月3日,宁德时代发布公告称,公司拟与控股子公司广东邦普循环科技有限公司共同出资36亿元人民币设立宁波邦普时代新能源有限公司(暂定名,以下简称"合资公司"),从事正极材料及相关资源的投资和经营
48	奥托立夫和长城汽车签订合作研究声明	9月5日,奥托立夫公司(纽交所:ALV,斯德哥尔摩证券交易所:ALIVsdb)与中国SUV汽车的主要制造商长城汽车股份有限公司于中国保定签订合作研究声明,共同进行北美道路安全评价研究
49	BMTS博马科技济南工厂正式投产	9月23日,BMTS在山东省济南市高新区临空经济区举行了济南工厂的投产典礼。这是其继德国布莱夏赫、奥地利圣米歇尔、中国上海、中国山东东营和墨西哥拉莫斯·阿里斯佩后的第六大生产基地,将主要生产高转速及超高温精密零件——涡轮轴总成
50	恒大与5家汽车工程技术龙头签订战略合作	9月25日,恒大与德国FEV、德国EDAG、德国IAV、奥地利AVL、加拿大MAGNA签订研发设计战略合作,本次签约的五大巨头均为全球汽车工程技术领域的龙头企业,在底盘、白车身、动力总成、电子电器、整车集成、车身内外饰等汽车整车研发全流程,均拥有世界最顶尖工程技术

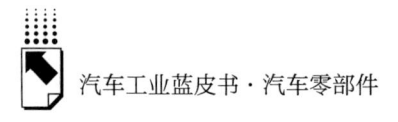

续表

序号	事件名称	事件内容
51	宁德时代选址宜宾，拟建新动力电池基地	9月26日，宁德时代（SZ：300750）发布公告称，已与四川省宜宾市政府签署项目投资协议，将在宜宾投资建设动力电池制造基地。据公告显示，此项目投资不超过100亿元，资金来源为企业自筹，项目将分两期进行建站，一期建设不超过26个月，二期计划在一期投产后两年内启动
52	中国一汽增资赛轮轮胎子公司	9月26日，赛轮轮胎发布公告称，中国一汽拟以4.6亿元现金，对其子公司赛亚检测进行增资。据悉，赛轮轮胎也将以1.46亿元现金，对赛亚检测进行增资。同时，赛亚检测的注册资本，由1500万元增加至3529万元。增资后，赛轮对赛亚检测的持股比例，由100%降至42.5%，中国一汽持股比例为57.5%
53	大陆集团长春净月工厂扩建项目正式投入运营	10月14日，大陆集团宣布其长春净月工厂扩建项目正式投入运营。扩建项目在原有员工更衣室、仓储室、员工食堂的基础上，为长春净月工厂新增3000平方米的车间面积，进一步丰富了净月工厂的产品线，以满足客户对于更高的质量以及更多元化产品的需求
54	法雷奥武汉技术中心二期完成扩建	10月14日，武汉——法雷奥武汉技术中心二期扩建工程正式落成揭幕。该技术中心坐落在武汉开发区，主要负责设计研发先进的照明技术和舒适及驾驶辅助系统
55	宁德时代欧洲工厂正式启动	10月20日，宁德时代位于德国图林根州（Thuringia）首府埃尔福特（Erfurt）附近的电池工厂正式奠基。根据计划，宁德时代欧洲工厂此次开工面积为23公顷，生产线包括电芯及模组产品，预计2022年可实现14GWh的电池产能。据悉，该项目的中期投资为18亿欧元，计划将在当地创造多达2000个就业岗位
56	ABB收购上海联桩67%股份 大举进攻中国电动汽车充电市场	瑞典电气公司ABB将收购上海联桩新能源技术股份有限公司（Shanghai Chargedot New Energy Technology，以下简称联桩）67%的多数股份，该交易预计将在未来几个月内完成，未来三年内，ABB可能会进一步增持股份
57	格拉默与一汽集团子公司签署合资合作协议	11月5日，格拉默股份公司与中国最大汽车制造商之一的一汽集团有限公司子公司——长春一汽富晟集团在长春签署协议，正式成立汽车内饰零部件合资公司——长春富晟格拉默车辆部件有限公司，双方分别持有新合资公司50%的股份
58	Mobileye与蔚来达成合作	11月5日，蔚来正式与Intel旗下的自动驾驶技术公司Mobileye达成战略合作。双方将基于蔚来第二代整车平台打造L4级别自动驾驶车型，而蔚来将成为全球范围内首批实现L4级别自动驾驶的品牌

续表

序号	事件名称	事件内容
59	佛吉亚中国与全志科技签署战略合作协议	11月8日,佛吉亚中国与智能应用处理器SoC、高性能模拟器件和无线互联芯片设计厂商全志科技签署战略合作协议。双方将依托各自在供应、技术、产品、制造、市场、互联网、生态等方面的资源优势,深化在汽车智能座舱领域的合作,提升双方在这一领域的市场影响力和竞争力,为中国市场打造领先的未来智能座舱解决方案
60	加特可苏州正式投产运营	11月8日,加特可苏州开业典礼在张家港工厂顺利举行。加特可苏州是全球三大自动变速器生产厂商之一的加特可株式会社继加特可广州之后在中国独资设立的第二家生产基地
61	福瑞泰克与地平线达成战略合作	11月8日,福瑞泰克智能系统有限公司和北京地平线机器人技术研发有限公司签署战略合作协议,双方将研发技术力量聚焦于高级辅助驾驶系统(ADAS)以及自动驾驶解决方案领域的合作
62	恒大与60家汽车零部件企业签约	11月12日,恒大集团与汽车行业60家头部零部件企业正式签约,签约企业包括采埃孚、博世集团、大陆集团、麦格纳、马勒等零部件企业
63	海拉出售全球范围所有继电器业务	11月12日,宏发股份发布公告称,公司控股孙公司宏发汽车电子与海拉控股和海拉电气签署《收购框架协议》。宏发汽车电子拟向海拉控股购买其持有海拉(厦门)汽车电子有限公司的100%股权,同时拟向海拉电气购买其所有继电器业务(包含SSR及其他继电器)涉及的存货和生产设备等资产
64	采埃孚与卧龙电气驱动集团成立合资公司	11月19日消息,采埃孚股份公司(ZF Friedrichshafen AG)和位于中国的卧龙电气驱动集团已签署相关协议,成立一家专门从事汽车专用电机及其部件生产的合资公司
65	舍弗勒与湖南湘江新区签署投资合作协议	11月21日,舍弗勒与湖南湘江新区管理委员会在湖南省长沙市签署投资合作协议。根据协议,舍弗勒将在湖南湘江新区成立一家独资公司并设立舍弗勒大中华区第二研发中心暨舍弗勒中国智能驾驶研究院,将旗下应用于智能驾驶的Space Drive线控技术、Mover平台系统、智能线控转向模块等底盘系统相关的机电一体化产品和技术引进新区
66	华域汽车投资10亿新建技术研发中心	11月27日,上汽旗下华域汽车技术研发中心建筑工程项目宣布正式开工。华域汽车技术研发中心建成后,将承担起华域汽车智能网联汽车、新能源汽车关键零部件及智能制造应用技术研发和试验的重任
67	采埃孚在中国的第三个研发中心落户广州花都	11月27日,采埃孚与广州市花都区政府签订协议,将在当地建立其在中国的第三家研发中心,预计投资额约7亿元人民币,将于2023年投入运营

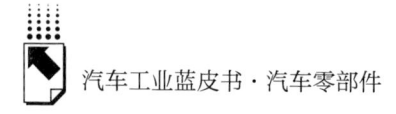

续表

序号	事件名称	事件内容
68	博世氢燃料电池中心在无锡奠基	11月29日,博世中国氢燃料电池中心在无锡奠基。据悉,此次在无锡建立的全新氢燃料电池中心将主要用于研发、试制氢燃料电池动力总成相关产品,具备从关键零部件到电堆乃至燃料电池系统全部测试设备以及电堆样件试制线。该中心将于2020年底建成,并计划于2021年实现小批量生产。与此同时,博世还宣布其创新与软件研发中心将正式落户无锡
69	合资协议即将到期 华域汽车与均胜电子拆分延锋百利得	华域汽车、均胜电子相继发布公告称,延锋公司、美国百利得及其相关方与延锋百利得已签署相关交易框架协议。根据框架协议约定,延锋百利得拟将相关业务及资产分别出售给延锋公司指定的全资子公司——延锋汽车智能安全系统有限责任公司,以及美国百利得指定的宁波均胜百利得汽车安全系统有限公司和上海临港均胜汽车安全系统有限公司
70	北汽新能源与宁德时代深化战略合作 推进电池产品/车型项目合作开发	12月6日,北汽新能源和宁德时代签署框架协议,双方将全面深化战略合作,在新能源汽车动力电池供应、动力电池核心技术研发等方面进一步加强互信、互利、互融、互通。同时继续深化车型项目合作开发和完善供货保障机制,且在技术、质量、服务、生态、项目开发、合作模式等方面,加强彼此间业务的深化合作,缔结战略合作协议
71	德雷威亚太总部在沪开幕 计划持续加大在华投资	12月6日,全球领先的汽车售后市场和驾乘性能供应商德雷威宣布,公司位于上海杨浦区的亚太总部正式开幕,启动运营。此举将助力公司在亚太区域,尤其中国区域,实现更大规模以及更快速地发展
72	瞄准汽车后市场 巴斯夫再扩大在华投资	11月下旬,德国化工巨头巴斯夫在广东湛江启动建设其新型一体化基地,总投资达100亿美元,是有史以来巴斯夫最大的投资项目。12月5日,巴斯夫再次宣布扩大在华投资,公司将在位于广东江门的涂料生产基地新建一套汽车修补漆生产设施。新增的产能将支持整个地区的市场增长和客户需求,计划于2022年上半年投产
73	投资73.82亿！SK创新将在江苏盐城建电池厂供应给起亚汽车	韩国电池制造商SK创新计划投资10.5亿美元(约合73.82亿元)在中国江苏省盐城市建一家电动汽车电池制造厂。此前,该公司在江苏省常州市还有一家电池厂,该厂年产能为7.5GWh,一旦盐城工厂建成,SK创新在华电动汽车电池产能将显著提高
74	长城新增40万台发动机产能	12月10日,长城汽车100%控股的蜂巢动力将在江苏扬中汽车零部件产业园建设年产40万台发动机项目,该项目预计在2020年6月建设完成

续表

序号	事件名称	事件内容
75	玲珑轮胎湖北新工厂正式投产	12月11日,湖北玲珑轮胎有限公司卡客车轮胎投产活动在湖北省荆门市举办。湖北玲珑是玲珑轮胎在国内的第四个工厂,项目占地近1400亩,总投资54亿元
76	潍柴动力跨国并购德国ARADEX	12月16日,潍柴动力正式对外宣布已完成对德国ARADEX的战略收购。德国ARADEX是一家诞生于1989年专注于工业及交通运输行业用电机、电控和电源的研发开发,并拥有新能源商用车用电机控制器、电机、燃料电池DC/DC变换器等产品设计开发和系统集成能力的新能源企业
77	年产能15万辆,北汽麦格纳合资议案通过	12月18日,北汽蓝谷发布公告称,该公司审议通过《关于子公司投资北汽麦格纳制造合资公司项目暨关联交易的议案》(简称《议案》),即旗下子公司卫蓝投资将出资3.12亿元获得镇江汽车公司共51%股权,与麦格纳组成高端制造合资公司
78	埃森哲已完成收购飞驰镁物	12月23日,埃森哲宣布已完成收购中国汽车数字化和移动出行服务提供商飞驰镁物。埃森哲于2019年10月8日宣布该项收购,交易的具体条款没有披露

263

Abstract

Annual Report on the Development of Chinese Automobile Parts Industry (2019 - 2020) is an annual research report on the development of China auto parts industry, first published in 2016. This book is the fifth volume, compiled by China Association of Automobile Manufacturers (CAAM) and China Automotive Engineering Research Institute Co., Ltd (CAERI), gathered the wisdom of numerous managers, experts and scholars from OEMs, auto parts enterprises, various auto parts branches of CAAM, universities and relevant government departments. This book is a comprehensive and magisterial exposition of the development of China auto parts industry.

Due to the weakened demand of the global auto market, the downturn of the world economy, the trade frictions between China and the United States and other factors, the global auto sales in 2019 saw the biggest drop ever since the financial crisis, and the global auto parts industry has been affected seriously. With the rapid integration of technologies in the automotive industry such as the new generation of information and communication, new energy, new materials and others, the global auto parts industry chain will be confronted with the opportunities of reconstruction, and many auto parts enterprises are positively seeking new development paths. Under the downward pressure of the international and domestic auto industries, China auto parts industry is also suffering a severe challenge. With the vigorous promotion of the national policy in the fields of New Energy Vehicles (NEV) and Intelligent Connected Vehicles (ICV), relevant domestic enterprises are accelerating their R&D investment and market distribution, and under the trend of large-scale, modularization and centralization, enterprises are improving the comprehensive competitiveness by investment and acquisitions. Against this background, how to find development opportunities and how to insist on innovative development become the topics of great concern in

Abstract

China auto parts industry.

This year's report is based on "the opportunity and innovative development of the auto parts industry" and elaborates on industrial investment, enterprises research, subdivided industry research and quality management research, etc. The full text of this report includes: General Report, Industrial Development, Enterprises, Sub-industries, Symposium and Appendix.

The General Report gives a macroscopic description of the current market situation of the global auto parts industry, the operation state of enterprises, the status of technology research and development, the investment activities, and the distribution strategies in China. The General Report macroscopically analyzes the development of China auto parts industry in the aspects of the policy system, the enterprises' revenues, the current situation of import and export, the strategic layout and the remanufacturing market.

The Industrial Development section includes an in-depth study of the investment trend of China auto parts industry, analysis about the investment environment, the industrial scale, the operation state of enterprises, the R&D investment, the layout of enterprises in China, and predictions for the investment trends and opportunities of China auto parts enterprises.

In the Enterprises section, Aptiv PLC, a multinational enterprise and Hubei Tri-ring Forging, a local enterprise were selected. The analysis and exposition is carried out in details on their situations, layout, strategy, products, innovation and development experience and typical transformation and upgrading events.

The Sub-industries section in-depth analyzed the development status and trends of four major sub-industries, namely body accessory (seat), hybrid power system, vehicle environmental sensing sensor, tire pressure monitoring system, researched on product technology and market scale and made recommendations on the development problems of each sub-industry.

In the Symposium section, the whole process quality management of auto parts is deeply studied. Starting from the hot issues and recall events in 2019, the concept, current situation and existing problems are studied, the corresponding management measures are put forward and the development trends of the whole process quality management of auto parts are analyzed and predicted.

Throughout this report, it is supported by rich materials of the auto parts industry, and considerable breadth and depth of analysis is carried out, which could help the general readers promote all-round understanding about the development trends of China auto parts industry, and provide a reference for the managements of automobile industry, the industry organizations, the local governments, and enterprises on decision-making and strategic research.

Keywords: Auto Parts; Body Accessory; Hybrid Power System; Sensor; Quality Management

Contents

Ⅰ General Reports

B. 1 Analysis of Global Auto Parts Industry Development in 2019
　　　　　　　　　　　　　　　　　　　　　　　　　　　／ 001

Abstract: Due to the downturn of the world economy, the trade frictions between China and the United States and other factors, the global auto sales in 2019 saw the biggest drop ever since the financial crisis, with a total sale of 90.3 million units and a year-on-year decline of 4.34%. The auto parts industry also had been seriously affected. Meanwhile, the outbreak of COVID − 19 at the beginning of 2020 has a more serious impact on the global automotive supply chain, the global automotive industry will enter the stage of market adjustment and accelerate the process of industrial chain restructuring. This article elaborates on the global auto parts industry in 2019 from supporting parts revenue, brand, technology research, merger and acquisition, and layout in China, etc. Through the analysis on the current situation of global industry, this article could provide a reference on the global auto parts market development opportunities.

Keywords: Auto Parts; Industrial Restructuring; Industrial Transformation

B. 2 Analysis of China Auto Parts Industry
　　　Development in 2019　　　　　　　　　　　　　　　／ 017

Abstract: By the end of 2019, the auto production and sales volume in

China had reached 25.721 million and 25.769 million, respectively, with a year-on-year decline of 7.5 percent and 8.2 percent, which is a decrease of 3.3 percent and 5.4 percent than last year. Influenced by the whole automotive industry, China auto parts industry market is also suffering a severe test, and China auto parts industry is accelerating the high-quality development of China auto industry. By analyzing the current situation of policy system, the market size, mergers and acquisitions and the core technology research, this article studies the driving force in the development of NEV, ICV, Auto parts remanufacturing, and other areas.

Keywords: Auto Parts; Industrial Policy; Strategic Layout; Product Development

Ⅱ Industry Report

B.3 Research on Investment Trends of Auto Parts Industry in China　　　　　　　　　　　　　/ 034

Abstract: Under the downward pressure of the overall economic environment, China auto parts industry suffered a big shock in 2019 with the growth rate of operating performance declined. By analyzing the investment environment, the operating status of key enterprises, the R&D and the industrial investment trends in auto parts industry, this article provides a reference on the investment trends and opportunities of the NEV, the ICV and other new technological areas for China auto parts enterprises.

Keywords: Auto Parts; R&D Investment; Investment Trends; Investment Opportunities

Contents

III Sub-sector Reports

B. 4　Analysis of the Automobile Body Accessory
　　　(car seat) Development　　　　　　　　　　　　　　/ 059

Abstract: As an accessory of the car body, the car seat is directly related to the personal safety and overall comfortness of the passengers by its quality, design and safety performance. Recently, enterprises are actively innovating in seat design to improve the safety and comfortness and enhance the driving experience. This article mainly analyzes the car seat industry, summarizes relevant standards and regulations, products matching relationship, the current situation and trends, and provides a reference on policy-making aiming at the problems of lacking of standards, talent and investment.

Keywords: Car Seat; Body Accessory; New Materials; New Process

B. 5　Analysis of the Hybrid Power System Industry Development
　　　　　　　　　　　　　　　　　　　　　　　　　　　　/ 085

Abstract: As an effective strategy for automobile energy conservation and emission reduction, as well as a supplement to the new energy vehicles, the development of hybrid power system has a far-reaching impact on the future pattern of the automobile industry. This article regards the hybrid electric vehicles as the main research object, analyzes the domestic and foreign industrial policies, as well as the product and technical differences, and suggests that the hybrid electric vehicle should be considered in the national automobile development strategy to gradually form the energy and technology patterns of multiple parallel technology routes, multiple coexisting energy modes and meet different market demands.

Keywords: Hybrid Power System; New Energy Vehicle; Industrial Policy

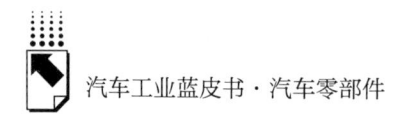

B.6 Analysis of the Automotive Environmental Sensing Sensors Development / 113

Abstract: With the rapid development of ADAS and driverless technology, environmental sensing sensoras the core component of vehicle environmental sensing systemhas made great progress in recent years. As a key auto part to promote the development of ICV, the speed of its innovative development will directly affect the future application environment of driverless vehicles. Selecting the on-board camera, laser radar, millimeter wave radar as the research objects, this article elaborates the global market size, the situation of application and the competition patterns of these sensors, introduces the new products and technology in recent years and the development trends, summarized the main gaps between domestic and foreign sensors and provides suggestions to increase policy support, enhance the research of core technology and promote the integration of resources.

Keywords: Vehicle Camera; Laser Radar; Millimeter Wave Radar; Environmental Sensing Technology

B.7 Analysis of the Tire Pressure Monitoring System Development / 160

Abstract: With the implementation of GB26149, the domestic automobile tire pressure monitoring system (ABBREVIATED "TPMS") industry has entered a period of rapid development, this article summarizes the status of the TPMS industry regulations, the market size, the technical solutions, the intellectual property rights distribution and the upstream and downstream supply chains, points out the shortcomings of domestic TPMS industry development, analyzes the future development trends of TPMS, and suggests that we should build the industry brand, break through the core technology, apply intelligent manufacturing, develop industrial alliance and increase talent training.

Keywords: TPMS; Safety System; Chip

IV Enterprise Reports

B. 8 Analysis of Typical Multinational Parts Enterprise Development

/ 189

Abstract: In recent years, the investment in China of multinational parts enterprises has been gradually increasing. Studying the development experience of multinational parts enterprises is helpful for China auto parts industry. Aptiv PLC, formerly known as Delphi, had the reputation of being the world's largest parts supplier and went through the ordeal of bankruptcy protection in the early 2000s. Aptiv PLC has gone through various stages of the global automobile industry, fromed the large and complete automobile factory to the separation of auto parts enterprises and from the traditional mode of automobile technology and industry to the transformation in the era of Internet. Aptiv PLC has become one of the most innovative companies in the world now. Through the interpretation of the development of Aptiv PLC, this article analyzes the development trends of global auto parts industry and provides a reference for domestic and foreign parts enterprises.

Keywords: Parts; Multinational Enterprises; Aptiv PLC

B. 9 Analysis of Transformation Case of Typical Domestic
Auto Parts Enterprise   / 204

Abstract: In front of increasingly fierce market competition, as well as the changing external environment, auto parts enterprises are facing huge management pressure. In the era of rapidly developing information technology, how to realize the transformation of traditional manufacturing enterprises and step into the track of high-quality development is a huge problem faced by many enterprises. Through the elaboration and analysis of the basic situation, innovative development and typical events of Hubei Tri-ring Forging, this article analyzes how to transform and upgrade from the aspects of development strategy, technological innovation, management innovation and technological upgrading and provides a reference for the future development of China auto parts enterprises.

Keywords: Parts; Steering Knuckle; Hubei Tri-ring Forging

V Special Report

B.10 The Whole Process Quality Management of Auto Parts / 216

Abstract: The overall quality level of autos has been a growing concern by consumers and society through the data of China Consumers Association, especially that the quality of auto parts often become hot topics. Strengthening the whole process quality management of auto parts plays is an important role in promoting the development of China auto industry and boosting auto consumption demand. By analyzing the complaints and recalls of automobile products in 2019, this article introduces the concept of whole process quality management of automobile parts, analyzes its current situation and management measures and reasonably predicts the future trends of whole process quality management of auto parts.

Keywords: Auto Parts; Quality Management; Recall

权威报告·一手数据·特色资源

皮书数据库
ANNUAL REPORT(YEARBOOK) DATABASE

分析解读当下中国发展变迁的高端智库平台

所获荣誉
- 2019年，入围国家新闻出版署数字出版精品遴选推荐计划项目
- 2016年，入选"'十三五'国家重点电子出版物出版规划骨干工程"
- 2015年，荣获"搜索中国正能量 点赞2015""创新中国科技创新奖"
- 2013年，荣获"中国出版政府奖·网络出版物奖"提名奖
- 连续多年荣获中国数字出版博览会"数字出版·优秀品牌"奖

成为会员
通过网址www.pishu.com.cn访问皮书数据库网站或下载皮书数据库APP，进行手机号码验证或邮箱验证即可成为皮书数据库会员。

会员福利
- 已注册用户购书后可免费获赠100元皮书数据库充值卡。刮开充值卡涂层获取充值密码，登录并进入"会员中心"—"在线充值"—"充值卡充值"，充值成功即可购买和查看数据库内容。
- 会员福利最终解释权归社会科学文献出版社所有。

数据库服务热线：400-008-6695
数据库服务QQ：2475522410
数据库服务邮箱：database@ssap.cn
图书销售热线：010-59367070/7028
图书服务QQ：1265056568
图书服务邮箱：duzhe@ssap.cn

卡号：968226937521
密码：

S 基本子库
SUB DATABASE

中国社会发展数据库（下设12个子库）

整合国内外中国社会发展研究成果，汇聚独家统计数据、深度分析报告，涉及社会、人口、政治、教育、法律等12个领域，为了解中国社会发展动态、跟踪社会核心热点、分析社会发展趋势提供一站式资源搜索和数据服务。

中国经济发展数据库（下设12个子库）

围绕国内外中国经济发展主题研究报告、学术资讯、基础数据等资料构建，内容涵盖宏观经济、农业经济、工业经济、产业经济等12个重点经济领域，为实时掌控经济运行态势、把握经济发展规律、洞察经济形势、进行经济决策提供参考和依据。

中国行业发展数据库（下设17个子库）

以中国国民经济行业分类为依据，覆盖金融业、旅游、医疗卫生、交通运输、能源矿产等100多个行业，跟踪分析国民经济相关行业市场运行状况和政策导向，汇集行业发展前沿资讯，为投资、从业及各种经济决策提供理论基础和实践指导。

中国区域发展数据库（下设6个子库）

对中国特定区域内的经济、社会、文化等领域现状与发展情况进行深度分析和预测，研究层级至县及县以下行政区，涉及地区、区域经济体、城市、农村等不同维度，为地方经济社会宏观态势研究、发展经验研究、案例分析提供数据服务。

中国文化传媒数据库（下设18个子库）

汇聚文化传媒领域专家观点、热点资讯，梳理国内外中国文化发展相关学术研究成果、一手统计数据，涵盖文化产业、新闻传播、电影娱乐、文学艺术、群众文化等18个重点研究领域。为文化传媒研究提供相关数据、研究报告和综合分析服务。

世界经济与国际关系数据库（下设6个子库）

立足"皮书系列"世界经济、国际关系相关学术资源，整合世界经济、国际政治、世界文化与科技、全球性问题、国际组织与国际法、区域研究6大领域研究成果，为世界经济与国际关系研究提供全方位数据分析，为决策和形势研判提供参考。

法律声明

"皮书系列"(含蓝皮书、绿皮书、黄皮书)之品牌由社会科学文献出版社最早使用并持续至今,现已被中国图书市场所熟知。"皮书系列"的相关商标已在中华人民共和国国家工商行政管理总局商标局注册,如LOGO( )、皮书、Pishu、经济蓝皮书、社会蓝皮书等。"皮书系列"图书的注册商标专用权及封面设计、版式设计的著作权均为社会科学文献出版社所有。未经社会科学文献出版社书面授权许可,任何使用与"皮书系列"图书注册商标、封面设计、版式设计相同或者近似的文字、图形或其组合的行为均系侵权行为。

经作者授权,本书的专有出版权及信息网络传播权等为社会科学文献出版社享有。未经社会科学文献出版社书面授权许可,任何就本书内容的复制、发行或以数字形式进行网络传播的行为均系侵权行为。

社会科学文献出版社将通过法律途径追究上述侵权行为的法律责任,维护自身合法权益。

欢迎社会各界人士对侵犯社会科学文献出版社上述权利的侵权行为进行举报。电话:010-59367121,电子邮箱:fawubu@ssap.cn。

社会科学文献出版社